D1924042

Gabriele Haefs / Klaus Gille
Von Sittenstrenge und Aufbegehren

FRAUENLEBEN
herausgegeben von Viola Eigenberz

Gabriele Haefs / Klaus Gille

Von Sittenstrenge und Aufbegehren

Die Wilhelminische Zeit

Kabel

© 1994 Ernst Kabel Verlag GmbH, Hamburg
Umschlag: Theodor Bayer-Eynck
Titelillustration: Titelblatt der Zeitschrift *Elegante Welt* aus dem Jahre 1912
© Archiv für Kunst und Geschichte, Berlin
Gesamtherstellung: Clausen & Bosse, Leck
ISBN 3-8225-0244-8
1 3 5 7 9 10 8 6 4 2

Inhalt

Einleitung

Die »Wilhelminische Epoche« – die meisten werden bei diesem Stichwort an eine längst vergangene Zeit denken, in der sich die Männer die kriegerischen Schnurrbärte wichsten und Duelle ausfochten, während korsettbewehrte Frauen große Hüte trugen und um das Recht kämpften, bei Wahlen ihre Stimme abzugeben und den Beruf ihrer Wahl auszuüben.

In unserer Vorstellung erscheinen die Jahrzehnte um 1900 oft als eine muffige, spießige Zeit, in der nationale Überheblichkeit in die Katastrophe des Ersten Weltkriegs führte, in der forsche Leutnants den Ton angaben und junge Mädchen vornehmlich als »höhere Töchter« in Erscheinung traten. Alles das gab es – bei genauerem Hinsehen aber gab es noch sehr viel mehr.

Die Zeitspanne, benannt nach dem letzten deutschen Kaiser, Wilhelm II., entpuppt sich mit Blick auf das Frauenleben als überaus vielschichtig und widersprüchlich. Es ist eine Epoche im Umbruch. Wurden viele Bereiche noch von überkommenen Traditionen bestimmt – Frauen blieben die gleichen Rechte vor dem Gesetz ebenso vorenthalten wie das politische Wahlrecht –, so kennzeichnen ebenso Veränderung und Aufbruch die Jahrzehnte um 1900. Ob nun Dienstmädchen, Lehrerin, Kaiserin oder Landarbeiterin, Kellnerin oder Bürgerstochter – so wenig sie in vieler Hinsicht auch miteinander verband und so unterschiedlich auch ihre Perspektiven sein mochten – ihr aller Dasein veränderte sich in dieser Zeit erheblich. So arbeiteten immer mehr Frauen in den Geschäften, Kontoren und Fabriken, immer weniger dagegen im Haushalt oder in der Landwirtschaft. Frauen machten mobil, sie fuhren Fahrrad und flogen Flugzeuge, sie studierten an Universitäten, sie gründeten Vereine und Verbände – sie mischten sich ein und eroberten neue Freiräume. Ja, sie suchten sich gar selber einen Mann aus und rauchten in der Öffentlichkeit!

Unter der scheinbar so festgezurrten öffentlichen Moral der wilhelminischen Epoche wandelten sich die Einstellungen zur Sexualität und zur Geburtenkontrolle – die Grundlagen für die neuen Geschlechterverhältnisse in der Weimarer Republik wurden bereits vor dem Ersten Weltkrieg gelegt.

Gleichzeitig stellen wir bei näherer Besichtigung des Zeitalters jedoch fest, wie wenig sich in vielen Bereichen bis heute geändert hat. So finden wir Frauen, die gleichen Lohn für gleiche Arbeit fordern, die sich die Anrede Fräulein verbitten und auch den Namen ihres Gatten nicht übernehmen wollen, die gegen doppelte Moral kämpfen und den Paragraphen 218 ersatzlos streichen wollen, die sich gegen Frauenhandel engagieren, sich über Zwangsuntersuchungen empören und über sexuelle Belästigung am Arbeitsplatz echauffieren, um nur einige Parallelen herauszugreifen. Die Ziele der Frauen, die um die Jahrhundertwende aufbrachen, sind immer noch aktuell.

Justitia, die Einäugige: Die Gesetzeslage im Deutschen Reich

§ 1354. Dem Manne steht die Entscheidung in allen das gemeinschaftliche eheliche Leben betreffenden Angelegenheiten zu;
BGB, 1900

An der Schwelle zum 20. Jahrhundert bestand für die deutschen Frauen keine Notwendigkeit umzulernen. An ihrer rechtlichen Ungleichheit änderte auch das neue Bürgerliche Gesetzbuch – BGB genannt und, wie der Name schon sagt, Patenonkel und Vorläufer unseres heutigen BGB –, das 1900 in Kraft trat, nichts. Neu war, daß die Ungleichheit jetzt flächendeckend galt. Seit der Reichsgründung 1871 waren 29 Jahre verstrichen, 29 Jahre, in denen die Juristen gewissenhaft versucht hatten, für das ganze, ehemals so zersplitterte Reich ein einheitliches Gesetzeswerk zu verfassen, wobei sie ganz konsequent übersahen, daß in diesem Reich auch Frauen lebten.

Vor Inkrafttreten des BGB spielte es für eine Frau (und auch für einen Mann) durchaus eine Rolle, wo sie wohnte und welches Gesetz jeweils zuständig war. Ein spektakulärer Scheidungsfall mag als Beispiel dafür dienen.

Im Jahre 1902 begehrte Karl May, bereits damals Deutschlands beliebtester Schriftsteller, die Scheidung von seiner Frau Emma, geborener Pollmer. Nach einer Ehe von über zwanzigjähriger Dauer wollte Karl May nun die um einiges jüngere Busenfreundin seiner Gattin ehelichen, Klara Plöhn. Als Scheidungsgrund gab er an, daß seine Frau an Depressionen litte, die an Irrsinn grenzten, und außerdem eine triebhafte »Lesbierin« sei, die nebenbei auch noch allerlei junge Männer vernascht habe. Emmas Schwermut ist in der Tat belegt, aber daß eine 42jährige Frau in Schwermut verfällt, wenn ihr Mann sie verläßt und ihre beste Freundin sich an diesen Mann heranmacht, ist wohl nicht weiter verwunderlich. Das schändliche Liebesleben seiner Frau konnte Karl May dagegen nicht beweisen. Die Scheidung wurde ihm trotzdem gewährt. Klara Plöhn beeidete, daß jedes Wort ihres Liebhabers die reine Wahrheit sei, worauf das Gericht großzügig darauf verzichtete, Emma als Zeugin zu befragen.

Emma, die während ihres gesamten Scheidungsprozesses nicht zu Wort kam, wurde schuldig geschieden. Karl May untersagte ihr, seinen guten Namen weiter zu tragen, setzte ihr aber großzügig eine monatliche Unterhaltszahlung von 250 Mark aus, schon damals nicht besonders viel, vor allem nicht, wenn wir bedenken, daß sein Einkommen zu dieser Zeit niemals unter 60000 Mark pro Jahr lag, zumeist allerdings weit höher. Die Unterhaltszahlungen waren außerdem freiwillig und an Emmas Wohlverhalten gekoppelt. Als sie einem Journalisten gegenüber ihrem Herzen Luft machte und sich wenig höflich über ihren Exgatten aussprach, drohte dieser sofort mit Einstellung der Unterhaltszahlungen, wenn sie nicht alles widerriefe.

Nun lebten Emma und Karl May in der »Villa Shatterhand« in Radebeul bei Dresden, also in Sachsen. Hätte Karl schon vor 1900 eine Scheidung beantragt, das Scheidungsverfahren wäre genauso abgelaufen. Das Sächsische Recht, das Ehefrauen ausdrücklich zum Gehorsam verpflichtete, gestattete ihnen gar nicht erst, ohne Erlaubnis des Gatten irgendwelche Aussagen vor Gericht zu machen. Emma wäre also auch dann nicht gehört worden, und Karl hätte die Scheidung auch zu dieser Zeit nach seinen Vorstellungen durchsetzen können.

Hätten die beiden in Köln gelebt, so wäre der Fall schon komplizierter gewesen. Der dort geltende Code Napoléon erlaubte Ehemännern zwar grundsätzlich alles, Ehefrauen nichts. Aber Emma war bereits 42, als Karl die Scheidung beantragte, und bei diesem hohen Alter gestattete der Code Napoléon keine Scheidung – nicht einmal bei »triebhaften Lesbierinnen«.

In Berlin dagegen hätte das Preußische Allgemeine Land-

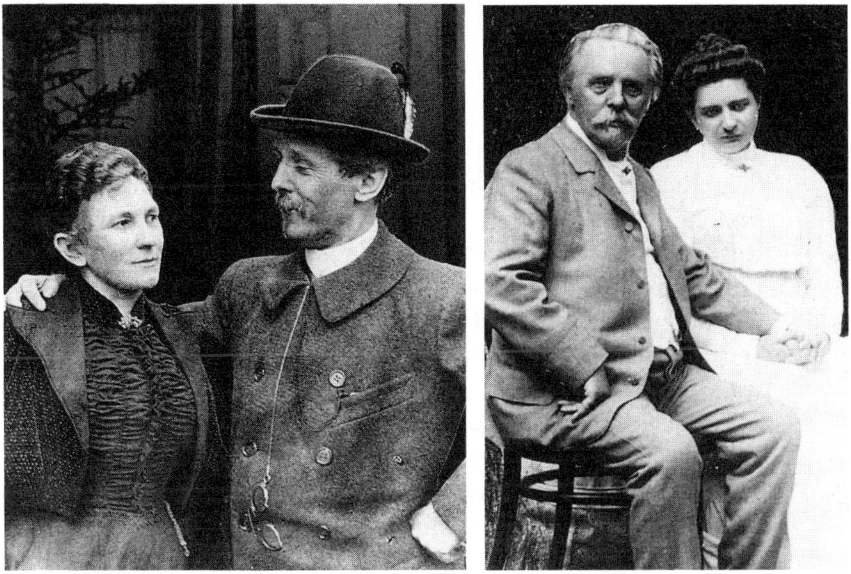

Der Mann, der Old Shatterhand war, zeigte sich privat durchaus nicht als ritterlicher Held. Karl May mit seinen Ehefrauen: Emma Pollmer (links), die er loswerden wollte, und Klara Plöhn (rechts), die ihm dabei behilflich war.

recht Emma durchaus gestattet, sich vor Gericht zu den Anwürfen ihres Ehemannes zu äußern, und hätte Karl zu einer festen, unkündbaren Unterhaltszahlung verdonnert. Und in den Gegenden, wo das sogenannte Gemeine Recht galt, wäre er vermutlich mit seinem Scheidungsbegehren von vornherein nicht durchgekommen, schließlich konnte er Emmas angebliche Verfehlungen nicht beweisen, und Schwermut galt dort nicht als Scheidungsgrund.

Ein juristischer Flickenteppich

Der Vergleich der Rechtssysteme fällt also unentschieden aus: Gegenüber dem BGB waren zwei der Systeme vor 1900 für die Frauen vorteilhafter, zwei genauso nachteilig. Im Grunde aber galt, was Frauenrechtlerinnen immer wieder verärgert betonten, daß nämlich die Väter des BGB nach der Grundregel verfuhren: im Zweifel gegen die Frau, und daß sich durch die Einführung des Einheitsrechts im Deutschen Reich ihre rechtliche Stellung fast in allen Punkten verschlechterte.

Die Situation vor 1900 war unübersichtlich. So gab es allein zum ehelichen Güterrecht mehr als 100 unterschiedliche Regelungen, und das Deutsche Reich glich mehr einem bunten Flickenteppich, »in dem sich die verschiedenen Rechtsgebiete und Rechtsgewohnheiten je nach früheren Ländergrenzen und Staatsgewalten überlagerten und mischten, und wer zu seinem Recht kommen wollte, mußte oftmals erst gerichtlich klären lassen, welches Recht denn nun anwendbar war«.[1]

Im Bewußtsein der neuen Reichsbevölkerung scheint es nur folgerichtig gewesen zu sein, daß es verschiedene Gesetze gab. Vorerst fühlte sie sich wohl kaum »als ein Volk«, statt dessen überwog die Vorstellung der regionalen Identität, der Geschichte ihrer Provinz oder ihres Bundesstaates. So erzählt die Autorin Gabriele Tergit, daß in ihrer Jugend im Badischen über zwei Jahrzehnte nach Einführung der einheitlichen Reichswährung von Mark und Pfennig alle Summen weiterhin in Heller umgerechnet wurden.[2] Ihr niederrheinischer Kollege Richard Errell dagegen berichtet von alten Leuten in seiner Heimatstadt Krefeld, die selbstverständlich weiterhin an Paris dachten und nicht an Berlin, wenn von der »Hauptstadt« die Rede war.[3] Was angeblich zusammengehörte, wuchs also nicht übermäßig schnell zusammen, und das galt auch für die Gesetze. Im juristischen Flickenteppich waren jedoch vier Hauptträger zu erkennen, dazu kamen Gewohnheitsrechte, örtliche Statuten oder Stadtrechte.

Zu den vier wichtigsten, oben bereits erwähnten Rechtsquellen gehörte erstens das Preußische Allgemeine Landrecht von 1794, ein Gesetzeswerk, das wir diesem streng vaterrechtlichen Staat kaum zugetraut hätten. Bei der Eheschließung konnten Frauen auf eigenen Wunsch das Verfügungsrecht über ihr eigenes Vermögen behalten, während Mütter unehelicher Kinder ein verbrieftes Recht auf finanzielle Unterstützung durch den Vater hatten. Das Gesetz sicherte der Mutter in Abwesenheit des Vaters die Vormundschaft über ihre Kinder zu, während andere Gesetzeswerke die Einsetzung eines männlichen Vertreters verlangten. Eine Scheidung schließlich konnten beide Ehepartner einreichen, und sie war in Preußen leichter zu erlangen als in anderen deutschen Staaten.

Das zweite Gesetzeswerk, das sogenannte Gemeine Recht, ging auf das Mittelalter zurück, war aber auch stark vom Römischen Recht beeinflußt. In vieler Hinsicht ging es noch weiter als das Preußische Landrecht, zum Beispiel galt bei Eheschließung automatisch Gütertrennung, und das beinhaltete auch ein Verfügungsrecht der Frau. Interessanterweise gab es aber gerade in Gebieten, in denen das Gemeine Recht galt, viele lokale Rechtsbräuche, die die relative Frauenfreundlichkeit dieses Gesetzeswerkes auf das übliche Minimum reduzierten.

Das dritte Recht war das Sächsische Recht, das erst 1863 in neuer Fassung in Kraft getreten war. Auch dieses Recht fußte auf einem mittelalterlichen Gesetzeswerk, dem Sachsenspiegel, der im Jahre 1222 erstmals zu Papier gebracht worden war. Das Sächsische Recht hatte bereits um 1830 Frauen zu juristisch mündigen Persönlichkeiten erklärt, was allerdings nur für Unverheiratete galt. Ehefrauen verpflichtete das Gesetz zu Gehorsam, und ohne Erlaubnis des Ehemanns durften sie nichts – nicht einmal ihr ererbtes oder selbstverdientes Geld nach eigener Lust und Laune ausgeben.

In den Schatten gestellt wurde das Sächsische Recht jedoch durch den französischen Code Civil, nach seinem Schöpfer vom Volksmund »Code Napoléon« genannt. In der männlichen Geschichtsschreibung gilt der Code Civil als erstes fortschrittliches Gesetzeswerk der Neuzeit. Daß jedoch Napoleon, fanatischer Anhänger der Gärtner- und Birnentheorie, seine weiblichen Untertanen von seinen fortschrittlichen Ideen ausschloß, versteht sich von selber.

Die Gärtner- und Birnentheorie fußte auf der Überzeugung des griechischen Philosophen Aristoteles, der der Frau bei der Zeugung eines Kindes keine aktive Rolle zubilligen wollte. Er verglich die Frau mit dem Erdreich, in das der Bauer den Samen legt – und der Samen gehört natürlich dem Bauern, nicht dem Erdreich. Dementsprechend ist für Napoleon der Mann der Gärtner, der den Baum pflanzt und dafür sorgt, daß er Früchte trägt. Und deshalb gehören die Birnen dem Gärtner und die Kinder dem Vater.

Einige Bestimmungen des Code Napoléon verblüffen – so verbot § 77, wenn die Frau über vierzig war, auch einvernehmliche Scheidungen. Nicht sehr galant vielleicht, aber sicher realistisch. (Der erste scheidungslustige Ehemann, der für sich eine Ausnahmeregelung von dieser Bestimmung erwirkte, war Napoleon selber.) Außerdem konnten geschiedene Frauen erst nach einem Verstreichen von zehn Monaten erneut heiraten – und hier greift wieder die Birnentheorie, nach der Kinder nur ihrem Vater gehören: Kinder, die innerhalb von neun Monaten nach einer Scheidung geboren werden, gelten als Kinder des Ex-Ehemannes, der erst durch einen Prozeß aus dieser Verantwortung entlassen werden kann. Eidesstattliche Erklärungen aller Beteiligten können nichts daran ändern.

Das Tatortprinzip

Ganz besonders übel sprang Napoleon mit unehelichen Kindern und deren Müttern um: Der berüchtigte § 340 ordnete lapidar an: »La recherche de la paternité est interdite« [Es ist verboten, die Vaterschaft festzustellen]. Die ledige Mutter hatte somit keinerlei gesetzliche Handhabe, um den Vater ihres Kindes zu Unterhaltszahlungen zu zwingen. Der rheinische Schriftsteller Joseph Lauff schildert in einem Roman die unangenehme Lage eines Kaufmannes, der sein Dienstmädchen geschwängert hat und nun befürchtet, sein geliebtes Geld für Alimente aus dem Fenster werfen zu müssen. Ein Freund macht ihn darauf aufmerksam, daß der Code Napoléon die Sache ganz anders sieht als die klatschsüchtige Nachbarschaft. Und groß ist die Erleichterung des von Angst Gepeinigten, als er liest, daß er tatsächlich nichts zu befürchten hat: »Er hätte die Welt umarmen, sein ganzes Geld zum Fenster hinauswerfen mögen, nur um dieses einzigen Paragra-

Die Braut trug schwarz – so war es um die Jahrhundertwende üblich. Brautpaar 1907, Kempen am Niederrhein.

phen willen. Welcher Inhalt! Welche Klugheit! Welch ein-Geist, welch ein grandioses Wissen und Wollen! Welch ein Können sprach aus diesem herrlichen Buche!«[4]

Ein unehelich geborenes Kind ließ sich auch nach einer späteren Eheschließung der Eltern nicht legitimieren. Es galt nach wie vor als unehelich, und das bedeutete, daß es nicht erbberechtigt war und bei Familienangelegenheiten kein Mitspracherecht hatte. Anders als seine ehelich geborenen Geschwister war es nicht gesellschaftsfähig, eine Karriere im Offizierskorps oder im höheren Staatsdienst war ihm versagt – oder, handelte es sich um ein für unehelich geltendes Mädchen, waren die Aussichten auf eine gute Partie praktisch nicht-existent. Nicht einmal die offizielle Erklärung des Vaters, mit der er das Kind als seines anerkannte, war für das Gesetz von irgendeiner Bedeutung.

Für die Frauen noch weit bedauerlicher, galt im Deutschen Reich eine Art »Tatortprinzip«. Lag eine unerwünschte Schwangerschaft vor, so half der unglücklichen Mutter auch kein rascher Umzug von Aachen nach Berlin – für sie galt weiterhin der Code Napoléon. Und eine 47jährige Düsseldorferin, die ihren Mann loswerden wollte, konnte deshalb auch in Potsdam keine rechtskräftige Scheidung erlangen. Einige Männer wußten die Gesetzeslage aber durchaus zu ihrem Vorteil zu nutzen: Über den jungen Bismarck berichten seine Biographen gern, daß er während seiner Referendarzeit in Aachen so ausgiebig Wein, Weib und Gesang gehuldigt habe, daß es selbst den lebenslustigen Rheinländern zu weit gegangen sei. Die Überlegung, daß der preußische Jurist gewußt haben muß, daß außer den Weinrechnungen keine weiteren finanziellen Ansprüche an ihn herangetragen werden könnten, stellen sie nicht an. Wieder auf preußisches Gebiet versetzt, heiratete Bismarck seine Johanna, die »Magd fürs ganze Leben«, und wurde fromm.

Nur einer Gruppe von Frauen brachte der Code Napoléon Vorteile – und davon profitierten über Umwege schließlich Frauen im ganzen Reich: den lesbischen Frauen nämlich.

Abgesehen vom Code Napoléon operierten alle Gesetzeswerke im Zusammenhang mit gleichgeschlechtlicher Sexualität mit dem Tatbestand »widernatürliche Unzucht«. Eigentlich ein interessanter Begriff, da er ja die Existenz von »natürlicher Unzucht« postuliert – leider erzählen die Gesetzestexte uns nicht, wie die aussieht. Das juristische Denken des 19. Jahrhunderts war eben vom gesunden Menschenverstand weit entfernt, und so finden wir nur die Paragraphen über widernatürliche Unzucht, die Geschlechtsverkehr unter Männern mit Zuchthaus belegten. Anders der Code Napoléon, der einvernehmlich sexuelle Beziehungen unter Erwachsenen zur Privatsache erklärte, die den Gesetzgeber nichts angingen. Wenn später im 19. Jahrhundert, wie zum Beispiel bei der Neufassung der Bremer Strafrechtsordnung 1861, unternehmungslustige Juristen »der Gerechtigkeit halber« auch Geschlechtsverkehr unter Frauen bestrafen wollten, wurde ihnen das mit dem Hinweis auf den Code Napoléon wieder ausgeredet. Schließlich rückte die Reichsgründung näher, und da erschien es als unpraktisch, den bereits bestehenden widersprüchlichen Gesetzen noch neue hinzuzufügen. Liberale Juristen versuchten übrigens, ebenfalls mit Hinweis auf den Code Napoléon, auch männliche Homosexualität zu legalisieren. Ohne Erfolg, wie wir wissen. Im reichseinheitlichen Recht erblickte der § 175, nach preußischem Vorbild, das Licht der Welt. Auf Frauen wurde er jedoch, immer mit Hinweis auf Napoleon, nie ausgedehnt.

In den fast drei Jahrzehnten der Diskussion, wie das BGB denn nun aussehen sollte, meldeten sich auch viele Frauenrechtlerinnen zu Wort. Zuletzt entfachten sie einen regelrechten »Landsturm« gegen den neuen Entwurf mit Demonstrationen, Versammlungen, Flugblättern und Unterschriftenlisten. Bei diesen Aktionen ergriffen übrigens auch »lesbische« Frauen das Wort, was sie, ohne durch die vom Code Napoléon initiierte Straffreiheit, niemals gekonnt hätten. So erklärte 1904 vor dem von Magnus Hirschfeld gegründeten Wissenschaftlich-Humanitären Komitee die Frauenrechtlerin Anna Rüling: »Und in der Tat – von den ersten Anfängen der Frauenbewegung an bis zum heutigen Tage – sind es nicht zu geringem Teil homogene« (eine sehr seltene Bezeichnung für »lesbisch«) »Frauen gewesen, die in den zahlreichen Kämpfen die Führerschaft übernahmen.«[5]

Aber die Argumente der Frauen stießen auf taube Ohren – das 1900 in Kraft tretende BGB zementierte ihre Rechtlosigkeit und fiel in mancher Hinsicht weit hinter das Preußische Allgemeine Landrecht und das Gemeine Recht zurück. So verschlechterte sich beispielsweise die materielle Situation lediger Mütter und ihrer Kinder. Anders als in den beiden früheren Rechtssystemen war allein der Stand der Mutter ausschlaggebend für die Unterhaltszahlungen. Hatte bisher zum Beispiel ein gutbetuchter Graf wesentlich mehr bezahlen müssen als ein Flickschuster, so war jetzt die Summe für beide gleich, wenn es sich bei der schwangeren Mutter um eine Frau aus der Unterschicht handelte. Vorgeschrieben waren regelmäßig zu zahlende Summen, die das Überleben des Kindes einigermaßen sicherten. Mit dem 14. Lebensjahr, dem Ende der Pflichtschulzeit, wurden sie eingestellt. Ein oft auftretendes Romanmotiv jener Zeit ist die Mutter, die vor Dankbarkeit vergeht, weil der Vater ihres Kindes dem hochbegabten Knaben den Besuch des Gymnasiums finanziert, wozu er ja gar nicht verpflichtet ist.

Im Zusammenhang mit der Auseinandersetzung über das BGB entstanden in verschiedenen Großstädten Rechtsschutzvereine für Frauen. Den Anfang machte dabei Dresden, wo Adele Gamper und Marie Stritt 1894 einen solchen Verein gründeten. Nach der Devise Rechtsschutz von Frauen für Frauen gab es während öffentlicher Sprechstunden juristischen Rat, der ledigen Müttern möglichst rasch und sicher zu Alimenten verhalf, oder es wurde Verlobten nahegelegt, doch vor der Heirat einen Ehevertrag abzuschließen, da ansonsten die Verfügung über das Vermögen der Frau automatisch dem Gatten zufiele. Für ihre Arbeit benötigten die Vereine allerdings noch die Hilfe männlicher Rechtsanwälte. Juristinnen gab es um die Jahrhundertwende fast keine, da deutsche Universitäten erst zu Beginn des 20. Jahrhunderts nach und nach Frauen zum Studium zuließen. Die erste deutsche Juristin, Dr. jur. Anita Augspurg, hatte noch in Zürich studiert.

Der Name der Dame – eine patriarchalische Posse

Die juristische Entmündigung der Frauen durch BGB und frühere Gesetzeswerke zeigte sich auch darin, daß sie Ehefrauen das Recht auf den eigenen Namen – immerhin ein juristisch anerkanntes Grundrecht – kurzerhand verwehrten. Das war jedoch nicht allein im BGB so, sondern in ganz Europa wurde in der bürgerlichen Gesellschaft nach diesem Grundsatz verfahren. Am 17. November 1915 erschien in der *Irish Times* folgende Anzeige, die eine Entbindung kundtat: »Nov. 17, 1915, at King's Avenue, Clapham Park, London S.W., the wife of Percy J. Greene, of a son.«

Wir sehen schon, der Name der Mutter oder auch der des Kindes ist nicht von Bedeutung. Wichtig ist allein der Gatte und Vater, dessen Anhang keinen Anspruch auf eine eigene Identität hat. Wir hätten natürlich auch eine deutsche Anzeige nehmen können – nur: Diese hat noch eine Geschichte. Der namenlose kleine Knabe war der später sehr bekannte Sprachforscher David Greene. Falls er es denn war. Es gab nämlich mehrere Percy Greenes, deren Frauen im Herbst 1915 Knaben zur Welt brachten. Greenes Biographen streiten heute noch darum, welcher von ihnen nun der »richtige« ist, wann er nun wirklich geboren ist. Wäre der Name der Mutter in der Anzeige aufgetaucht, wäre die Identifizierung kein Problem.

Frauen waren gezwungen, den Namen ihres Mannes anzunehmen. Kinder hießen wie ihr Vater, als Jungen lebenslang, als Mädchen bis zu ihrer Heirat, bei der sie aus der väterlichen Verfügungsgewalt in die eines anderen Mannes übergingen. Diese namentliche Entmündigung der Frauen spiegelte ihre juristische Unmündigkeit im deutschen Kaiserreich wider und entsprach der bürgerlichen Ideologie. Der Mann muß hinaus ins feindliche Leben, er vertritt außerhalb des Hauses die Familie. Länder, in denen sich kein starkes Bürgertum entwickeln konnte, haben bis heute kein System der vererbbaren Vaternamen entwickelt – wie Portugal, Island oder die gälischsprachigen Gebiete Irlands.

Um die Jahrhundertwende jedoch galten in Deutschland die Regeln des Bürgertums. Anzeigen wie die oben aufgeführte waren die Regel, ebenso Grabsteine mit Aufschriften wie »Hier ruht Familie Fritz Mayer«. Ehefrauen wurden häufig mit dem Titel ihrer Männer vorgestellt – »Meine Tochter, Frau Vikar Arnesen« – oder mit seinem Vornamen angeredet oder adressiert. So unterschrieb die geborene Katia Pringsheim ihr Leben lang als »Frau Thomas Mann«. Dies war natürlich auch die »korrekte« Form der Visitenkarte, denn: »Um den Vornamen der Männer kümmert sich die Welt und man weiß also genau, wen man unter der ›Frau Robert Krause‹ zu verstehen hat. Um den Vornamen der Frauen und Mädchen können sich nur diejenigen bekümmern, welche der betreffenden Familie näher stehen, und so kann denn, wenn mehrere Familien Krause an demselben Orte wohnen, sehr leicht ein Zweifel darüber entstehen, wer ›Frau Ottilie Krause‹ sein mag. Dem ›Frau Ottilie Krause‹ noch den Zusatz zu geben: ›geb. Mende‹ will uns sehr überflüssig erscheinen.«[6] Wenn der Gatte verstarb, brachte auch das keine Hilfe auf dem Weg zur eigenständigen Identität der Gattin – dann hieß sie eben »Witwe Carl Zuntz« oder ähnlich.

Nicht einmal vor gekrönten Häuptern machte diese Praxis halt. Nachdem ihr Mann als Friedrich III. die deutsche Kaiserwürde erlangt hatte, wurde aus Victoria, Princess Royal des Britischen Empire, eine schnöde Kaiserin Friedrich. Ihre Mutter, Königin Victoria, war als einzige Britin per Gesetz von dem Zwang befreit, den Namen ihres Mannes anzunehmen. Auch die Schwiegertochter Kaiserin Friedrichs machte nicht mit und ging nicht als »Kaiserin Wilhelm«, sondern als Auguste Viktoria in die Geschichte ein. Aber damit stand sie allein auf weiter Flur. Familienfotos des Hauses Hohenzollern zeigen endlose Mengen von Damen mit Namen wie Prinzessin Eitel Friedrich, Prinzessin Friedrich Wilhelm oder Prinzessin Heinrich (ihr Mann war der Heinrich mit der Mütze, und sie hieß eigentlich Irene von Hessen und bei Rhein). Nicht einmal Erster Weltkrieg und Revolution brachten eine Lockerung der strengen Praxis. 1923 schrieb die schwedische Freiin Carin von Fock, durch ihre Heirat mit einem deutschen Flieger zur schlichten Frau Hermann Göring geworden, aus einem österreichischen Kurort nach Hause: »Hier im Hotel wohnt eine deutsche Prinzessin (Joachim). Sie sieht aus wie eine Kokotte schlimmster Sorte, hat feuerrot gefärbte Haare und noch dazu einen Bubikopf.«[7] Bewußte Prinzessin Joachim, geboren als Marie Auguste von Anhalt, war damals 25 Jahre alt und seit drei Jahren Witwe.

Verzicht auf den eigenen Namen – Kaiserin Friedrich.

Die Inflation der Doppelnamen

Nur eine Möglichkeit gab es, wenn Frauen nicht ganz und gar im Namen ihres Ehemannes untergehen wollten: einen Doppelnamen zu wählen. Im Reich von Kaiserin Auguste Viktoria erscheint dies geradezu inflationär. Unter zahlreichen Frauen, die sich in diesem Punkt gegen ihren Gatten durchgesetzt haben – einen Doppelnamen amtlich registrieren zu lassen, war kein großes Problem – können wir anführen: die Ärztin Anna Fischer-Dückelmann, die den Bestseller *Die Frau als Hausärztin* verfaßte; Hanna Bieber-Böhm, seit 1899 Vorsitzende des Vereins Jugendschutz; Gertrud Guilleaume-Schack, Vorkämpferin gegen die staatlich reglementierte Prostitution; Elisabeth Gnauck-Kühne, Mitbegründerin des Katholischen Frauenbundes; Paula Müller-Otfried, Vorsitzende des Deutschen Evangelischen Frauenbundes – in jedem Frauenzusammenhang jener Zeit tauchen Doppelnamen-Frauen in rauhen Mengen auf. Durch diesen Kunstgriff entfiel auch die Anrede mit dem Vornamen des Ehemannes – die Gattin des Kaufmanns Johann Carl Boy als »Frau Johann Carl Boy-Ed« zu titulieren ging ganz einfach nicht, *er* hieß ja nicht »Ed«.

Schon sechzig Jahre zuvor hatte Robert Schumann Höllenqualen bei der Vorstellung erlitten, seine Verlobte könnte sich nach der Hochzeit Clara Schumann-Wieck nennen, was sie bekanntlich nicht tat. Dabei waren Doppelnamen unter Künstlerinnen gang und gäbe – denken wir nur an die Opernsängerin Wilhelmine Schröder-Devrient, die Schumann vermutlich sogar persönlich gekannt hat, oder in dem Zeitraum, der für uns relevant ist, an die Malerin Paula Modersohn-Becker oder die Sängerin Maria Gutheil-Schoder, die 1911 in Berlin als Carmen zusammen mit ihrem Don José, Caruso, wahre Triumphe feierte. Auch Elisabeth Förster-Nietzsche zählt zu den bekannten Frauen mit Doppelnamen. Nachdem ihr Herr Förster im wilden Paraguay abhanden gekommen war, hängte sie den »Nietzsche« an, um sich hinfort den Werken ihres Bruders Friedrich zu widmen, die sie redigierte, überarbeitete und teilweise umschrieb. In fast vier Jahrzehnte währender Tätigkeit machte sie den Namen Nietzsche erst richtig bekannt und wurde hochgeehrt und sogar für den Literaturnobelpreis nominiert. Als schlichte Frau Förster wäre ihr das zweifellos viel schwerer gefallen.

Als Sekretärin ihres Bruders unzufrieden, als seine Nachlaßverwalterin berühmt und berüchtigt: Elisabeth Förster-Nietzsche.

Das trügerische Pseudonym

Daß Künstlerinnen sehr oft zu Pseudonymen griffen, ist bekannt. Entweder war die Familie nicht mit ihrer Berufswahl einverstanden und drohte mit Repressalien, falls der »gute Name in den Schmutz gezogen« würde, oder sie fürchteten die doppelte Moral der Rezensenten, die Werke einer Künstlerin ganz anders bewerteten als die eines Künstlers. Eines der vielen Beispiele für dieses Messen mit zweierlei Maß ist der Fall eines Komponisten namens Marian Stecher, der im 19. Jahrhundert zu einiger Beliebtheit gelangte. Berliner Kritiker, die Marian für einen Frauennamen hielten, bescheinigten seinen Kompositionen »weibliches Zartgefühl«, bemängelten aber das Fehlen von kreativer Kraft und schlossen daraus, daß Frauen eben nicht komponieren könnten. Süddeutsche Kritiker, denen Marian als Männername durchaus bekannt war, lobten dagegen die männliche Wucht seiner Technik. Frauen waren also gut beraten, wenn sie ein Pseudonym wählten, und das konnte sogar für gekrönte Häupter gelten: Norwegens Königin Maud hat um 1900 angeblich unter dem Pseudonym P. Graham Irving ein Schauspiel geschrieben, weigerte sich aber ihr Leben lang, sich zu diesem Werk zu bekennen.

Die Wahl des Pseudonyms kann oft sehr persönlichen Vorlieben gefolgt sein: »Um ihre Familie zu schonen, änderte sie ihren Namen, bevor sie sich auf den Weg begab, zu dem sie sich berufen fühlte, und nannte sich ›Bodenwieser‹. Aus irgendeiner Laune heraus hatte Gertrud diesen Namen von einem betagten Dienstmann übernommen, der der Familie Bondi lange und treu gedient hatte.«[8]

Doch Künstlerinnennamen waren allgemein anerkannt (sogar von den Gesetzen in Deutschland und Österreich) – und so war die Tänzerin Bodenwieser auch nach ihrer Heirat mit dem Wiener Burgtheaterregisseur Friedrich Rosenthal Frau Bodenwieser, nicht Frau Rosenthal. Und auch die Ärztin und Schriftstellerin Harriet Straub, die zehn Jahre im Auftrag der französischen Regierung in der Sahara praktizierte, nannte sich nicht »Frau Mauthner«, nachdem sie 1907 den Sprachforscher Fritz Mauthner geheiratet hatte. Die Namensgesetze des Kaiserreichs und vieler anderer europäischer Staaten beraubten verheiratete Frauen einerseits ihrer Identität, ließen ihnen andererseits aber überraschend viele Möglichkeiten, um diese Beraubung zu ignorieren.

Die Liebe, der Leichtsinn, der Suff: Ein Kapitel über die Moral

Mit einem dumpfen Laut zügelloser Begier warf er sich über sie. Jauchzend empfing sie ihn.

Ida Boy-Ed, *Die Flucht*, 1898

Daß junge Frauen um 1900 jungfräulich in die Ehe gingen, wissen wir alle. Wenn wir aber ganz scharf nachdenken, fallen uns vielleicht doch noch ein paar Ausnahmen ein: Die Erzählungen des alten Großonkels, der um 1904 seinen Wehrdienst in Bayern ableistete und schockiert war, als er den Pfarrer im Dorf predigen hörte – daß junge Bauersleute das erste Kind abwarteten, sei ja zu verstehen, ohne Garantie für einen Hoferben könnten sie natürlich nicht heiraten. Aber spätestens nach dem zweiten Kind müßten sie nun wirklich mal... Oder die Dienstmädchen in den Häusern des Bürgertums, die den Versprechungen oder Drohungen des Hausherrn erlagen. Die kleinen Ladenmädchen, deren Verdienst vorn und hinten nicht ausreichte und die sich von einem Freund finanziell unter die Arme greifen ließen. Die großen Schauspielerinnen, wie Adele Sandrock, die ungeniert einen Liebhaber nach dem anderen (oder auch mehrere gleichzeitig) konsumierte, ohne an Heirat auch nur zu denken. Die Frauen aus den ärmsten Bevölkerungsschichten, die sich die Gebühren für eine Trauung schlicht nicht leisten konnten. Die jungen Frauen, die einfach keine Lust mehr zum Warten hatten und froh waren, »diese lästige, verwünschte Jungfräulichkeit«, wie die Schriftstellerin Vicki Baum es in ihren Lebenserinnerungen nannte, loszuwerden. Schließlich die Frauen des Ersten Weltkriegs, die ihrem Freund schnell noch eine Freude machen wollten – denn »man soll einem, der in den Krieg zieht, die letzte Bitte nicht ausschlagen«.[1]

Gründe, die Jungfräulichkeit aufzugeben, gab es also viele

– und wenn der rasende Reporter Egon Erwin Kisch recht hat, dann ließen sich auch viele von diesen Gründen überzeugen. Im Jahre 1910 besuchte Kisch auf einem Rummelplatz ein reisendes Kuriositätenkabinett, in dem neben Attraktionen wie »negriden Haarmenschen« und siamesischen Zwillingsschwestern auch ein Extrakabinett zum Thema Sexualität zu bestaunen war: »Es ist alles echt oder lebenswahr, leibhafte Fötusse, die Entwicklung des Menschen von der Befruchtung bis zur Normal-, Steiß- oder Zangengeburt, Perforation oder Kaiserschnitt, Organe und so weiter – alles bis aufs Haar genau und im Katalog noch genauer erklärt. Mit Recht ist in der Rubrik ›Weibliche Geschlechtskrankheiten‹ als erstes Schauobjekt das Hymen oder Jungfernhäutchen angeführt, denn von allen besagten Krankheiten ist diese am raschesten heilbar. Sie ist selten und man bestaunt das Objekt sehr.«[2]

Zweierlei Maß

Jede Frau erlebt ihre Sexualität anders – eine Binsenwahrheit fürwahr. Doch um die Jahrhundertwende bestimmte ungleich stärker noch als heute die soziale Klasse jede Erfahrung. Welten lagen deshalb zwischen der höheren Tochter, die, wie die Schauspielerin Tilla Durieux es formulierte, »einen Kopf und zwei Hände und sonst nichts, nichts«[3] hatte, und einem Dienstmädchen oder einer Arbeiterin, die von Kindesbeinen an, ob sie wollte oder nicht, dem prallen Leben ausgesetzt war und der deshalb nichts Menschliches fremd sein konnte.

Voreheliche Beziehungen hatten in Arbeiterkreisen nichts Anrüchiges an sich. Der protestantische Pfarrer Paul Göhre, der drei Monate als Arbeiter unter Arbeitern zugebracht hatte, schilderte 1891 einen Samstagabend auf der Chemnitzer »Piste« und beobachtete in den Tanzsälen »ungebändigte Lust, steigende Erregung, sinnlichen Taumel, der seinen Abschluß und seinen Höhepunkt erreicht, wenn Schlag 12 Uhr die Musik verstummt, der Saal geräumt, die Lichter verlöscht werden. Dann zieht Paar nach Paar einsam von dannen, zu einem Nachtspaziergang ins freie Feld, wo nur die Sterne die Sünde sehen, die man hier begeht, oder bis in Liebchens Hausflur oder gar Liebchens Wohnung und Bett. Denn das ist nach allen meinen Beobachtungen, wenn auch nicht die durchgängige Regel, so doch in den weitaus überwiegenden Fällen der Abschluß jedes sonntäglichen Tanzvergnügens.«[4]

Göhre kam zu dem Schluß, daß es in der Chemnitzer Arbeiterschaft kaum einen jungen Mann oder ein junges Mädchen gäbe, die älter als siebzehn und noch unschuldig seien. Das hieß jedoch nicht, daß es keine »Moral« gäbe. Geheiratet wurde – wenn auch vielleicht erst nach dem ersten oder zweiten Kind. »Man heiratet schließlich«, so ein Arbeiter, »nicht, um Kinder zu kriegen, sondern weil man sie schon hat.«[5]

Taufe und Trauung konnten unter diesen Umständen schon einmal zusammen gefeiert werden, wie es auch Clara Viebig in ihrem 1900 erschienenen Roman *Das tägliche Brot* beschreibt: »Fridchen hatte sich brav gehalten, wenn sie auch in den Schluß der Traurede hinein, laut und deutlich, gesagt hatte: ›Mama!‹ Bei dem Taufakt schrie sie nicht, wie die andren unvernünftigen Kinder; aufrecht hatte sie auf Mines Arm gesessen und aus großen, erstaunten Augen bald auf den Geistlichen, bald auf den Kranz und Schleier der Mutter geblickt.«

Über Kranz und Schleier waren sich Mine, die Heldin in Clara Viebigs Roman, und Frau Reschke, ihre Schwiegermutter, zunächst nicht einig gewesen: »Während das Brautpaar, von Vater Reschke und Herrn Bartuschewski als Zeugen geleitet, auf dem Standesamt war, erschien Bertha. Sie brachte Kranz und Schleier mit. Frau Reschke prüfte mit Kennerblick den Kranz: ›Ne, Berthchen, aber sehr niedlich! Als wenn er künstlich täte sein!‹

›Das ist er ja auch‹, sagte Bertha stolz, ›sehn Se: Wachs!‹ Und sie ließ Frau Reschke die fingergliedlangen wächsernen Orangenblütenknospen fühlen, die mit glänzendgrünen, gewachsten Blättern zu einem handhohen Diadem gewunden waren. Nun kannte die Bewunderung keine Grenzen – künstlich! ›Jrosartig, Berthchen, jrosartig! Wie Sie nobel sind!‹

Als Mine zurückkam, sollte sie gleich aufprobieren, aber, sehr rot werdend, nahm sie rasch den Kranz wieder herunter. ›Ne, ne.‹

Da fuhr die Schwiegermutter auf: ›Nanu, was's denn los? Zu dämlich, de willst nicht? So wat Scheenet, so wat jroßartig Jeschmackvollet!‹

›Ne, er kommt mer nich zu‹, sagte Mine leise und schlug den Blick nieder.

›Nu wird's Tag! Wer sind doch nich uf 'n Dorfe, mank de alten Moden?! Wer sind in de Stadt, bei ufjeklärte Leute. Natürlich setzte ihm uf; wat sollen denn sonst de Leute denken?‹«[6]

Daß es zur gleichen Zeit auch ganz anders gehen konnte – eben nach der »alten Mode«, zeigen die Erinnerungen der Bäuerin Sophie Wiechering an ihre Trauung 1894: »Mit uns wurde gleichzeitig noch ein Paar getraut. Da die Braut ihren Myrthenkranz nicht in Ehren trug, wurde er ihr von dem Pfarrer vor dem Altar abgenommen. Das war eine unangenehme Störung und verdarb uns die feierliche Hochzeitsstimmung. Sie hatte ihren Zustand dem Pfarrer verschwiegen und war darum von der Kanzel zu Unrecht als Jungfrau aufgeboten worden. Nun mußte sie für ihre Lüge die Schande ertragen. Nicht immer – wie in diesem Fall – erfährt der Pfarrer vor der Trauung den wahren Sachverhalt; aber ans Tageslicht kommt ja alles bei der Kindtaufe. Dann macht der Pastor es vorher von der Kanzel bekannt, daß das Kind als unehelich getauft wird und daß die Eltern als Lügner zum Traualtar gegangen sind. Bei dem Taufakt werden dann die Lichter auf dem Altar ausgeblasen.«[7]

Das Ideal bürgerlicher Töchtererziehung gegen Ende des 19. Jahrhunderts glich einem eingezäunten Zierrasen: ordentlich, frisch und ohne Spuren. Alice Salomon, die 1900 als jüngstes Mitglied in den Vorstand des Bundes deutscher Frauenvereine gewählt wurde und 1906 in Nationalökonomie promovierte und zu den Reformatorinnen der Sozialfürsorge in Deutschland gehört, beschrieb ihre ausgesprochen brave Jugend so: »Ich kann mich nicht erinnern, daß wir jemals einen männlichen Lehrer hatten, mit dem wir hätten flirten können. Liebe und Sexualität standen völlig außerhalb unseres Gesichtskreises. Es gab keine Koedukation, keine gemeinsamen Sport- oder Freizeitveranstaltungen für Jungen und Mädchen, kein Kino. Auch die Zeitungen waren sehr viel zurückhaltender als heute. Kinder wurden nicht ermutigt, sie zu lesen, und dachten auch von sich aus gar nicht daran. Hinsichtlich dessen, was ich über Sexualität und Ehe wußte, hätte ich genauso gut auf einer Insel aufwachsen können, die nur von weiblichen Angehörigen unserer Gattung bewohnt ist.«[8]

Elisabeth Castonier, aufgewachsen im großbürgerlichen Milieu Dresdens, erging es ähnlich. Nachdem sie auf vernünftige Fragen von ihrer Mutter und ihrer Kinderfrau nur ausweichende oder gar keine Antworten erhalten hatte, griff die junge Dame jedoch beherzt zum guten Buch: »Nun aber lag im Boudoir meiner Mutter, unter der Tischdecke, die ein Bücherbrett verbarg, ein dickes illustriertes Buch, ›Die Frau als Hausärztin‹, das ich nicht anrühren durfte. Aus diesem Buch lernte ich, daß es eine ›Schnürleber‹ und eine ›Trinkerleber‹ gab und manches andere, das niemals laut erwähnt wurde. Als ich ›Die Frau als Hausärztin‹ heimlich genau studiert und die bunten Bilder von Steißgeburten und Fötussen betrachtet hatte, stellte ich keine Fragen mehr. Was ich gesehen und gelesen hatte, war die Wahrheit. Warum aber belogen mich Eltern und Dunchen?«[9]

Vor ähnlichen Problemen standen Ende des 19. Jahrhunderts vermutlich viele Mädchen. Aufgewachsen in einer neuen Zeit, in der sich die Verhältnisse rasch wandelten, waren ihre Vorstellungen nicht mehr unbedingt diejenigen ihrer Mütter. Deren Verhalten war beispielsweise noch stark bestimmt von den Normen einer besonderen weiblichen Ehre.

Die Ehre der Frau: eine Sache der Männer

Der Begriff der Ehre besaß in den Jahren vor dem Ersten Weltkrieg in der Öffentlichkeit noch eine ungleich stärkere Bedeutung als heute. Die Zeitgenossen unterschieden dabei zwischen einer weiblichen und einer männlichen Ehre, die sich jeweils aus verschiedenen Tugenden speiste. War die des Mannes vor allem durch Werte wie Mut, Kraft, Erfolg und Todesverachtung bestimmt, so lag die der Frau auf einem ganz anderen Gebiet, wie die Frauenrechtlerin Marie Raschke 1897 kritisch feststellte: »Noch heute wird die Ehre gewogen nach Geburt, Beruf und Geschlecht. Während die männliche Ehre sich hauptsächlich nach dem Berufe bemißt und ein Ausfluß des bürgerlichen Sonderrechts des Mannes ist, wurzelt nach den willkürlichen Einrichtungen unserer Zeit, welche der Frau jede bürgerliche Ehre versagen, die weibliche Ehre hauptsächlich im Geschlecht.«[10]

Ausgeschlossen von den männlichen Tummelplätzen außerhalb der Familie in Beruf und Politik, wurden die Frauen auf ihre Rolle als Gattin und Hausfrau verwiesen. Als Säulen dieser »Geschlechtsehre« galten vor allem die unversehrte Jungfräulichkeit vor und die sexuelle Treue der Frau in der Ehe. Konflikte, die daraus entstanden, gingen dabei immer zu ihren Lasten. Der Ehebruch durch die Frau – eine Verfehlung, bei der die »Besitzrechte« des Ehemannes öffentlich in Frage gestellt wurden – erschien als höchste Kränkung der männlichen Ehre, die nur unter Einsatz aller männlichen Tugenden wiederhergestellt werden konnte – in einem Duell. Die Ehre der Frau dagegen war unweigerlich dahin und nicht wiederherstellbar.

Für uns heute ein Relikt aus fernen Zeiten, war das Duell auch um die Jahrhundertwende zwar nicht alltäglich, doch mußte ein Mann durchaus mit der Möglichkeit rechnen, mit einer Pistole in der Hand im Morgengrauen auf einer Waldlichtung einem anderen, ebenfalls bewaffneten, Herrn gegenüberzustehen, um eine Beleidigung der »Familienehre« zu bereinigen. Dementsprechend erhielt der Zweikampf, wie Taufe, Verlobung und Gesellschaftstanz, denn auch eine eigene Rubrik in den Benimm- und Anstandsbüchern der Zeit: »Die Gegner tragen Gehrock und Zylinder, die übrigen kleiden sich ebenfalls dem ernsten Anlaß entsprechend.«[11]

Frauen waren zwar in manchen Fällen die Ursache für diesen »ernsten Anlaß«, selber hatten sie jedoch in dieser Angelegenheit nichts zu bestimmen. Nach herrschendem Verständnis konnten sie noch nicht einmal die Verteidigung der eigenen Ehre in die Hand nehmen, denn das war Sache des männlichen Beschützers in Person des Ehemannes, Bruders oder Vaters. Als 1910 ein Antifeminist Marianne Weber wegen ihres Engagements in der Frauenbewegung verhöhnte – diesem »Sammelbecken für Witwen, Jüdinnen und solche, die keinen abgekriegt haben«[12], wie er sich ausdrückte –, wollte ihr Ehemann, der fortschrittliche und liberale Soziologe Max Weber, den Beleidiger seiner Frau sofort fordern,

Ein ehrenvolles Ende für den Duellanten – irgendeine Frau aber hat nun Sohn, Mann oder Liebhaber eingebüßt. Holzstich nach einem Gemälde von Ernst te Peerdt.

griff dann aber lieber zur Feder und machte ihn publizistisch nieder. Das Duell fand nicht statt. Doch auch diese kleine Episode zeigt vor allem: Die Frau wird beleidigt, der Ehemann duelliert sich. Er ist der Beschützer der weiblichen Ehre. Frauen hatten nicht mitzureden, sie wurden für unmündig erklärt.

Ein Leutnant, der von der Gattin eines Arztes einen beleidigenden Brief erhielt – so geschehen im Jahre 1913 –, wandte sich deshalb auch nicht an die Frau, um sie zur Rede zu stellen, sondern ersuchte den Gatten, seine Frau zur Rücknahme der Beleidigung zu veranlassen. Als der Arzt darauf nicht reagierte, erhielt er vom Leutnant die Forderung zu einem Pistolenduell.[13]

Weibliche Ehre und männliche Pflicht bedingten sich gegenseitig, um überhaupt existieren zu können. Ein Teufelskreis also. Die weibliche Ehre wurde zum hohen Gut erhoben, das der Mann unbedingt zu verteidigen hatte. Wäre es der Frau selber überlassen geblieben, ob sie ein Verhältnis einging oder nicht, dann hätte es für die Männer keinen Grund gegeben, sich zu duellieren, die männliche Pflicht hätte sich nicht durchsetzen lassen. Ohne die Gefahr jedoch, durch ein Duell Gatten oder Bruder zu verlieren und in Armut und Verachtung gestürzt zu werden, hätten die Frauen ungestraft ihren Vergnügungen nachgehen können – weibliche Tugend und Keuschheit wären als absolute Norm nicht durchsetzbar gewesen.

Das Duell stellte also im Grunde ein Unterdrückungsmittel dar. Die Frau konnte im Grunde nur verlieren. War sie »schuldig«, so war ihr Ruf dahin, und sie sah sich der gesellschaftlichen Ächtung ausgesetzt. Selbst wenn sie ganz unschuldig am Duell war, weder verführt worden war noch verführt hatte – immer blieb etwas an ihr hängen. Es konnte also nur im Interesse jeder Frau liegen, ihrem Mann nicht die geringste Ursache für ein Duell zu liefern.

Im Jahre 1914 griff die Berliner Zeitschrift *Frauenkapital*[14] die Frage auf: Ob es im Zeitalter der Emanzipation noch angebracht sei, daß der Ehemann den Liebhaber erschieße, wurden die Leserinnen gefragt. Schließlich habe die Frau sich den Liebhaber aus freien Stücken genommen, und wenn es denn ein Verbrechen sei, dann solle sie dafür zur Rechenschaft gezogen werden. Die Leserinnen waren geteilter Meinung. Mit Emanzipation habe das alles gar nichts zu tun, hieß es, schon seit Urzeiten sei eben der deutsche Mann für den Schutz der Familienehre zuständig.

Dennoch – die Zeit, als duellierende Männer die weibliche Ehre schützten und die eigene mit Waffengewalt wiederherstellten, neigte sich nach der Jahrhundertwende allmählich ihrem Ende zu. Zum einen relativierte eine gesellschaftliche Entwicklung, durch die immer mehr Frauen auch außerhalb der Familie tätig wurden, die bisherige Bedeutung der »Geschlechtsehre«, zum anderen veränderten sich peu à peu auch die moralischen Normen.

Der Jungfer höchstes Gut

Die Vorstellung, daß eine Braut »unschuldig« zu sein habe, hatte sicherlich in weiten Kreisen des Bürgertums auch um die Jahrhundertwende Bestand. Unter dieser tugendsamen Oberfläche jedoch fand ein Aufbruch statt, ein Bruch mit der Sexualmoral des 19. Jahrhunderts, den wir gemeinhin erst für die zwanziger Jahre ansetzen und der sich doch zwei, wenn nicht drei oder vier Jahrzehnte früher bereits abzeichnet.

Kaum ein Roman aber hat unser Bild jener Epoche so geprägt (und sicher auch verprägt) wie Heinrich Manns *Untertan*. Der Fiesling Diedrich Heßling verspricht darin einer holden Jungfrau aus gutem Hause die Ehe, weigert sich dann aber, sie zu heiraten, denn schließlich wäre es ja unverantwortlich, seinen zukünftigen Kindern eine Mutter zu geben, die ihr höchstes Gut so leichtfertig vergeudet hat. Bestimmt gab es auch in Wirklichkeit eine stattliche Zahl von Heßlingen, aber wir dürfen zwei Dinge nicht vergessen: Keines der vielen deutschen Rechtssysteme garantierte dem Ehemann einen Anspruch auf Jungfräulichkeit. Szenen, wie wir sie beispielsweise aus der südamerikanischen Literatur kennen – der »betrogene« Bräutigam bringt die Braut am nächsten

Morgen zu ihrer Familie zurück –, kamen in Deutschland nicht vor. Dagegen hatte die verführte Jungfrau Anspruch auf Schadenersatz, das sogenannte Kranzgeld (das im BGB der Bundesrepublik bis heute überlebte). Wobei gerade die Frauen aus den »höheren Ständen« es sich natürlich dreimal überlegt haben, ehe sie vor Gericht gingen und damit öffentlich bekanntgaben, was passiert war.

Heinrich Manns Heßling war kein Mann von Welt, sondern ein skrupelloser Emporkömmling, ein Rastaquär, um im Jargon der Zeit zu bleiben. Fedor von Zobeltitz, getreuer Chronist des preußischen Landadels, beschreibt 1918 in seinem Roman *Die Junker*, daß die Lösungen, die ein Mann von Welt anbietet, einer Frau nicht unbedingt befriedigender erscheinen. Bernd Grüning, der Sohn pommerscher Landjunker, hat während seines Studiums ein Verhältnis mit der jungen Wäscherin Franziska, die dann eines Tages schwanger ist. Bernd will natürlich seine Pflicht als Edelmann tun, will heißen, ihr die gesetzlichen Alimente und wenn möglich noch etwas mehr zahlen. Aber Franziska sieht es durchaus nicht ein, warum er sie nicht heiraten will. Bernd weigert sich, ein Junker heiratet schließlich keine Wäscherin, und außerdem ist er zu Hause verlobt. Worauf Franziska einen Revolver zieht. Bernd, der noch nicht begriffen hat, daß die Zeiten sich geändert haben, ruft aus: »›Wir wollen doch nicht Comödie spielen! Willst du dich vielleicht vor meinen Augen erschießen?‹ ›Nein‹, sagt sie. ›Das will ich nicht‹«, und dann erschießt sie ihn.

Nun ist aber auch die standesgemäße Braut, Hanne, von der neuen Zeit angesteckt und ebenfalls schwanger. Worauf der unglückliche Vater des Erschossenen seine zwei anderen Söhne zu sich zitiert: Die Ehre beider Familien verlangt, daß jeder weitere Skandal vermieden wird, einer muß die schwangere Braut heiraten, wer meldet sich freiwillig? »Egon aber antwortete fest: ›Ich spreche auch für Klaus. Hanne soll zwischen uns wählen.‹«[15]

Wir können getrost annehmen, daß die Heßlinge und Egons die Extreme waren. Das Verhalten des Durchschnittsmannes lag irgendwo dazwischen.

Bis etwa 1890 war die Hochzeitsnacht ein Lieblingsthema der Romanliteratur. Schon Balzac hatte die frischgebackenen Ehemänner gewarnt, ihre Ehe nicht mit einer Vergewaltigung zu beginnen, ein Rat, den viele wohl nicht beherzigten. Amalie Skram, die ihre Hochzeitsnacht samt der meisten folgenden ehelichen Nächte als Vergewaltigung erlebte, wie wir aus ihren Briefen wissen, beschreibt so eine Szene, wie sie in der damaligen Zeit wieder und wieder vorkommt.

In Amalie Skrams Roman heiratet ihre Heldin Ory auf Wunsch ihrer Familie Kapitän Riber, und in der ersten Nacht hilft ihr sein altes Hausmädchen Ane beim Auskleiden. Angesichts der sichtlichen Nervosität der siebzehnjährigen Braut findet Ane die beruhigenden Worte: »Springen Sie schon ins Bett, Frolleinchen. Es muß ja doch sein. Je eher es überstanden ist, desto besser.« Aber Ory hat schreckliche Angst und flieht zu ihrer Familie. Die hat jedoch kein Verständnis für sie und macht ihr klar, daß ihr Platz jetzt bei ihrem Mann sei und sonst nirgends. Riber holt sie noch in der Nacht zurück. »Als sie wieder im Zimmer mit dem alten Brautbett standen, zog sie sich ruhig aus und legte sich hinein. Im nächsten Moment umschlangen sie Ribers starke Arme.«[16]

Gegen Ende des Jahrhunderts werden solche Szenen zumindest in Romanen immer seltener. Immer häufiger finden wir nun junge Mädchen, die die Sache ganz pragmatisch angehen. Sie sollen als Jungfrauen in die Ehe gehen, predigen ihnen Eltern und Erzieherinnen? Ist das wirklich notwendig? So läßt Amalie Skram zwei Backfische in einem Hamburger Mädchenpensionat spekulieren: »Aber ich habe gehört... daß sich das nicht verbergen läßt. Angeblich merken sie das in der Hochzeitsnacht.« – »Ach was, das haben sie sich nur ausgedacht, um uns Angst einzujagen.«[17] Bedenken wir, daß selbst Heinrich VIII., der sich doch eigentlich auskennen müßte, bei Ehefrau Nr. 5 Stein und Bein schwor, sie sei bei der Hochzeit Jungfrau gewesen – und doch hatte sie nachweislich vorher bereits zwei Liebhaber gehabt –, dann sind wir geneigt, Amaliens Backfischen recht zu geben. In der Literatur der Jahrhundertwende merken die Männer jedenfalls nur, was sie merken sollen.

Und doch scheinen die frischgebackenen Ehemänner auf die Unbeflecktheit ihrer jungen Braut erheblichen Wert gelegt zu haben. Der sich ausbreitende Frauensport ließ Ärzte jedenfalls vermehrt empfehlen, bei eventuellen Verletzungen eine ärztliche Bescheinigung ausstellen zu lassen, daß die Jungfernschaft zum Beispiel wirklich dem Radunfall zum Opfer gefallen war und nicht dem feschen Fahrtgesellen. Dasselbe galt auch für gynäkologische Untersuchungen, die damals erstmals in größerem Umfange durchgeführt wurden.

»Blut ist ein ganz besondrer Saft«

Daß um die Jahrhundertwende gynäkologische Untersuchungen – auch und gerade bei sehr jungen Mädchen – für notwendig befunden wurden, hatte seinen Grund. Die medizinische Forschung hatte nämlich ein neues Lieblingsthema entdeckt: die Menstruation.

Das 19. Jahrhundert war fürwahr das Jahrhundert der Entdeckungen, und neben Eisenbahn, Telefon und Glühbirne entdeckten emsige Forscherhirne auch das Ewigweibliche – in Form der weiblichen Eizelle. Diese Entdeckung gelang im Jahre 1827 dem Zoologen Ernst von Baer, der damit der jahrtausendealten Vorstellung ein Ende setzte, nur der Mann sei an der Zeugung eines Kindes beteiligt. Wobei die Behauptung von der »Entdeckung« im Jahre 1827, die uns die Nachschlagewerke in schöner Einmütigkeit servieren, nicht ganz wörtlich genommen werden darf. Schon um 1670 hatte nämlich der niederländische Anatom Reinier de Graaf, damals Professor an der niederländischen Eliteuniversität Leiden, die weibliche Eizelle und ihre Bedeutung beschrieben. Seine ketzerischen Theorien kosteten ihn die Professur, und niemand wollte sein Werk drucken. Hatte doch einst der berühmte Philosoph Aristoteles bei genauem Hinsehen ein winzigkleines, aber vollausgebildetes Fohlen in einem Tropfen Pferdesperma entdeckt: Beweis genug, daß die Frau nur dem Erdreich entspricht, in das der Gärtner das Samenkorn legt.

Die Eizelle war also entdeckt, der zugegeben niedliche

Zeitvertreib mit Pferdesperma war den Philosophen damit verleidet, und 1840 erklärte der Franzose Charles Négier als erster den Zusammenhang zwischen Eisprung und Menstruation. 1901 beschrieb der österreichische Arzt Josef Halban vor der Akademie der Wissenschaften in Wien den Menstruationsvorgang so, wie die Wissenschaft ihn heute noch sieht.

Nachdem man an der Eizelle nicht mehr vorbeikam, rückte die Menstruation zwangsläufig ins Visier der auf weitere Forschungen erpichten Wissenschaftler. In früheren Jahrhunderten hatten sie lieber einen Bogen um diesen unbegreiflichen Vorgang gemacht, hatten sich in vage Theorien gerettet. Unreines oder überflüssiges Blut gehe ab, meinten die einen, die Frau müsse ihr Blut regelmäßig reinigen, damit bei einer Schwangerschaft dem werdenden Kind nur das beste Blut zugeführt werde, behaupteten die anderen. Durch solche Theorien erschien, mit Wissenschaftleraugen gesehen, die Menstruation als ein zwar unappetitlicher, aber doch höchst sinnvoller und nützlicher Vorgang. Nun aber, im aufgeklärten 19. Jahrhundert, könnten wir uns von dem bisher skizzierten Fortschritt auf dem Gebiet der gynäkologischen Forschung mit Fug und Recht einen Aufschwung für die Forderungen nach Frauenrechten erwarten, war die Gärtner- und Birnentheorie doch endgültig ad absurdum geführt. Doch bei dieser Überlegung haben wir die Rechnung ohne die Wissenschaftler gemacht, und wir werden gleich sehen, daß ausgerechnet der eben erst durchschaute Vorgang der Menstruation als Argument gegen die Ziele der Frauenbewegung herhalten mußte.

Durch die Entdeckung des Zusammenhangs von Eizelle, Eisprung und Menstruation hatten die Wissenschaftler einwandfrei Blut geleckt. Das deutsche Kaiserreich um die Jahrhundertwende erlebte eine schier unglaubliche Welle von Veröffentlichungen zum Thema Menstruation. Zunächst interessierte der physische Vorgang, der, wie gesagt, 1901 erstmals auf die heute noch anerkannte Weise beschrieben wurde. Vorher galt eine Menstruation als »verfehlte Schwangerschaft«, denn: »Jedes Ei, welches in die Gebärmutter gelangt... muß stets befruchtet werden. Wenn jedoch die Frau den Cohabitationsakt... nicht häufig genug ausübt, so ist ihr Leben nicht hygienisch, und eine derartige Vernachlässigung dieser neuen hygienischen Regel führt zur Menstruation, d. h.... zu einem pathologischen Zustande.«

Oder die Menstruation galt als Folge eines nicht unbedingt gesunden Nervenreizes: »Man hat sich also den Monatsfluß etwa so vorzustellen: Es reift und wächst ein Ei im Eierstocke und bewirkt dadurch einen Nervenreiz... Hierdurch kommt es im Eierstocke durch Platzen der Eihülle zum Austritte eines reifen Eies, der Ovulation, und zur gleichen Zeit zu Blutüberfüllung der Gebärmutterschleimhaut mit Blutaustritt auf ihre Oberfläche, Menstruation.«[18]

Gilt die Menstruation als ungesund und unnatürlich, die Schwangerschaft aber als einzig gesunder Zustand, so folgt daraus, daß eine Frau so oft wie möglich schwanger werden muß, wenn ihr Leib und Leben lieb sind. Interessant, daß die Wissenschaftler diese Erkenntnis gerade zu einem Zeitpunkt haben, an dem Frauen verstärkt Heim und Herd verlassen, in die Berufe drängen und Mitspracherecht im öffentlichen Leben fordern – während gleichzeitig der Kaiser dringend Soldaten braucht.

Nach Halbans Vortrag vor der Wiener Akademie starb die Theorie von der Nervenreizung eines wohlverdienten, aber schmerzlichen Todes. Die Menstruation mußte von nun an als absolut natürlicher Vorgang betrachtet werden – aber sie erschien doch weiterhin als ein Vorgang, dessen Auswirkungen man besonderes Interesse widmen mußte. Auch die Psychologen, deren Zunft damals den ersten Boom erlebte, mischten mit und erstellten mit großem wissenschaftlichem Aufwand Studien über das Irresein zur Zeit der Menstruation: »Es ist bekannt, daß bei reizbaren, sonst ganz gesunden weiblichen Individuen plötzliche Veränderungen der Lebensweise oder stärkere Gemüthsaffekte zu irgend einer Zeit den menstrualen Blutfluß hervorzurufen im Stande sind.«[19] Menstruierende Frauen, hilflose Opfer ihrer Physiologie und ihrer Hormone, neigten nach dieser Auffassung eher zum Morden und Stehlen, zum Heucheln und Hehlen als ihre nichtmenstruierenden Geschlechtsgenossinnen. Die »Studien«, mit denen solche wissenschaftlichen Kenntnisse untermauert wurden, beriefen sich auf minimales Zahlenmaterial und führten oft nicht einmal Quellen an. Absolute Seltenheit sind so gewissenhaft arbeitende Forscher wie ein gewisser Louis Mayer.

Mayer befragte 3411 Mädchen nach ihrem Alter zur Zeit ihrer ersten Menstruation. Das sensationelle Ergebnis: Dunkelhaarige fangen früher an als Blondinen, nämlich im zarten Alter von 15,26 Jahren! Die später reifenden Blondinen dagegen müssen sich gedulden, bis sie das fortgeschrittene Alter von 15,55 Jahren erreicht haben! Kein Wunder also, daß nach solch überzeugenden Erkenntnissen munter weitergeforscht wurde. Soziale Stellung, Temperament und Schulbildung der Erstmenstruierenden wurden untersucht, und immer ließen sich ähnlich beeindruckende Schlußfolgerungen ziehen wie die Mayers. Die Dauer der Menstruation wurde ebenso gemessen wie das dabei vergossene Blut, natürlich immer in bezug gesehen zu Klasse, Haarfarbe und Religion der Betroffenen. Stumm vor Staunen über die wahre Wollust, mit der die Herren sich um die Jahrhundertwende ins Thema Menstruation verbissen, sind wir fast geneigt, ihnen einen von der Wissenschaft bisher nicht erfaßten »Menstruationsneid« zu unterstellen. Tatsache ist, daß die vielen Ärzte, Dichter, Forscher, Psychologen, die vor hundert Jahren praktisch vom Menstruieren lebten, nie auf die Idee gekommen sind, die Erfahrungen der Menstruierenden selbst zu berücksichtigen.

Übrigens nahmen sich nicht nur Wissenschaftler des Themas an. Auch der Literat Karl Kraus äußerte sich dazu: »Die Frauen verlangen das aktive und das passive Wahlrecht. Daß sie das Recht haben sollen, jeden Mann zu wählen, und daß man ihnen keinen Vorwurf mehr mache, wenn sie sich von wem immer wählen lassen? Behüte der Himmel: Sie meinen es politisch. Aber auf so verzweifelte Gedanken sind sie von den Männern gebracht worden. Jetzt wird diesen nichts anderes übrig bleiben, als von der Regierung zu verlangen, daß ihnen endlich die Menstruation bewilligt werde.«[20]

»Ein Mädchen, das schon unwohl ist, trägt keine Socken mehr«

Aus dem damaligen Schrifttum gewinnen wir die Erkenntnis, daß eine Menstruation eine körperliche Qual ist, die mit hochgradiger Nervenanspannung und zeitweiser Unzurechnungsfähigkeit einhergeht. Deshalb, das schärfen uns liebevoll ums Wohl der Frauen besorgte Ärzte immer wieder ein, sollen Frauen während der Menstruation zu Hause bleiben und sich ruhig verhalten. So warnt ein gewisser Herr Fürst in seinem Buch *Die Hygiene der Menstruation* davor, »Eisenbahn zu fahren, die Nähmaschine zu treten, oder schwere Möbel zu rücken, desweiteren sind Touren, Schlittschuhlaufen, Schwimmen und Bergtouren untersagt«.[21]

Daß sich Menstruation trefflich zur Disziplinierung heranwachsender Töchter ausnützen läßt, ist ein auch heute zu beobachtendes Phänomen. Deshalb wollen wir nur ein Beispiel aus der Privatsphäre bringen, einfach, weil Sprache und Problem typisch sind für die Zeit, in der diese Szene spielt, nämlich 1913: »Mama übersieht mich heute. Gleich nach Tisch sagte sie, Mademoiselle solle darauf achten, daß ich keine Wadenstrümpfe mehr trage. Ich sagte, daß mir kurze Strümpfe sehr viel besser gefallen als lange, und daß ich meine Socken noch weitertragen möchte. ›Ein Mädchen, das schon unwohl ist, trägt keine Socken mehr. Das ist unanständig.‹ Ich war ganz platt. ›Die Mama hat recht, das verstehst du nicht‹, sagte Mademoiselle.«[22]

Daß eine menstruierende Frau, dieses schwache Wesen, Opfer ihres verkrampften Uterus, nicht selber die Verantwortung für sich und ihre Kinder übernehmen oder eine wichtige Berufstätigkeit ausüben kann, versteht sich wohl von selber. »Der Arzt Fritsch mutmaßt, daß geistige Anstrengung in den meisten Fällen zu einer schmerzhaften Monatsblutung... führe.

Lehrerinnen, vor allem Musiklehrerinnen, seien durch solcherart Beschwerden arbeitsunfähig und hysterisch geworden. Warum er ausgerechnet die Musiklehrerinnen nennt, wird uns leider für immer ein Rätsel bleiben.«[23]

Diese von Herrn Fritsch angestrengten Überlegungen sind symptomatisch für die damalige Argumentationsweise. Wer nicht so weit ging, Frauen deshalb aus dem Berufsleben verbannen zu wollen, stellte Verhaltensregeln auf:

»Um so mehr müßte eine Möglichkeit gefunden werden, daß der Arbeiterin während der Menstruation entweder nur leichtere Beschäftigung mit dem Oberkörper oder den Händen im Sitzen übertragen oder ihr stündlich eine angemessene Ruhepause gewährt wird. Auch müßte ihr die Arbeitszeit während dieser Tage, auf Wunsch, entgegenkommend gekürzt werden, ohne daß ihr daraus Lohnabzüge entstehen. Eine ältere, erfahrene Frau in dem betr. Personal müßte damit betraut sein, die Vermittlung in dieser Sache zu übernehmen, das Wohl der Arbeiterin gegenüber dem Chef, dem Werkführer oder Faktor zu vertreten, damit die Arbeiterin sich in solchen Angelegenheiten nicht an einen Mann zu wenden braucht. Diese ältere Vertrauensperson würde auch darüber zu wachen haben, daß die Arbeiterin während der Menstruation nicht ohne Binde erscheint und daß sie sich überhaupt angemessen kleidet.«[24]

Wobei auffällt, daß nur bei akademischen Berufen – wo die forschenden Ärzte Frauen (vielleicht unbewußt) als Konkurrentinnen empfinden – von Berufstätigkeit abgeraten wird.

Solche Ratschläge riefen auf Frauenseite vor allem Hohn und Spott hervor. Besonders treffsicher äußerte sich Hedwig Dohm. Und Hedwig Dohm war nicht irgendwer – sie war eine der wichtigsten Frauenrechtlerinnen und Autorinnen des 19. Jahrhunderts, hatte als Dramatikerin, Erzählerin und Essayistin seit etwa 1860 die Sache der Frauen verfochten. Sie stand in regelmäßiger Verbindung mit den Vertreterinnen der verschiedenen Richtungen der Frauenbewegung und war außerdem mit Ernst Dohm verheiratet, dem Herausgeber der einflußreichen Familienzeitschrift *Die Gartenlaube*. Als ihre Enkelin Katia Pringsheim den jungen Schriftsteller Thomas Mann heiratete, litt der zunächst unter der schrecklichen Vorstellung, sie könne dem Beispiel ihrer Großmutter folgen und nicht zu dem getreuen Eheweib werden, das er sich wünschte – aber obwohl er ihren Gedanken ganz und gar ablehnend gegenüberstand, konnte er dem Intellekt seiner Schwiegergroßmutter seinen Respekt nicht versagen.

Hedwig Dohm also schrieb: »Der Einwurf der Menstruation ist absolut hinfällig, so lange man nicht alle arbeitenden Frauen in den Menstruationstagen von der Arbeit suspendiert. Ob sich die Ärzte während der Leidenstage ihrer Köchinnen mit kalter Küche oder mit einer durch Gemütsdepression herabgesetzten Kochkunst begnügen werden? Ob sie nicht vielmehr die Köchin, die allmonatlich ihr Menstruationgeheimnis verrät, gern mit einer anderen, diskreteren, vertauschten?«[25]

Es wäre sicher ungerecht, die damaligen Ärzte und Forscher pauschal als eine verschwörerische Bande von frauenfeindlichen Dusseln darzustellen. Da sie, aus was für Gründen auch immer, kein Interesse an allgemein weiblichen Erfahrungen aufbrachten, hielten sie sich an die Fälle, die ihnen in ihrer Sprechstunde begegneten, und konstruierten daraus ihre kühnen Theorien – und schließlich geht keine Frau zum Arzt, weil ihre Periode regelmäßig und ohne Beschwerden auftritt!

Immerhin stellten sie damals auch ganz entzückende Forschungen an, die später nicht fortgesetzt wurden. Statt Spalttabletten – für die damals in allen Frauenzeitungen geworben wurde – verabreichten die Ärzte ihren Patientinnen lieber Belladonna, Opium, Morphium oder Cannabis. Selbst das Einleiten von Chloroformdämpfen in die Vagina soll vorgekommen sein. Eine Frau mit Bauchkrämpfen schnupft Kokain, alsbald verschwinden die Bauchkrämpfe. Das wird niemanden überraschen – überraschend aber ist die Theoriebildung, die auf solchen Beobachtungen fußte: Es müsse doch einen Zusammenhang zwischen Nase und Geschlechtsorganen geben. Der Volksmund hat diesen Zusammenhang für Männer ja immer schon hergestellt; der medizinischen Forschung aber blieb es überlassen, ihn auch für die Frauen dingfest zu machen.

Leider verlief die Theoriebildung bald nach der Jahrhundertwende im Sande. Liebevolle Querschnitte der Nase wurden erstellt, gar »das vordere Ende der unteren Nasenmu-

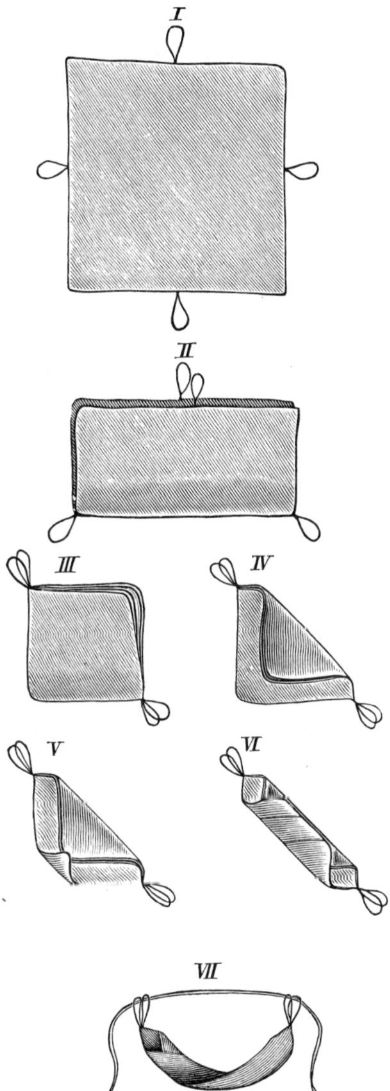

Origami für Fortgeschrittene: Die Frau als Hausärztin *erteilt Anleitungen zum Falten von Monatsbinden.*

schel als Sexualzone derselben ermittelt«[26], dann aber war Schluß. Nicht einmal, ob Manipulation der unteren Nasenmuschel uns zu vermehrtem Lustgewinn verhelfen kann, verraten uns die Forscher.

Die Durchschnittsfrau aber hatte zweifellos andere Sorgen. Zwar gab es bereits Vorläuferinnen der uns heute noch bekannten Wegwerfbinden, doch war der Preis von einer Mark für sechs Stück für die überwiegende Mehrzahl der Frauen einfach unerschwinglich. Ratgeber wie das nach 1900 in Hunderttausenden von Exemplaren verbreitete *Die Frau als Hausärztin* gaben ausführliche bebilderte Anleitungen zum Falten von Tüchern, die dann als Binde zu verwenden sind. Dieses Verfahren wirkt – mit heutigem Blick gesehen – unendlich kompliziert, und nur eine Meisterin der japanischen Papierfaltkunst Origami hat dabei eine Chance.

Die meistverbreitete Monatshygiene bestand sicherlich aus gehäkelten oder gestrickten Baumwollbinden und, vor allem bei den ärmeren Bevölkerungsschichten, aus Lappen und Lumpen. Selbstgenähte Binden aus Lappen und Lumpen waren schließlich auch noch eine Möglichkeit. Die dänische Autorin Ilse Haugaard beschreibt ihre Herstellung – 1957 in einem Waisenhaus in Kopenhagen, in dem sich in dieser Hinsicht seit Beginn des Jahrhunderts nichts geändert hatte: »Nur die Großen mußten mit Unterhosen schlafen, und erst vor kurzem hatte Lise herausgefunden, warum, und jetzt wußte sie auch, was die Eimer mit dem fauligen, stinkenden Wasser im Waschkeller enthielten.

›Hygienische Binden‹, sagte Karna.

In regelmäßigen Abständen saß Niller an der Nähmaschine vor dem Eßzimmerfenster. Sie nähte schichtweise längliche Stoffstücke aneinander, die aus alten Hemden und Unterhosen zurechtgeschnitten waren, so daß ein dickes, ziegelsteinartiges Etwas entstand. Dann nähte sie noch ein Band an jedes Ende, damit die Binde am Hosengummi befestigt werden konnte, das die Mädchen um den Bauch trugen. Ganz zum Schluß mußten sie ihre Anfangsbuchstaben mit roten Kettstichen hineinsticken. Jede bekam sechs Binden, das reichte ja wohl für eine Periode... Gebrauchte Binden wurden im Keller in einem Eimer mit kaltem Wasser eingeweicht, und da lagen sie dann, zusammen mit den anderen, die nach und nach dazukamen – eine pro Tag – und stanken immer schlimmer, weil das Wasser nie gewechselt wurde… Nachher flatterten die fleckigen Monatsbinden in Reih und Glied an der Wäscheleine im Garten, und die roten Kettstiche verrieten erbarmungslos, wer die Besitzerin war.«[27]

Entbehrliche Jungfräulichkeit

Nicht nur Menstruationsprobleme führten junge Mädchen um die Jahrhundertwende zum Arzt. Auch die nahende Hochzeit konnte den Ausschlag zu diesem Schritt geben. Sexualreformer wie Havelock Ellis rieten nämlich in den 1890er Jahren, vor der Hochzeit das Hymen operativ entfernen zu lassen, auf daß die Hochzeitsnacht glatt und schmerzensfrei verlaufe… um ganz sicher zu sein, daß er ein unbeflecktes Weib ehelichte, hätte der glückliche Bräutigam also neben dem Operationstisch stehen müssen, was jedoch nicht einmal die eifrigsten Aufklärer anregten.

Daß irgendein Mann tatsächlich je eine Bescheinigung hätte sehen wollen, läßt sich für unseren Zeitraum nicht belegen. Daß Jungfraulichkeit auch in manchen bürgerlichen Kreisen schon früh nicht mehr die Regel war, läßt sich einem Roman von Ida Boy-Ed aus dem Jahr 1899 entnehmen: »Auf ihre ›Erziehung‹ hatten sowohl Martina selbst wie auch das Ehepaar einen ganz naiven und ehrlichen Stolz. Man sah es als verdienstvoll und löbliche Tatsache an, die von der Mutter in den Kreisen auch gebührend gerühmt wurde, daß Martina ›unschuldig‹ in die Ehe treten konnte.«[28] Und dieser Autorin, die in ihren Romanen und Erzählungen präzise Schilderungen des bürgerlichen Frauenlebens der Jahrhundertwende bietet, verdanken wir auch einen der vielen Hinweise darauf, daß die Angst vor der Hochzeitsnacht nicht mehr gar so groß war: »Doraline hörte mit einem angenehmen Schauern zu. Seine Worte ›dafür wird dir bald das Verständnis aufgehen‹ lösten fast alle ihre Kümmernisse auf, und sie genoß das Triumphgefühl vorweg, sehr bald mehr und Zuverlässigeres vom Manne zu wissen als Irma.«[29]

Wie kam es aber zu diesem Umschwung im Denken und Handeln? Wie so oft können wir aus der Rückschau sagen, es lag an der Zeit. Wachsende Berufstätigkeit von Frauen gab ihnen die Möglichkeit, unbeaufsichtigt von Eltern und Familie Herrenbekanntschaften zu schließen, verbesserte Verhütungsmittel minderten die Angst vor einem unehelichen Kind, Sexualaufklärung und Psychologie erlebten ihren ersten Boom und billigten zunehmend auch Frauen einen Sexualtrieb zu. So berichtete der Berliner Sexualwissenschaftler Iwan Bloch 1907, er habe »zu diesem Punkt« eine ganze Anzahl gebildeter Frauen befragt, die ihm ausnahmslos erklärt hätten, »die Theorie von der geringeren geschlechtlichen Sensibilität des Weibes« sei unrichtig. Wenn es Probleme gäbe, läge es zumeist an der heuchlerischen Moral oder aber an den Fähigkeiten des Mannes: »In den meisten Fällen ist tatsächlich die sexuelle Kälte des Weibes nur eine scheinbare, entweder wo hinter dem durch die konventionelle Moral vorgeschriebenen Schleier der äußeren Zurückhaltung sich eine glühende Sexualität verbirgt oder wo es dem Manne nicht gelingt, die so komplizierten und schwer auslösbaren erotischen Empfindungen richtig zu wecken.«[30]

Zu diesen gesellschaftlichen Veränderungen kam die heute unvorstellbare Aufbruchstimmung der Jahrhundertwende hinzu. Sie entsprach einerseits der allgemeinen Fortschrittsgläubigkeit, erfaßte aber vor allem viele Frauen und gab ihnen die Überzeugung, alles sei möglich, alles nur eine Frage der Zeit, und mit dem bald erlangten Frauenstimmrecht würden sie die Ewiggestrigen aus den Parlamenten fegen, volle Gleichberechtigung durchsetzen und die doppelte Moral eindeutig über Bord werfen. Im Jahre 1900 veröffentlichte die Schriftstellerin Elisabeth Dauthendey – heute bekannter ist ihr Bruder, der Dichter Max Dauthendey – ein programmatisches Buch unter dem Titel *Vom neuen Weibe und seiner Liebe. Ein Buch für reife Geister*. Die Essaysammlung wurde in fast alle europäischen Sprachen übersetzt und erlebte viele Auflagen. Elisabeth Dauthendey weist darin alle überlieferte

Sexualmoral ab und proklamiert statt dessen die »neue Frau«, die zu ihren sexuellen Wünschen steht und sich frei für oder gegen Liebhaber entscheiden kann, weil sie in der neu zu gestaltenden Welt von keinem Mann mehr finanziell abhängig ist. Eine Entwicklung, die in letzter Konsequenz noch etwas auf sich warten lassen wird, so Elisabeth Dauthendey, denn zur neuen Frau gehört der neue Mann, und der muß erst noch erzogen werden; erotische Erfüllung werde wohl erst die nächste Frauengeneration erleben.

Der Begriff der »neuen Frau« wird gewöhnlich der russischen Schriftstellerin und Politikerin Alexandra Kollontai zugeschrieben, die 1913 in der russischen Zeitschrift *Sovremennyi Mir* (Die moderne Welt) einen Essay unter diesem Titel veröffentlichte. Kollontai selber jedoch bezog sich in diesem Artikel ausdrücklich auf Elisabeth Dauthendey, deren Buch bereits 1902 ins Russische übersetzt worden war.

Ein neues Verhältnis der Geschlechter werde sich entwikkeln, wie die Feministin Martha Asmus bereits 1895 schrieb: »Die erotische Frau mit der Gabe, geliebt zu werden, die sich befreit hat von der Schmach, aus ihrem Geschlechte ihren Broterwerb zu ziehen, wird es keiner Macht auf Erden gestatten, ihr die Enthaltsamkeit aufzuzwingen. Sie wird lieben, und ihrem Leben wird nichts fehlen. Dieser Frau ist die Vormundschaft des Mannes eine Unmöglichkeit. Denn nicht jeder, der sie ernähren kann, hat die Fähigkeit, sie erotisch zu befriedigen ... Nicht die Verbindung mit dem Manne, der uns ernähren kann, sondern mit dem, den wir lieben, erschließt uns das erotische Leben.«[31] Es verwundert nicht, daß solche Vorstellungen so manchen Zeitgenossen überforderten und Stoff zu jenem verbreiteten Angsttraum lieferten, der eine »Weiberherrschaft« kommen sah.

Interessant ist, daß Autoren, die sonst eher fortschrittlich dachten, von der sich andeutenden Entwicklung oft entsetzt waren und Frauen hinfort gerne als männermordende Bestien vorführten. Auffällig häuften sich um die Jahrhundertwende in der Kunst und Literatur die Darstellungen der Judith, Delila oder Salome. Bekannte und im Grunde fortschrittlich eingestellte Autoren, die sich diesen Themen widmeten, sind August Strindberg und Frank Wedekind, oder auch Arthur Schnitzler, der auf diese Weise an Adele Sandrock Rache nahm – sie hatte das unverzeihliche Verbrechen begangen, sich einen Liebhaber zu nehmen, als er wegen einer anderen Affäre zeitweilig keine Zeit für sie hatte.

Bei konservativen Autoren hingegen, die alle Formen von Frauenemanzipation ablehnten, kam die neue für alle geltende Sexualmoral oft besser weg – und so gelangte die neue Moral per Roman in »anständige« Häuser, in denen die als »unsittlich« geltenden Werke Strindbergs niemals geduldet worden wären. Wir haben das Beispiel Fedor von Zobeltitz gesehen, dessen Romane oft hohe Auflagen erreichten. Im erwähnten Buch, *Die Junker*, liegen seine Sympathien eindeutig bei der verratenen Wäscherin Franziska und bei dem opferbereiten Bruder Egon – ein seltsamer und doch typischer Spagat zwischen alter und neuer Zeit.

Noch weiter geht Joseph Lauff, zu seinen Lebzeiten ebenfalls ein gern gelesener Bestsellerautor. In seinem Buch *Die heiligen Drei Könige* macht ein Vater ein grausames Testament. Die einzige Tochter wird den Hof nur erben, wenn sie den vom Vater favorisierten Vetter heiratet – oder wenn sie innerhalb von drei Jahren auf andere Weise für einen Hoferben sorgt (von Heirat ist hier nicht die Rede), der Hof soll ja schließlich in der Familie bleiben. Wenn nicht, fällt der gesamte Besitz an den Vetter, und die Tochter erhält lediglich den allerwinzigsten Pflichtteil, den der Code Napoléon überhaupt nur gestattet.

Die Tochter will aber weder den Vetter, ein bigottes Ekel, heiraten noch den Hof hergeben. Was also tun? In der Nähe wohnen drei arme, aber ehrsame und noch dazu bildschöne Brüder auf einer Kätnerstelle, und die sollen ihr bei der Lösung des Problems helfen.

Anna Donsbrügge, die besagte Tochter, gehört zweifellos zu den ersten Heimatromanheldinnen mit Sexualtrieb: »Das große Sehnen und Suchen nach den Dämmerungen seligen Wissens schlich sich an sie. O, dieses Wissen! Die Schwingungen einer trunkenen Frauenseele gingen über sie fort. Das Verlangen nach der Umarmung des Mannes war in ihr, er-

Ließ sich von keinem Liebhaber in die Karten schauen: Die beliebte Schauspielerin Adele Sandrock.

füllte ihre Augen mit Glanz.«[32] Also verbindet sie das Angenehme mit dem Nützlichen und bestellt einen Bruder für die Christnacht, Nr. 2 für die Karfreitagnacht und Nr. 3 schließlich für die Johannisnacht zu sich – einem sollte es doch wohl gelingen, sie zu schwängern! Dies alles berichtet voller Hochachtung für seine Heldin, die in einem argen Dilemma einen klugen Ausweg findet, durchaus kein radikaler Umstürzler, sondern Joseph Lauff, Lieblingsautor Kaiser Wilhelms II., von diesem wegen seiner Verdienste um die deutsche Literatur im Jahre 1913 geadelt.

Immer mehr Frauen machten also, was sie wollten, und selbst die Konservativen (und, wie wir gesehen haben, in manchen Fällen gerade die) fanden sich schließlich damit ab. Wen wundert's, daß die Damen auch zur Zigarette und zum Schnaps- oder Bierglas griffen? Hatten doch selbst einige professionelle »Anstandsdamen« die Zeichen der Zeit erkannt. So baute im Jahr 1899 Eufemia von Adlersfeld in ihrem *Katechismus des guten Tons und der feinen Sitte* den durstigen Damen goldene Brücken, um Bier und Anstand miteinander in Einklang zu bringen: »Darf eine Dame in einem öffentlichen Lokale Bier trinken? – Es war in früheren Zeiten als absolut unschicklich ganz verpönt. Jetzt haben sich die Zeiten geändert und die Damen sind vom Kaffee- und Limonadenzwange erlöst. Auch wir wüßten nicht, aus welchem Grunde man einer Dame das Biertrinken verwehren sollte, nur möchten wir den Damen anempfehlen, diesem für Viele unentbehrlichen Genusse in einem öffentlichen Lokale nur aus kleinen Gläsern zu frönen, da ein Maßkrug oder Literschoppen vor einer Dame keinen feinen Eindruck macht. Sie wird ja auch mit kleinen Gläsern auf ihr Quantum kommen.«[33]

Versuche beispielsweise von Kaffeehäusern um 1910, nur Damen in Herrenbegleitung das Rauchen zu gestatten, muten in ihrer Hilflosigkeit da fast schon rührend an. »Emancipierte« Raucherinnen wie George Sand, Louise Aston oder Lola Montez kennen wir schon aus den 1840er Jahren. Aber es sollte noch einige Zeit dauern, bis sich auch »normale« Frauen diesem Laster hingeben konnten. Noch 1867 verbrannte die österreichische Erzherzogin Mathilde in ihrem Bett, als sie eine heimlich gerauchte Zigarette vor ihrem Vater verstecken wollte. Doch schon 1894 läßt der stockkonservative Autor Conrad von Bolanden eine weibliche Romanperson wie das Allerselbstverständlichste auf der Welt sagen: »Die Emanzipation der Frauen macht Fortschritte und erobert ihnen Genüsse auf Gebieten, wo ehedem nur die ›Herren der Schöpfung‹ des Lebens sich freuten. Rauchende

Einbruch in männliche Domänen: Nicht ganz ernstgemeintes Portrait einer Studentin aus dem Jahre 1904.

Frauen gehören heute nicht mehr zu den Seltenheiten.«[34] Die Dame hat allerdings gerade keine Lust auf die angebotene Zigarre und bittet nur um ein Glas Bier.

Zunächst waren es vor allem Damen der Oberschicht, die exotischen Vorbildern nachstrebten und entgegen den herrschenden Anstandsregeln auch in der Öffentlichkeit rauchten, wie ein Beobachter 1914 bemerkte: »Früher rauchten russische Fürstinnen und man rauchte im Harem. Es ist pikant, Rußland und die Odaliske zu imitieren, nun, etwa in Baden-Baden oder in Norderney, in Paris, oder in der Hall eines Sankt-Moritz-Hotels.«[35]

Von Zitaten wie dem folgenden wimmelt die Literatur der Jahrhundertwende, und kein Autor hält es für nötig, seine Heldinnen zu entschuldigen: »›Geben Sie mir noch eine Papyros‹, bat die Baronin. Steffani reichte ihr das Etui; ein Streichholz flammte auf, und sie stieß mit gekräuselten Lippen den aromatischen Rauch aus dem Munde.«[36] Oder: »Nach Tisch fand sich Frau La Motte zufällig ein paar Augenblicke allein mit Haimer im Herrenzimmer. Er hielt ihr sein kleines Taschenfeuerzeug hin, damit sie ihre Zigarette daran entzünde.«[37]

Etui, Feuerzeug und Zigarettenspitze wurden in den Jahren vor dem Ersten Weltkrieg zu modischen Accessoires der Frau von Welt: »Und die Damen führen ihre Papyrosse an jenen zierlichen Goldreifenhalter, der einem Miniaturlorgnon gleicht und den Teint der Finger gegen das Patinieren durch Nikotin schützt. Und aus dem gleichen Grunde sind jene wundervollen Zigarettenspitzen so beliebt. Lange, dünne elfenbeinerne, mit goldenen Ringen umschlossene Spitzen – die den braunen Gürtel des Korkmundstückes ehern umschlossen halten und so außerordentlich dekorativ wirken, wenn die schmalen Finger einer schönen Frau sie balancieren.«[38] Selbst eine wirklich aller Radikalität unverdächtige Autorin wie Frances Hodgson Burnett, Schöpferin beliebter Kinderbücher wie *Der kleine Lord*, meldete sich 1898 zu Wort: »Zigaretten sind eine Privatsache, und jede Frau muß selber wissen, ob sie rauchen will oder nicht.«[39]

Natürlich raucht in Sigrid Undsets gleichnamigem Roman auch ihre Heldin Jenny. Sie verdient sich ihren Lebensunterhalt selbst, raucht und trinkt, wie gesagt, und merkt praktisch dadurch, daß sie schwanger ist. Sie hat zusammen mit einer Freundin nur vier Glas Wein und einige Schnäpse getrunken, und schon wird ihr schlecht. Und die Freundin seufzt: »Aber das ist ja ein Skandal, Jenny mia! Es geht zurück mit dir, Mädel, verträgst du denn keinen Alkohol mehr?«[40]

Jenny ist sich auch ihrer sexuellen Wünsche durchaus bewußt – nur trifft sie lange Zeit keinen Mann, auf den sie Lust hat. Aber mit 28 Jahren hat sie es einfach satt, Jungfrau zu sein, und als sie einen netten Jungen kennenlernt, will sie die Gelegenheit beim Schopfe packen. Leider ist der nette Junge noch von der alten Sorte: »›Ach, Jenny, wenn ich heute Nacht doch bloß bei dir bleiben könnte!‹ ›Helge!‹ Sie preßte sich an ihn. ›Das kannst du doch!‹

Er riß sie an sich, drückte ihre Hüften und ihre Schultern an sich... Sofort bereute sie, eine Bewegung gemacht zu haben, als ob seine harte Umarmung ihr zu fest sei. Aber er hatte schon losgelassen. ›Nein, nein, ich weiß ja, daß das unmöglich ist.‹«[41]

Schließlich findet Jenny doch einen Liebhaber, der ihr genehm ist und nicht allzu viele Skrupel hat. Als sie dann feststellt, daß sie schwanger ist, denkt sie zuerst an eine Abtreibung, besinnt sich aber später anders und bittet einen Freund, ihr eine Pension zu suchen, wo sie unbelästigt von ihrer Familie und vor allem vom Vater ihres Kindes ihre Entbindung abwarten kann.

Solche Arrangements kamen in bürgerlichen Kreisen häufiger vor, wie Anzeigen in großen Tageszeitungen jener Zeit belegen:

»Damen besseren Standes bietet liebevolle Aufnahme und diskrete Hilfe. Hebamme Philipp, Oranienstraße 110«;

»Hilfe jeder Art für Damen in diskreten Verhältnissen. Frühere Hebamme Meier, Markgrafenstraße 103, 4. Stock rechts«;

»Geheimentbindung, sehr diskret, Frau Franke. Hebamme, Demminer Straße 11«;

»Damen in diskreten Verhältnissen finden liebevolle Aufnahme im In- und Auslande. Frau Regler, Kommandantenstraße 25, 1. Stock«;

»Hilfe! Damen von Stand wenden sich an Frau Weller, Große Frankfurter Straße 43, nahe Alexanderplatz. Strengste Diskretion!«[42]

Wir können davon ausgehen, daß sich hinter einigen dieser Anzeigen auch Engelmacherinnen versteckten – die meisten waren jedoch diskrete »Gebärheime«, die unter Umständen auch die Adoption des Kindes vermittelten. Die junge Mutter kehrte dann angeblich aus dem Kuraufenthalt, dem Pensionat oder von der alten Tante, die sie während einer Krankheit aufopferungsvoll gepflegt hatte, nach Hause zurück. Vielleicht wurde gemunkelt, aber da nichts zu beweisen war, verstummte das Getuschel zumeist bald.

Sigrid Undsets Jenny kommt bei einer Witwe in Warnemünde unter, die durch die Aufnahme von schwangeren Pensionärinnen ihre unzureichende Rente aufbessert und die ganz rührend um das Wohl ihrer Gäste besorgt ist: »Sie hatte nicht einmal mehr die Kraft, ihre nassen Stiefel auszuziehen, aber Frau Schlessinger befreite sie auch noch von den Strümpfen und redete dabei ununterbrochen, ermahnte Jenny, guten Mutes zu sein. Und sie erzählte von all ihren Leidensgenossinnen, die bei ihr gewohnt hatten – und jetzt waren viele davon verheiratet und hatten es gut, ja.«[43] Daß Jenny gar nicht heiraten will, jedenfalls nicht den Vater ihres Kindes, versteht die arme Frau Schlessinger nicht – aber sie ist eben keine moderne Frau und ist in den Jahren vor 1890 großgeworden, als die viktorianischen Werte noch galten.

Die Tatsache, daß überkommene Vorurteile um die Jahrhundertwende immer mehr schwanden, brachte Frauen die Möglichkeit, ihr Sexualleben nach eigenen Wünschen zu gestalten. Gegen Geschlechtskrankheiten jedoch half auch keine Vorurteilslosigkeit.

Syphilis – die Krankheit einer Epoche

»Zum Glück tritt die große Liebe in der Ehe weniger häufig auf als Geschlechtskrankheiten.«[44] Diese Erkenntnis legt die norwegische Nobelpreisträgerin Sigrid Undset in ihrem Roman *Frühling*, der 1914 erschien, einem Arzt in den Mund. Der alte Herr ist durch sein langes Berufsleben zynisch geworden, ihm ist nichts Menschliches mehr fremd und nichts sympathisch. *Frühling* ist, neben ihrem Mittelalterroman *Kristin Lavranstochter*, noch heute das in Deutschland bekannteste Werk der Autorin. Kaum eine der heutigen Leserinnen jedoch, die sicher über die tragische Liebe Torkils zu

Rose heiße Tränen vergießen, erkennt wohl, daß es in diesem Buch ganz ausgiebig um Syphilis geht. Das Buch traf damit den Nerv einer Epoche, deren öffentliche und politische Diskussion sich ausgiebig mit diesem Thema befaßte. Anstoß dazu gaben die medizinischen Statistiken, die besagten, daß bis zu 70 % aller unverheirateten Männer eine Geschlechtskrankheit gehabt hätten oder aktuell erkrankt seien. Sexualität war unter diesen Voraussetzungen untrennbar mit Krankheit – ob nun mit der tatsächlichen oder lediglich mit der Angst davor – verbunden. Hinzu kam die politische Komponente, betrachteten doch manche die starke Verbreitung von Syphilis bereits als Gefahr für Nation und Rasse.

Undset wußte sicher, wovon sie sprach – schließlich war ihr eigener Vater, der international bekannte Archäologe Ingvald Undset, nach qualvollen Jahren diesem Leiden zum Opfer gefallen. Und nachdem ihr Ehemann, der Maler A. C. Svarstad, ihr eine »Jugendsünde« gebeichtet hatte – im damaligen Sprachgebrauch bedeutete »Jugendsünde« zumeist kein uneheliches Kind, sondern eine vermeintlich kurierte Geschlechtskrankheit –, litt sie Höllenqualen der Angst. Was, wenn Svarstad nun doch nicht ganz gesund war und die Krankheit an ihre Kinder vererbte? Daß er aus erster Ehe bereits zwei geistig behinderte Kinder hatte, war ihr dabei erst recht Grund zur Panik.

Das Geständnis einer solchen Jugendsünde konnte vielleicht so aussehen: »›Aber Gott sei Dank, so gut vorgesehen habe ich mich doch‹, er räusperte sich ausgiebig, ›mit einer winzigen Ausnahme. Ein Unglück kann doch jeden treffen – ein ziemlich leichter Fall übrigens. Ich habe die Bestätigung eines hervorragenden Arztes, daß ich jeder Zeit heiraten kann, wenn ich will.‹«[45]

Sigrid Undsets begreifliche Syphilisphobie schlägt sich nicht nur in ihren Romanen nieder, sondern prägt auch ihre Essays. Wütend schlägt sie um sich und macht Syphilis für jedes Unheil der Weltgeschichte verantwortlich. Selbst Luther und die übrigen Kirchenmänner der Reformationszeit müssen an fortgeschrittener Syphilis gelitten haben, anders kann die fromme Katholikin Undset sich deren irregeleiteten

Glauben nicht erklären. Mit dieser großzügigen Zuweisung stand die Autorin jedoch nicht allein da. In einem Jahrhundert, in dem die Krankheit allgegenwärtig erschien – »Zivilisation ist Syphilisation«, schrieb 1912 der deutsche Arzt Hermann Rohleder – und Entstehung und Verlauf noch nicht ausreichend erforscht waren, lag es nahe, bei jedem nicht erklärbaren Leiden erst einmal auf Syphilis zu tippen. Was ärztliche Autoritäten veranlaßte, vor zu großer Panik zu warnen: »Lebensfähige Kinder syphilitischer Eltern kommen mit

Schrieb ergreifende Romane zum Thema Syphilis: Literaturnobelpreisträgerin Sigrid Undset.

zahlreichen Gebrechen zur Welt, die wir nicht alle aufzählen wollen, weil sie ängstliche Mütter sofort veranlassen, bei ihren Kindern darnach zu fahnden, wenn der geringste Verdacht vorliegt.«[46]

Gerade zur Diffamierung politischer Gegner ließen sich Andeutungen über Geschlechtskrankheiten trefflich verwenden. So wurde der Kehlkopfkrebs des deutschen Kaisers Friedrich III. ebenso auf eine Syphiliserkrankung zurückgeführt (die sollte er sich 1869 bei der Eröffnung des Suezkanals zugezogen haben) wie die Blasensteine seines französischen Kollegen Napoleon III.

Tatsächlich war Syphilis kaum heilbar – was die Zahl der angeblich Heilkundigen jedoch nur noch erhöhte: Um die Jahrhundertwende beobachtete der Schriftsteller Stefan Zweig auf seinen Spaziergängen, »wenn man in Wien durch die Straßen ging, konnte man an jedem sechsten oder siebenten Haus die Tafel ›Spezialarzt für Haut- und Geschlechtskrankheiten‹ lesen«.[47]

Wenn im ersten Stadium Quecksilberkuren nicht halfen, dann waren Patientin oder Patient zu elendem Siechtum verdammt. Kein Arzt konnte wirklich mit hundertprozentiger Sicherheit garantieren, daß die Behandlung geholfen habe und die Krankheit nicht in absehbarer Zeit wieder auftreten würde. Und so eine Quecksilberkur bedeutete natürlich kein Vergnügen, dauerte lange und war schmerzhaft, denn auch die Einreibungen verliefen nicht gerade sanft. »›Mein Kind, was wir tun konnten, haben wir getan. Sie werden jetzt entlassen. Wieviel Kuren haben Sie doch gleich gemacht?‹ – ›Acht Kuren zu je sechs Einreibungen – mit Merkurialsalbe.‹ Der Professor lächelte. ›Der reine Medikus selber.‹«[48]

Unumstritten war diese Behandlung keineswegs: »Ist das Unglück aber eingezogen, dann hüte man sich vor Quecksilberbehandlung, welche wohl viele syphilitische Erscheinungen auf Jahre hinaus unterdrücken kann, den Organismus aber nur mit einem neuen Giftstoff durchtränkt, der schließlich noch schwerere Krankheitserscheinungen hervorruft, als die alte Syphilis hervorgerufen hätte.«[49]

Eine größere Erfolgsgarantie als die Quecksilberkuren bot

das 1907 entwickelte Salvarsan. Diese Chemotherapie, bei der eine Arsen-Benzolverbindung verwendet wurde, brachte ihrem Entdecker Paul Ehrlich und seinem japanischen Assistenten Sahachiro Hata 1908 den Nobelpreis für Medizin ein. 605 Kaninchen hatten für diese bahnbrechende Entdekkung ihr Leben lassen müssen, Nr. 606 überlebte und genas von seiner künstlich erzeugten Syphilis – den verdienten Platz auf dem 200-DM-Schein neben Paul Ehrlichs Konterfei erhielt es nicht.

Aber auch Salvarsan half nur zu Beginn der Krankheit, später bot weiterhin allein Quecksilber Hoffnung auf Linderung. Erst die Entdeckung des Penicillins 1942 verbesserte die Aussichten auf Genesung. In den Jahren davor, als Syphilis noch eine allgegenwärtige Gefahr darstellte, meldete sich der Volksmund mit einer Vielzahl von Syphiliswitzen zu Wort: »Sonntag nachmittag, die beiden Apothekerlehrlinge haben Ausgang. ›Sag mal, was ist da auf der Handelskammer für eine Statue?‹ – ›Das weißt du nicht? Das ist Merkur.‹ – ›Waaas? Für so eine Salbe macht man ihm eine so schöne Statue?‹«[51]

Da es noch bis in die dreißiger Jahre dauern sollte, ehe die Syphilis wirklich in allen Erscheinungsformen erforscht und beschrieben war und jeder Fall auch zweifelsfrei als Syphilis diagnostiziert werden konnte, hätte ein junges Mädchen, das infiziert war, in vielen Fällen allerdings gar nicht begreifen können, daß es an dieser Krankheit litt. Und so mancher Mann erhielt nie Gewißheit darüber, ob die rätselhaften Leiden seiner Frau und seiner Kinder nicht in Wirklichkeit auf seine – für geheilt gehaltene – Syphiliserkrankung zurückzuführen waren.

Befremdlich wirkt es im ersten Moment, wenn die eigene, dem Ehemann zu verdankende Syphilis mit solcher Gelassenheit hingenommen wird, wie das bei der dänischen Schriftstellerin Tania Blixen der Fall war. Sie deutete ihre Erkrankung als Pakt mit dem Teufel – nur zum Ausgleich für die Qualen, die sie nun auszustehen hatte, glaubte sie, sei ihr die Gabe verliehen worden, spannende und witzige Geschichten zu erzählen. In »anständigen« Familien wurde nicht über

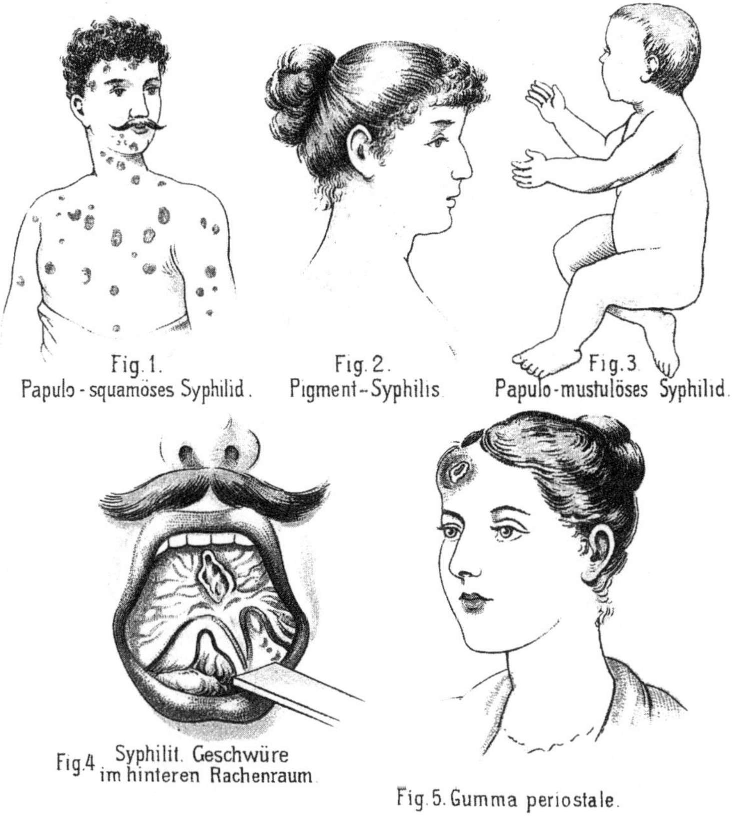

Abschreckende Beispiele ohne große Wirkung. Illustration aus Bilz Große Illustrierte Hausbibliothek *von 1901.*

Syphilis gesprochen, und so machte sich Tania Blixen auch nach der ersten Diagnose zunächst keine Vorstellung davon, welches Leiden sie sich da zugezogen hatte. Die Schriftstellerin Anna Elisabeth Weirauch läßt in ihrer sehr erfolgreichen Romantrilogie *Der Skorpion*, deren erster Band zu Beginn des Jahrhunderts spielt, eine Frau erbost ausrufen: »Ich glaube, die jungen Mädchen aus guter Familie dürfen von Syphilis nicht eher etwas hören, als bis sie sie selber haben.«[50]

Einen für die Zeit um die Jahrhundertwende typischen Fall des Zweifelns schildert Amalie Skram: »Ach, daß er doch nie mit Sicherheit wissen würde, ob er an ihrer Krankheit schuld war. Aber es hatte damals angefangen, als sie schwanger wurde, kurz nach seiner Rückkehr von einer fünfmonatigen Auslandsreise, als er unerwartet im Zimmer stand und sie vor Freude in seinem Arm in Ohnmacht fiel. Der Arzt hatte ihm zwar vor seiner Abreise aus Hamburg gesagt, er sei geheilt, aber im Laufe des Winters hatten sich doch Andenken eingestellt, und er hatte sich mit diesem deutschen Quecksilberzeug geholfen.«[52]

Wie Sigrid Undset litt auch Amalie Skram unter der entsetzlichen Vorstellung, die endlich von ihrem Mann eingestandene Jugendsünde könnte sich an ihren Kindern rächen. In ihren Briefen und Tagebüchern schrieb sie immer wieder: »Sie leben beide und sind gesund und munter, Gott sei Dank.«[53]

Und weil die Übertragungswege noch nicht restlos bekannt waren, waren die Vorsichtigen bisweilen zu vorsichtig und sorgten aus lauter Vorsicht noch für neues Leid: »›Ich hatte Mutter seit Monaten nicht geküßt. Wenn sie einen Kuß wollte, dann tat ich so, als ob ich das nicht bemerkt hätte. Einmal bat sie darum – und ich berührte nur haarscharf ihre Wange. Da nahm sie meinen Kopf in ihre Hände und ich – *das darfst du nicht, Mutter*, sagte ich. Ach Herrgott, Mutters Augen! Wie ich bereut habe, daß ich es ihr damals nicht gesagt habe. Aber ich war sechzehn – du weißt doch, wie man dann ist.‹

›Ja. Dann kann man unbarmherzig sein.‹

›Ach nein, du. Das war nicht der Grund. Ich hatte mir eine Krankheit zugezogen. Aber das Mutter eingestehen ...‹«[54]

Das eindringlichste literarische Zeugnis zum Thema hat uns Clara Viebig hinterlassen. Clara Viebig, in Trier geboren und in Düsseldorf aufgewachsen, geprägt vom vielfältigen Kunstleben dieser Stadt, begann 1863 in Berlin zuerst eine Ausbildung als Sängerin. Sie trat aber nie öffentlich auf. Ab 1894 erschienen ihre ersten Novellen in der *Volkszeitung*. 1897 veröffentlichte sie dann ihren ersten, auf Anhieb erfolgreichen Roman *Rheinlandstöchter*. Ihr Gesamtwerk umfaßt 21 Romane, dazu Schauspiele und Novellen. In den ersten Jahrzehnten dieses Jahrhunderts galt Clara Viebig als die deutsche Naturalistin – auch genannt »die deutsche Zolaide« – deren Werk durch zahlreiche Übersetzungen in ganz Europa bekannt wurde. Nach 1935 durften ihre Bücher in Deutschland nicht mehr erscheinen, da sie sich weigerte, ihre Ehe mit dem jüdischen Verlagsbuchhändler Fritz Th. Cohn auflösen zu lassen. Ihren Roman *Die Passion*, der 1925 erschien, läßt sie in der Zeitspanne zwischen 1894 und 1913 spielen, und sie schildert darin die Berliner Armenfürsorge,

Die deutsche Zolaide: Clara Viebig, Verfasserin zahlreicher populärer Romane des Naturalismus

die Syphilisabteilung der Charité und den Syphilissaal eines Berliner Irrenhauses in all ihrem Grauen. In diesem Buch läßt sie auch eine Frau die Forderung aufstellen, die wir – zumeist eleganter ausgedrückt – um die Jahrhundertwende in Frauenzeitschriften und in der Fachliteratur immer wieder finden: »Daß kann ich ihnen sagen, wenn ich 'ne Tochter zu verheiraten hätte, da müßte mir der Mann erst mal 'n Gesundheitsattest bringen – denn sonst nachher die Kinder! Ja, das müßte er!«[55]

Aber das war sicher leichter gesagt als getan – vor allem für die Damen der höheren Stände. Wie sollten sie diese Forderung über die Lippen bringen, und wie sollten sie es ihren Töchtern erklären, wenn der ersehnte Bräutigam leider verworfen werden mußte – wo die Töchter doch theoretisch von allem, was mit Sexualität zu tun hatte, nichts wissen sollten?

Nicht jeder zukünftige Gatte warf einen so kritischen Blick auf das eigene Vorleben, wie es Dr. Weißbrodt, der Verfasser eines populären Ratgebers, für notwendig erachtete: »Solche, die in früher Jugend Onanie (Selbstbefleckung) getrieben oder sonst sehr früh geschlechtlichen Ausschweifungen sich hingegeben haben, auch solche, die ein allzu durstiges Studentenleben geführt und sich infolgedessen Blutverderbnis (frühzeitige Fettbildung), chronischen Magenkatarrh, Leberbeschwerden u.s.w. zugezogen haben, sollten das Heiraten jedenfalls bis nach zurückgelegtem 30. Lebensjahr verschieben und auch dann nur unter der Voraussetzung in die Ehe treten, daß ihre Gesundheit sich wieder vollkommen befestigt hat. Solche endlich, welche an Syphilis gelitten haben, sollen ohne unbedingte Zustimmung eines tüchtigen Arztes unter keinen Umständen ein Weib an ihren vergifteten Kadaver fesseln und ihr Gewissen nicht mit der Erzeugung von Kindern belasten, welche das väterliche Brandmal ererben und auf ihre Nachkommenschaft übertragen könnten.«[56]

Die so oft geforderten Gesundheitsatteste waren nicht immer zuverlässig. Und doch war die Forderung danach berechtigt, kostete die Pflege syphiliskranker Säuglinge nach zeitgenössischen Angaben das Deutsche Reich doch die erschreckende Summe von 42 Millionen Mark pro Jahr. Dabei wurden diese Kinder oft nicht einmal besonders gut gepflegt. Typisch waren private Pflegeheime. Witwen mit großem Haus und wenig Geld waren in einigen Fällen nur durch die Aufnahme von Pflegekindern in der Lage, ihr Haus zu behalten. Fürsorge oder Eltern zahlten dafür, und da die kleinen Kranken zumeist von niemandem vermißt wurden, konnte die Pflegemutter mit dem eingenommenen Geld ihr eigenes Leben verschönern. In Clara Viebigs Roman war eine solche Dame Frau Lämmlein. Was ihre Schützlinge anging, nahm sie es nicht so genau, »nur wenn es gar zu arg war, wurden Bett- und Kinderwäsche erneuert. Und natürlich jedesmal, ehe der

Doktor kam. Der erschien an einem bestimmten Tag der Woche, ging die kleine Schar durch und saß nachher noch mit Frau Lämmlein im Salon zu einem längeren Gespräch.«[57]

Clara Viebig erzählt in diesem Buch die Geschichte des jungen Mädchens Eva, deren Vater ihr seine Syphilis mit auf den Lebensweg gegeben hat. Eva kränkelt viel, kann nichts Richtiges lernen und muß sich schließlich als Dienstmädchen verdingen. Aber immer wieder kommt es zum gesundheitlichen Zusammenbruch, der eine neue Quecksilberkur in der Charité nach sich zieht. Und immer wieder wird Eva gekündigt, wenn die Wahrheit ans Licht kommt. Entweder fürchtet die Herrschaft Ansteckung, da mögen die Ärzte noch so glaubhaft versichern, daß Evas sekundäre Syphilis nicht anstekkend sei. Oder sie sind empört, weil Eva ihnen nicht die Wahrheit gesagt hat, murmeln etwas von »verstocktem Charakter«, »unaufrichtig«, »nicht wahrheitsliebend« und dergleichen. »Das war zum Lachen! Ob andere Leute wohl wahrheitsliebend sein würden, wenn sie in ihrer Haut steckten?«[58]

Am Beispiel Evas zeigt die Autorin aber auch die Klassenmoral ihrer Zeit. Der reiche Privatier mit seinem Leiden fühlt sich der armen, von ihm abhängigen Dienstmagd Eva immer noch turmhoch überlegen: »›Wußten Sie denn nicht, daß Sie in einen Privathaushalt nicht gehören, niemals dort geduldet werden können?‹ Das war hart, furchtbar hart! Und der da, der da im Sessel, der die zwei Krückstöcke benutzen mußte, wenn er, seine Beine schleifend, sich durchs Zimmer bewegen wollte, der sagte ihr das?! Eva zitterte nervös. ›Ich bin schuldlos – es ist ererbt – ich habe mir mein Unglück nicht selber zugezogen.‹ ›Das kann jeder sagen!‹ In Eva wallte es heiß auf, ihre sonst wie verschleiert blickenden, schwachsichtigen Augen blitzten den Mann an! ›Nein, nicht jeder!‹«[59]

Zum ersten- und letztenmal in ihrem Leben setzt Eva sich zur Wehr und schleudert ihrem Quälgeist eine unangenehme Wahrheit ins Gesicht – eine Wahrheit, die Autorinnen wie Clara Viebig oder Sigrid Undset immer wieder vorbrachten. Einen Ausweg können sie angesichts der Hilflosigkeit der Medizin aber auch nicht bieten. Während die Kranken, ob die Syphilis nun eigenen Aktivitäten oder denen von Vater oder Gatten zu verdanken ist, bei unseren Autorinnen doch immer wieder mit Mitleid und Solidarität rechnen können, es sei denn, sie benehmen sich so ekelhaft wie Evas Arbeitgeber, brauchten sie im »echten« Leben für den Spott nicht zu sorgen. Syphiliskranken haftete der immer suspekte und zum Kichern reizende Ruch der sexuellen Ausschweifung an. Wer sich für moralisch überlegen hielt und vielleicht die eigenen Begierden erfolgreich unterdrückt hatte, konnte befriedigt »selbst schuld!« ausrufen und sich an der eigenen Vortrefflichkeit erbauen.

Clara Viebig schildert uns einen Besuch in der »Syphilisanstalt«, um uns das Kichern endgültig zu verleiden. Sonntags fand die reine Völkerwanderung statt, Eva und ihre Freundin, Lenchen Bumke, gingen »mit einem ganzen Troß von Menschen; Männer und Frauen«.[60] Und da der Autorin nicht daran gelegen war, die Nerven ihres Publikums zu schonen, zu beschwichtigen oder zu beschönigen, schildert sie uns den Saal in seiner ganzen Entsetzlichkeit: »In Betten, die keine Betten waren, sondern tiefe Kästen, lagen Menschen, die keine Menschen mehr waren. Und sie lagen auf keinen Polstern – nirgends eine Matratze, nirgends ein Strohsack –, unter ihnen, der braunen Lohe ähnelnd, ein Gemengsel geraspelter Holzwolle. Nur der Kopf hatte ein Kissen. Betäubender Geruch stieg aus den Kästen, er machte übel. Und heiß, furchtbar heiß war es im niedrigen Saal; die in den Kästen lagen halb entblößt. Fliegen surrten. Die Bumke war auf einen Kasten zugeschossen; da lag ihr Häseken. Sie hielt dem ehemaligen Liebsten die Hand hin.

›Tag! Wie geht es dir denn?‹

Der ›lackierte August‹ war noch immer von Körper stark, aber sein Geist war es nicht mehr. Der war entflohen. Er ließ sie seine schlaff herunterhängende Hand in die ihre nehmen, doch er kannte sie nicht. Er sah nicht, wer da stand, und daß überhaupt jemand da stand. Seine Augen ohne Zielpunkt, aber seltsam glitzernd, starrten ins Weite.

Die Bumke stotterte erschrocken. ›Es ist ja noch schlimmer geworden mit ihm!‹

Ein Wärter trat heran: ›Stepphuhn, Besuch!‹ Er rüttelte den Kranken. ›Ihre Braut ist Sie besuchen gekommen, sagen Sie ihr doch guten Tag!‹«[61]

Die sechzehnjährige Eva sieht bei diesem Besuch ihr zukünftiges Schicksal – ihre einzige Hoffnung ist, daß der Tod sie rechtzeitig davor bewahrt. Schließlich verfügt sie bei weitem nicht über eine so robuste Gesundheit wie ehemals der »lackierte August«. Allerdings endeten in einem solchen Saal nur die Armen. Evas gelähmter Arbeitgeber begab sich in ein Privatsanatorium in Bad Oeynhausen.

»... als ob es für jedes Geschlecht eine besondere Moral gäbe«

Männer, die Jugendsünden beichteten, führten, wie wir gesehen haben, gerne den allereinzigen Bordellbesuch an, den sie aus naiver Unwissenheit absolviert hatten und für den sie dann gemeinerweise ihr Leben lang mit Syphilis büßen mußten. Das ständig wachsende Auftreten von Geschlechtskrankheiten veranlaßte gegen Ende des 19. Jahrhunderts die Behörden in ganz Europa, mit allen Mitteln gegen Prostitution und Prostituierte vorzugehen. Hier sah man die allein Schuldigen, die, um Abhilfe zu schaffen, mit sanitatspolizeilichen Maßnahmen zu kontrollieren seien.

In Deutschland hatte die Prostitution seit der zweiten Hälfte des 19. Jahrhunderts erheblich zugenommen. Zeitgenössische Schätzungen gingen davon aus, daß es um die Jahrhundertwende allein in Berlin bis zu 50000 Prostituierte gab. Nur ein kleiner Teil von ihnen war polizeilich registriert, die meisten schafften auf der Straße an. Vielfach waren es ehemalige Dienstmädchen, arbeitslose Verkäuferinnen, Heim- und Fabrikarbeiterinnen, die von miserablen Arbeitsbedingungen und Hungerlöhnen, die weit unter dem Existenzminimum lagen, in die Prostitution getrieben wurden. Einen hohen Anteil stellten die Kellnerinnen, die, schlecht bezahlt oder von vielen Gastwirten lediglich auf der Basis von Trinkgeldern angestellt, fast zwangsläufig auf die Gelegenheitsprostitution angewiesen waren. Dabei unterschieden sich die Situation und das Ansehen der Kellnerinnen je nach Gegend, in der sie arbeiteten. Im Gegensatz zu Süddeutschland, wo es in den Gaststätten schon seit langem Kellnerinnen gab und dies als ein üblicher Frauenberuf mit einer, wenn auch miserablen, Entlohnung galt, erhielten in Norddeutschland die Frauen zumeist keine feste Bezahlung. Eine weibliche Bedienung gab es hier im allgemeinen ohnehin nur in sogenannten Animierkneipen.

»Sowie ein Gast zur Tür hereinkam«, schrieb 1908 eine Kellnerin, »sprach die Wirtin auf mich ein hinzugehen; und, sobald ich ihm sein Getränk hingestellt hatte, ihn zu fragen: ›Darf ich einen mittrinken?‹. Die erste Zeit kam das sehr schüchtern heraus, und ich war oft genug von dem groben Benehmen der Gäste beleidigt, denn diese gingen nicht gleich auf meine Bitte ein, sondern machten allerlei unflätige Redensarten, bevor sie sich dazu verstanden... Die erste Frage der Gäste war gewöhnlich: ›Wo wohnst du? Kann ich dich nicht mal besuchen?‹ und dann versuchten sie, mich zu küssen oder sonst handgreiflich zu werden, was ich mir aber energisch verbat. Als Antwort bekam ich dann gewöhnlich zu hören: ›Hier ist doch kein Kloster, mein Kind!‹ oder: ›Das ist nur anfangs, das gibt sich!‹... Von jedem uns spendierten Grog a fünfzig Pfennig, der aber nur aus Bickbeerenwasser mit Kirschsaft vermischt bestand, ein ganz elendes ›Gesöff‹, das wir in großen Mengen vertilgen mußten, bekamen wir zehn Pfennig ab, und von einer Flasche sogenannten ›Rotwein‹, die im Einkauf fünfzig bis sechzig Pfennig, im Verkauf aber fünf Mark kostete, fünfzig Pfennig.«[62]

Die Frage, wie mit der Prostitution umzugehen sei, gehörte zu den mit am stärksten diskutierten Themen innerhalb der Frauenbewegung um die Jahrhundertwende – intensiver und früher als beispielsweise Fragen des Frauenwahlrechtes. Die leidenschaftlichen Auseinandersetzungen, die in der Öffentlichkeit über das Thema geführt wurden, entzündeten sich an der offensichtlichen Doppelmoral des Staates, der mit der stillschweigenden Duldung von Bordellen, wie beispielsweise in Hamburg und Bremen, gegen die eigenen Kuppeleigesetze

Warten auf den spendablen Kunden. »Varieté-Restaurant« von Hans Baluschek.

verstieß. Mit ärztlicher Zwangsuntersuchung, von der man sich eine Eindämmung der Syphilis erhoffte, wurden lediglich die Frauen verfolgt, die männlichen »Freier« blieben jedoch unbehelligt.

In diesem Zusammenhang hatte in Deutschland bereits 1888 – wie übrigens in ganz Europa – der Roman *Albertine* des norwegischen Malers Christian Krohg Furore gemacht. Die Näherin Albertine wird darin auf der Straße von zwei Polizisten festgenommen, die sie für eine Prostituierte halten – was hat ein junges Mädchen schließlich sonst auf der Straße verloren? Die Zwangsuntersuchung durch den Polizeiarzt erlebt die junge Frau, die noch keinerlei sexuelle Erfahrung hat, als Vergewaltigung. Da bei ihr keine Syphilis festgestellt werden kann, kommt sie nach der Untersuchung wieder frei. Aber jetzt ist sie bei der Polizei registriert, ihr guter Ruf ist hin, und am Ende bleibt ihr wirklich nur noch der Weg in die Prostitution. Der Roman wurde in vielen europäischen Ländern übrigens verboten – die Darstellung der Zwangsuntersuchung galt als »sittenwidrig«.

Albertines Schicksal war gar nicht selten – praktisch konnte jede Frau auf dem Spaziergang aufgegriffen und zum Polizeiarzt geschleppt werden. »Die deutsche Frau ist... vogelfrei«, schrieb 1902 Minna Cauer, denn »der § 361, Z. 6 gibt jedem Schutzmann das Recht, jede Frau auf Verdacht hin zu arretieren, daß er sie für eine Dirne hält. Weder arm noch reich, weder hoch noch niedrig, weder die Frau in üppigster Toilette, noch diejenige im schlichten Gewande, weder die Langsamgehende, noch die Schnelleinhereilende, weder die mit langen, noch die mit kurzem Haar und so ad infinitum, ist sicher vor der brutalen Behandlung eines Schutzmannes...«[63]

Prominentes Opfer dieser Praxis wurde auch die Frauenrechtlerin Anita Augspurg, die von einem Schutzmann auf dem Weimarer Bahnhof festgenommen wurde. Versuche der Frauen, sich gegen diese Willkür zu wehren, blieben erfolglos: »Eine besondere Aktion wurde gegen die unerhörte Art des Vorgehens der Berliner Sittenpolizei eingeleitet, die anständige Mädchen und Frauen, die spät abends zum Teil von der Arbeit, zum Teil von Versammlungen nach Hause gingen, aufgriff und sie den empörendsten Untersuchungen aussetzte. Die Polizei stützte sich dabei auf den § 361 des Strafgesetzbuchs, der sich auf die Registrierung und Organisierung der Prostitution bezieht. Versammlungen wurden einberufen, die einen ungeheuren Zulauf hatten, und Protestresolutionen an die zuständigen Stellen geschickt... Daß der Preußische Landtag über diesen Antrag glatt zur Tagesordnung überging, kann bei seiner damaligen Zusammensetzung kaum groß wundernehmen.«[64]

Für ihren Kampf gegen die Kasernierung und Reglementierung der Prostitution erhielten die deutschen Frauen die ersten Anregungen aus Großbritannien. Dort hatte die Frauenbewegung unter Führung von Josephine Butler bereits in den 1860er Jahren eine erfolgreiche Kampagne gegen die Reglementierung geführt und 1869 die Straffreiheit für Prostituierte durchgesetzt. 1875 gründete sie die »Internationale Abolitionistische Föderation«.

Abolitionistinnen hießen die Mitglieder vor allem aus Tradition. Die ersten Abolitionistinnen organisierten sich zu Anfang des 19. Jahrhunderts in Großbritannien und den USA – sie wollten die Sklaverei abschaffen (lateinisch *abolitio* – Abschaffung). Und dabei machten sie die Erfahrung, daß ihre Stimme ungehört verhallte – sie waren schließlich nur Damen, ohne Stimmrecht und damit uninteressant für die Politiker. Und in gemischten Abolitionsvereinen mußten sie außerdem erleben, daß die Herren Vereinsgenossen zwar die Sklaverei abschaffen wollten, daß sie aber nicht einmal im Dienst der guten Sache Damen auf die Rednertribüne ließen. Daß die erste Generation der englischen Frauenbewegung aus abolitionistischen Kreisen stammte, wundert uns folglich nicht weiter – und daß ihre Sprache von Sklavereimetaphern durchsetzt war, ebenfalls nicht.

Den Damen war viel an internationaler Zusammenarbeit gelegen, und so erreichten ihre Theorien, ihre Sprache, ihre Argumente und ihre Organisationsformen auch Deutschland. Ein erster deutscher Ableger der abolitionistischen Bewegung, der »Deutsche Kulturbund«, entstand 1880, erste Vorsitzende war Gertrud Guilleaume-Schack. »Kulturbund« mußte der deutsche Ableger aus Rücksicht auf die deutschen Vereinsgesetze heißen, die Frauen nur kulturelle, aber keine politischen Aktivitäten gestatteten. Der Kulturbund gefiel so manchem Zeitgenossen nicht – die Berliner Polizei überwachte Gertrud Guilleaume-Schack auf Schritt und Tritt, und schließlich wurde sie 1886 ausgewiesen – denn seit ihrer kurzen, unglücklichen Ehe mit dem französischen Monsieur Guilleaume hatte sie nun einmal keine deutsche Staatsbürgerschaft mehr.

In Deutschland faßte die abolitionistische Bewegung danach erst 1899 wieder Fuß, als Lida Gustava Heymann in Hamburg und Anna Pappritz in Berlin neue Zweigvereine der Internationalen Föderation gründeten.

Unter den Abolitionistinnen waren zwei Richtungen vertreten: Die eine verlangte die Abschaffung von Zwangsuntersuchungen und staatlich reglementierter Prostitution, die andere überhaupt die Abschaffung der Prostitution. Alle

Abolitionistinnen gingen davon aus, daß keine Frau freiwillig Prostituierte wird. Schwesterlich oder auch mütterlich, dem damals verbreiteten Konzept der »sozialen Mutterschaft« entsprechend, wollten sie sich den Prostituierten nähern und versuchen, Hilfe zum Ausstieg zu leisten. Sie gründeten Wohnheime, vermittelten Ausbildungsplätze, erteilten Unterricht und gingen gegen den verbreiteten Mädchenhandel an. Deutschland fungierte einerseits als Transitland – von deutschen Häfen aus wurde der »Nachschub« in die überseeischen Bordelle verschifft –, andererseits gab es auch hier genügend Nachfrage nach neuen Prostituierten. Die stammten damals oft aus armen Gegenden in Osteuropa und wurden unter falschen Versprechungen – eine Stelle, ein Ehemann – in die deutschen Großstädte gelockt. Und hier erwies sich der verheißene Arbeitsplatz nur zu oft als Bordell, der versprochene Ehemann entpuppte sich als Zuhälter. Weitere Opfer kamen auch aus den armen Landgebieten Deutschlands.

Eng verknüpft mit der deutschen Abolitionistinnenbewegung ist der Name Bertha Pappenheim – aber Bertha Pappenheim begegnet uns auch als »Anna O.« in der psychoanalytischen Literatur. Die 1859 in Wien geborene Bertha litt im Alter von 21 Jahren an schweren Depressionen und wurde von dem jungen Arzt Josef Breuer behandelt. Der fand den Fall so interessant, daß er seinem Freund Sigmund Freud die ganze Geschichte erzählte. Zusammen veröffentlichten sie darüber einen Bericht in ihren *Studien über Hysterie*. Die Krankengeschichte der »Anna O.« gilt als die Geburtsstunde der Psychoanalyse. Bertha selber mochte sich zu dieser Erfahrung nie äußern – daß aber in dem von ihr gegründeten »Heim für gefährdete Mädchen, unverheiratete Mütter und ihre Kinder« in Neu-Isenburg die feste Regel eingeführt wurde, daß nicht einmal die schwersten Fälle in psychoanalytische Therapie gegeben wurden, sagt sicher genug.

Bertha Pappenheim, Mitbegründerin und langjährige Vorsitzende des Jüdischen Frauenbundes und lange Jahre im Vorstand des Bundes Deutscher Frauenvereine, wurde durch ihre Arbeit allerdings in argen Zwiespalt gestürzt. Sie und ihre Mitarbeiterinnen vom Jüdischen Frauenbund kümmerten sich vor allem um junge Jüdinnen – und dabei stellten sie fest, daß auch Juden als Mädchenhändler tätig waren.

Diese Tatsache bekannt zu machen, lieferte den Antisemiten Munition. Wie aber sollte man den jüdischen Mädchenhändlern das Handwerk legen, wenn ihre Existenz nicht öffentlich erwähnt werden durfte? Zur Nazizeit mußte Bertha Pappenheim erleben, daß ihre eigenen Fallberichte als typisch

Unermüdliche Kämpferin gegen Mädchenhandel und Bordellunwesen: Bertha Pappenheim.

für alle Juden ausgegeben wurden, und bereits um die Jahrhundertwende schlugen antisemitische Kräfte zu. Ein gewisser Alexander Berg veröffentlichte zum Beispiel 1892 ein pornographisches Buch unter dem Titel *Juden-Bordelle: Enthüllungen aus dunklen Häusern*, und ihm und seinen Gesinnungsgenossen gelang es wirklich, in der Öffentlichkeit den Eindruck zu erwecken, der gesamte Mädchenhandel sei vor allem ein jüdischer Zeitvertreib. Wenn wir Zahlen sehen, verblüfft diese Darstellung: So wurden in Deutschland in den Jahren 1882 bis 1901 »8,4 von 100000 Juden gegenüber 7,5 von 100000 Nichtjuden der Kuppelei für schuldig befunden«.[65] In den Jahren 1909/10 lagen die Zahlen bei 7,2 (Juden) und 6,4 (Nichtjuden) – wahrlich kein umwerfender Unterschied.

Der jüdische Frauenbund war wie andere Verbände bemüht, auch vorbeugend tätig zu werden. In Zusammenarbeit mit den katholischen und evangelischen Bahnhofsmissionen, die seit den 1890er Jahren entstanden waren, kümmerte sich auch die jüdische Bahnhofshilfe um die jungen Mädchen, die häufig ahnungslos aus der Provinz kamen und bei ihrer Ankunft schnell auf falsche Versprechungen aller Art hereinfielen. Vor allem zu den vierteljährlichen Terminen, wenn in den Städten die neuen Dienstboten ihre Stellung antraten, bemühten sich die Frauen in den Bahnhofsmissionen, den Mädchen zu helfen, ihnen unter Umständen eine Unterkunft zu besorgen, und sie vor den Gefahren zu warnen, die sich hinter manchen Stellenannoncen verbargen. So führten Angebote für Kellnerinnen oder Hausangestellte nicht selten ins Bordell. Der jungen Bertha in Clara Viebigs Roman *Das tägliche Brot* wird zum Beispiel eine solche dubiose Stelle angeboten, aber sie ist schon länger in Berlin und riecht den Braten: »Bertha sagte kein Wort. ›Damenbedienung‹, hatte sie recht gehört? Ihre Stirn krauste sich, sie wurde abwechselnd rot und blaß. Aber achtzig Taler!«[66] Später nimmt sie die Stelle dann doch an: Offiziell ist sie jetzt Serviererin, und sie serviert auch, aber ebenso gehört es zu ihren Pflichten, mit den Herren nach dem Essen ins Hinterzimmer zu gehen.

Immerhin war Bertha schon vorgewarnt, als sie sich auf den Weg in die Stadt machte: »Es sollte ja überall auf den Bahnhöfen stehen: Heimathaus für junge Mädchen, Stellennachweis...«[67] Denn als eine sehr wichtige Aufgabe betrachteten die Abolitionistinnen es auch, Informationen und Warnungen in die Dörfer zu bringen, sich mit Pfarrern und Rabbinern vor Ort zusammenzutun, um dafür zu sorgen, daß die jungen Mädchen nicht auf unseriöse Angebote hereinfielen.

Der Mädchenhandel kam erst im Ersten Weltkrieg zum Erliegen, jedoch lediglich, weil die Grenzen dicht und die »Exportwege« nach Übersee verschlossen waren, nicht etwa, weil man dem Drängen der Abolitionistinnen nachgegeben und endlich schlagkräftige Gesetze erlassen hätte.

Der Kaiser kriegt keine Soldaten: Empfängnisverhütung und Abtreibung

Wir sind eine moderne Ehe; da braucht man keine Kinder... Kinder kann jeder Dumme haben, aber keine Kinder haben, dazu gehört mehr!

Monteur, 27 Jahre,
bei einer Befragung 1916

Spätere Jahrzehnte scheinen das Thema »Empfängnisverhütung« geradezu zu lieben, den Eindruck vermitteln uns zumindest Belletristik und Sachliteratur, ob sie sich nun dafür oder dagegen aussprechen. Vor dem Ersten Weltkrieg war dieses Thema weitgehend tabu – mehr oder weniger jedenfalls. Immerhin werden wir bei dem norwegischen Bohemien Hans Jaeger fündig. Jaeger ist heute in Deutschland fast vergessen, doch zu seinen Lebzeiten war er in ganz Europa eine bekannte Gestalt. Seine Bücher, die so verheißungsvolle Titel tragen wie *Kranke Liebe* (worin es natürlich um Syphilis ging) oder *Die Bibel der Anarchie*, waren eine wichtige Inspirationsquelle für Europas Bohemiens – oder die, die sich dafür hielten. Jaeger war Advokat der »freien Liebe«. Die Frauenbewegung mochte er nicht, die Erotik hätte ja darunter leiden können, wenn Frauen ihre Zeit mit bürgerlichen Berufen verbrachten statt mit Liebesaffären. Frauen sah er am liebsten im Bett, aber er war kaum bereit, für etwaigen Nachwuchs aufzukommen. Um jedenfalls ein gutes Haar an dem armen Jaeger zu lassen, müssen wir zugeben, daß er sich wie wenige prominente Autoren seiner Zeit für die Rechte der Prostituierten eingesetzt hat. Und er überließ die Verhütungsfrage nicht allein den Frauen, sondern brach immer wieder eine Lanze fürs Kondom:

»›Wissen Sie, was das ist?‹ (fragt der Besucher)

›Nein?‹ sagt die Wäscherin.

›Das will Ihnen sagen: Wenn Sie und ich nun zusammenliegen, und ich dieses Ding hier anziehe‹, während ich redete, rollte ich das Cordon auf, damit sie sehen könnte, wie es aussah –– ›kann kein Kind dabei entstehen; denn das was die Kinder macht, bleibt hier drinnen liegen‹ –– ich steckte den Finger ins Cordon –– ›und wie Sie sehen, kann nichts hindurchkommen, schauen Sie mal‹, –– und dann blies ich das Cordon auf: ›Nicht einmal Luft kommt da durch.‹ Sie saß mit halbabgewandtem Gesicht da und schielte zum Cordon hinüber, aber sie sagte kein Wort. ›Nun!‹ sagte ich dann. ›Sie sehen also, es gibt keinen Grund zur Furcht!‹«[1]

Zwar könnten wir aus Jaeger seitenweise über Kondome zitieren, aber mit diesem Autor endet unsere literarische Ausbeute auch schon. Nichtsdestotrotz spielten die »Gummiwaaren« im ehe- wie auch im außerehelichen Leben seit dem 19. Jahrhundert eine immer größere Rolle. Schweigen und Gewährenlassen scheint das typische Verhalten der Behörden gewesen zu sein. Gesetze gegen Verkauf oder Verwendung von Verhütungsmitteln finden wir im damaligen Europa kaum. In der Öffentlichkeit darüber reden oder gar dafür werben war jedoch nicht angesagt oder sogar untersagt. Und so kommt es uns vielleicht doch etwas zu optimistisch vor, wenn das Nachschlagewerk *Die Frau als Hausärztin* Kondome als praktische Verhütungsmittel bezeichnet, die überall zu bekommen sind. »Überall« bedeutete vor allem: bei den Herrenfriseuren, und für Damen war das wahrlich ein geringer Trost.

Allerdings kam seit der Jahrhundertwende ein offenbar florierender Versand- und Hausierhandel mit Verhütungsmitteln aller Art in Gang. »Ein ganzes Heer von sachgemäß ›unterrichteten‹ Hausiererinnen wandert in den Großstädten treppauf, treppab«, berichteten 1913 die *Hannoverschen Tages-Nachrichten*, »um unter allerhand Vorwänden und Deckadressen den Frauen und Müttern die bekannten Mittel zur Verhütung der Empfängnis anzubieten.«[2] Die entsprechenden Hersteller solcher Mittel, die keineswegs immer sicher, allerdings häufig in der Anwendung für die Frauen gefährlich und gesundheitsschädlich waren, trieben teilweise einen sehr offensiven Handel, indem sie sich beispielsweise über die Standesämter die Adressen von frisch Verheirateten oder jungen Eltern verschafften.

Bei diesen Vertriebsmethoden schwanden auch die bisherigen Unterschiede zwischen der immer schon sündigen Stadt und dem vorgeblich keuschen Land, wie eine amtliche Denkschrift 1915 beklagte: »Seitdem sich aber auch der Hausierhandel dieser gangbaren Waren bemächtigt hat, werden die konzeptionsverhindernden Mittel auch in einsam gelegene Landkreise, ja bis in die abgelegensten Ortschaften verbreitet und von den Hausierern, die sich vor den drohenden Konflikten mit den Polizeiorganen zu schützen wissen, Haus bei Haus empfohlen. Manche größere Firmen beschäftigen sogar weibliche Reisende für den Vertrieb der empfängnisverhütenden Mittel und lassen ihre nach Tausenden von Frauen zählende Kundschaft durch jene weiblichen Agenten besuchen, die den Frauen die Mittel ins Haus bringen, ihre Anwendung zeigen und immer wieder für Ersatz sorgen.«[3]

Über das Ausmaß der Geburtenkontrolle in Deutschland existieren aus naheliegenden Gründen keine genauen Zahlen – zu vermuten gibt es allerdings einiges. So sank seit den 1870er Jahren die Zahl der ehelichen Geburten kontinuierlich ab. Dies betraf zunächst vor allem die Ober- und Mittelschichtsfamilien, wo zwei bis drei Kinder die Regel wurden, seit dem Ende des Jahrhunderts aber auch verstärkt die Arbeiterfamilien. Eine Befragung von 500 verheirateten Frauen in Unterfranken ergab 1914, daß 67% von ihnen Empfängnisverhütung in der einen oder anderen Form betrieben.[4] Was für Deutschland galt, traf auch für andere westeuropäische Länder zu. So gab 1910 die britische Regierung eine Untersuchung in Auftrag, die ermittelte, daß 40% aller britischen Frauen verhüteten – wie sie das machten, verrät uns die Umfrage leider nicht.[5]

Gerade für Arbeiterfamilien bedeutete ein großer Kindersegen auch eine große Belastung, die häufig nicht zu tragen war, da der Verdienst nicht reichte. Weitere Geburten entschieden deshalb nur allzuoft über das Wohl und Wehe der ganzen Familie. Vielen erging es so wie dem oberschlesischen

Bergmann, der kurz vor dem Ersten Weltkrieg bei einer Befragung seine Lage mit den Worten beschrieb: »Mein Wunsch und meiner Frau Wunsch ist daß wier keine Kinder mehr bekommen. Da redet Herr Bebel vom Schein der Wissenschafftlichkeit, wenn sich ein Arzt hergiebt und den Armen geplagten Aufklärung giebt über Verhütung der Empfängnis. Maan verlaangt die Frau soll sich emanziepieren. Aber wenn er wüßte wie es um die meisten Arbeiterfrauen steht. Ihr ganzes Denken und Fühlen ist auf die Verhütung der Empfängnis gerichtet. Man sieht es überall an der Unterhaltung. Bleibt die Mennstration zum Datum aus, gleich ist die Angst groß, denn jede Arbeiterfrau weiß was ein Kind mehr bedeutet, wieder mehr Sorge und Not denn der Verdienst steigt nicht. So ist bei der Arbeiterfrau ein fortwärendes in der Angst leben von einer Perieode zur andern, denn auch die Preservativs verfehlen oft die Wirkung.«[6]

Coitus interruptus, damals auch als »Congressus interruptus« bekannt, war um 1900 so beliebt wie zu allen Zeiten und mit Sicherheit die häufigste Verhütungsmethode. Vor allem die Arbeiter behalfen sich wohl vielfach auf diese Weise, waren doch Kondom und Pessar für viele eine (zu) teure Angelegenheit. So kosteten um die Jahrhundertwende ein Dutzend Kondome circa fünf Mark, was etwa dem halben Tageslohn eines gelernten Arbeiters entsprach. Für ein Pessar waren zwischen drei und sechs Mark zu zahlen, hinzu kamen allerdings zwei Mark monatlich, wenn es von einem Arzt oder einer Hebamme entfernt, gereinigt und wieder eingesetzt werden sollte.[7]

1916 befragte der Berliner Arzt Max Marcuse männliche Patienten nach ihren ehelichen Gewohnheiten. Dabei stellte sich heraus, daß in 203 von 300 Ehen in der einen oder anderen Form Verhütung betrieben wurde. Am häufigsten wurde dabei der »Coitus interruptus« genannt, nämlich 52mal als »alleinige Vorsicht«, und außerdem noch 78mal in Verbindung mit anderen »Maßnahmen«.[8] Als 1901 erstmals der Zusammenhang von Eisprung und Menstruation beschrieben worden war, wurde auch die später als »Knaus-Ogino« bezeichnete Methode der sicheren Tage bekannt. Vorher hatten einige Ärzte durchaus eine solche Methode propagiert, nur hatten sie aufgrund ihres mangelhaften Wissensstandes die sicheren Tage für die Phase des Eisprunges angesetzt. Zweifellos hat die dadurch sehr hohe Fehlerquote zu Anfang dem guten Ruf dieser Technik nachhaltig geschadet.

Der Möglichkeiten der Frauen, sich vor ungewollter Nachkommenschaft zu schützen, gab es viele. Ein Relikt aus dem 19. Jahrhundert geriet um die Jahrhundertwende außer Gebrauch, die Zervixkappe aus Harz. Ein Geburtshelfer namens A. F. Wilde hatte sie erfunden, was ihm böse Anfeindungen einhandelte. Wenn die Zervixkappe richtig eingesetzt war (so etwa wie ein heutiges Diaphragma), dann bemerkte der Mann nämlich nichts davon. Folglich konnte die Frau hinter dem Rücken ihres Mannes verhüten, gar über ihre Fruchtbarkeit selber bestimmen, und das kam vielen Politikern und Kirchenmännern schon damals höchst verwerflich vor. Das Problem mit der Zervixkappe war nur: Sie mußte vor jeder Menstruation vom Arzt entfernt und danach wieder eingesetzt werden, macht pro Monat also zwei Arztbesuche. Und das konnten sich nur wenige Frauen leisten, abgesehen davon, daß es nicht besonders angenehm war.

Was Frau Doktor rät

Was hat nun das Lieblingsgesundheitsbuch der Deutschen jener Zeit, *Die Frau als Hausärztin*[9], zu diesen wichtigen Themen zu sagen? Zunächst einmal wird mit salbungsvollen Worten alle Empfängnisverhütung abgelehnt: »Vor allem muß immer wieder festgestellt werden, daß geschlechtlicher Verkehr mit künstlicher Verhinderung seiner natürlichen Folgen unsittlich ist und stets bleiben wird, und daß es eines der traurigen Zeichen des allgemeinen Niedergangs ist, wenn Kindersegen als ein Unglück betrachtet werden muß und wenn sowohl wirtschaftliche wie gesundheitliche Verhältnisse eine Beschränkung der Kindererzeugung dringend fordern. Das wollen wir also niemals vergessen! Darum werden sittliche und ästhetische Menschen im Geschlechtsverkehr niemals eine gute Gelegenheit zur Zügellosigkeit und Unmässigkeit erblicken, sondern eine maßvolle Lebensweise und seltenen Genuß beibehalten.«

Aber wie schändlich eine Beschränkung der Kindererzeugung auch sein mag, nötig erscheint sie doch: »Sie sind also manchmal ein unangenehmer Notbehelf, ein Rettungsmittel vor Krankheit und wirtschaftlicher Not...« Armut, Krankheit der Frau, zu viele Kinder, für die schon nicht richtig gesorgt werden kann, der Wunsch nach der Treue des Mannes, der natürlich sofort fremdgehen würde, wenn er zu Hause enthaltsam leben müßte – das sind einige der Gründe, die nach Meinung der Verfasserin eben doch die Verwendung von Verhütungsmitteln erlauben. Und nach einem kurzen Spaziergang durch die Geschichte – »Für uns ist es beruhigend und entlastend zu hören, daß die Schwangerschaftsverhütung keine Erfindung unserer krankhaften Zeit ist, sondern zu allen Zeiten bei Kulturvölkern bestand« – und energischer Warnung vor dem Congressus Interruptus, der die Frau um den Orgasmus bringe, kommt die Autorin zur Sache. Und zwar so energisch und ausführlich, daß wir ihre moralischen Erörterungen getrost als eine Pflichtübung ansehen dürfen, ohne die dieses Buch niemals für den Verkauf freigegeben worden wäre.

Einem damals neuen Verfahren, dem Einspritzen von keimtötenden Mitteln in die Harnröhre des Mannes, prophezeit die Autorin keinen Erfolg: »Ist doch der Mann im allgemeinen wenig geneigt, sich Unbequemlichkeiten aufzuerlegen« und »von anderen häßlichen Arten, den Erguß des Samens zu verhüten«, möchte sie aus ästhetischen Gründen lieber schweigen.

Empfohlen wird dagegen das Diaphragma, das damals in drei Formen im Handel war: einer spitzen, die ungefähr aussieht wie ein Zuckerhut, der runden, wie wir sie auch heute noch kennen, und in Form des sogenannten Zephir-Röhren-Pessars, das wirklich aussieht wie eine Röhre und mit einer Art Schuhlöffel eingesetzt werden mußte – begreiflicherweise zogen die meisten Frauen die beiden anderen Typen vor. Vor »Scheidenpulver-bläsern« wird gewarnt, auch in Essig ge-

Das beliebteste ärztliche Hausbuch unserer Epoche: Anna Fischer-Dückelmanns Die Frau als Hausärztin.

tränkte Wattebäusche oder Schwämmchen, die in die Scheide eingeführt werden, sind mit Vorsicht zu genießen. Die Methode galt zwar als sehr effektiv, aber auf die Dauer reizte sie die Schleimhäute zu sehr. Verätzungen im inneren Scheidenbereich, die mit scheußlichen Schmerzen einhergingen, waren folglich bei Prostituierten eine gefürchtete Berufskrankheit.

Und wenn das alles nichts hilft, dann gibt es auch noch die Fruchtabtreibung, die Frau Dr. Fischer-Dückelmann erst recht nicht billigen kann. »Viel häufiger, als es bekannt ist, wird Fruchtabtreibung von verehelichten und unverehelichten Frauen erstrebt, versucht und auch durchgeführt. Die Angst vor vielen Kindern nimmt immer mehr zu, die Vorsicht und Enthaltsamkeit in der Ehe steht aber nicht immer im rechten Verhältnis zu dieser trauriger sozialer Verhältnisse wegen wohlbegründeten Angst. Geradezu sinnlos und gewissenlos macht sie auch sonst brave und tüchtige Frauen und verleitet sie sogar, verabscheuungswerte Mittel zu gebrauchen. Anständige Ärzte sind für solche Zwecke bei gesunden Frauen nicht zu gewinnen, also werden geheime und verbotene Wege aufgesucht. Wie tief muß eine Frau gesunken sein, durch Not und Sorgen dazu getrieben oder aus Egoismus und Herzlosigkeit handelnd, wenn sie sich nicht scheut, ein beginnendes Leben zu töten, in das Walten der Natur roh einzugreifen und an ihrem eigenen Leibe Eingriffe vornehmen zu lassen, die oft so sehr gefährlich in ihren Folgen werden. Wie viele Frauen sind infolge einer solchen Abtreibung gestorben!«[10]

Enthaltsamkeit und Verhütung sind die Empfehlungen der Autorin, um dieser Gefahr aus dem Wege zu gehen. Und doch kommt uns auch diese Tirade vor wie eine Pflichtübung. Denn Fruchtabtreibung, nein – künstliche Frühgeburt, ja, so zieht sich die kluge Frau aus der Affäre: »Ist sie (= die Frau) aber ernstlich krank und ist trotz aller Bemühungen dennoch eine Schwangerschaft eingetreten, dann muß der Arzt helfen und hat die moralische Pflicht, sobald Mutter und Kind gefährdet scheinen, eine künstliche Fehlgeburt einzuleiten. Die Zukunft wird die Zahl der Ärzte vermehren, die auch im Interesse der heranwachsenden Jugend die Geburten schwacher und kranker Kinder zu verhüten bestrebt sind.

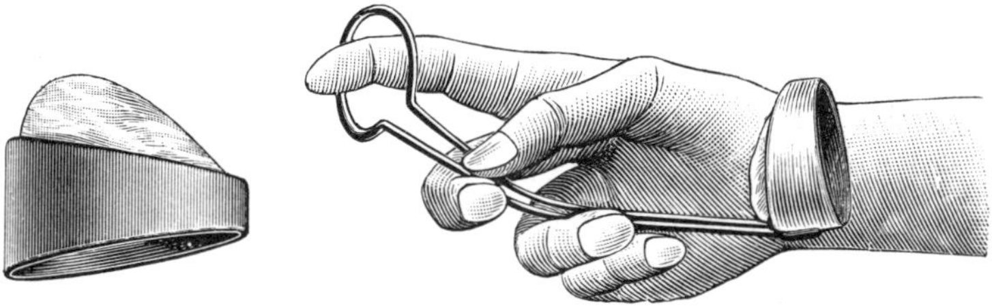

Frühe Diaphragmen: Das Zephir-Röhren-Pessar mußte mit einer Art Schuhlöffel eingeführt werden.

Möchten vorher aber aufgeklärte Frauen sich in dem Bemühen vereinigen, durch energisches Fordern der künstlichen Frühgeburt die in dieser Hinsicht noch rückständige Gesinnung der Ärztewelt im eigenen und im Interesse unserer Nachkommen umzuwandeln.«

Eugenische Überlegungen solcher Art wurden in der Zeit vor dem Ersten Weltkrieg in Deutschland im Zusammenhang mit der Bekämpfung erblicher oder vermeintlich erblicher Krankheiten unter Wissenschaftlern und Ärzten zunehmend populär.

Eine Minderheit in der Frauenbewegung in Deutschland forderte ab 1904 die Freigabe der Abtreibung. Damals veröffentlichte die Gräfin Gertrud Bülow von Dennewitz unter dem Pseudonym Gisela von Streitberg ihre Streitschrift: »Das Recht zur Beseitigung keimenden Lebens«. In diesem Sinne

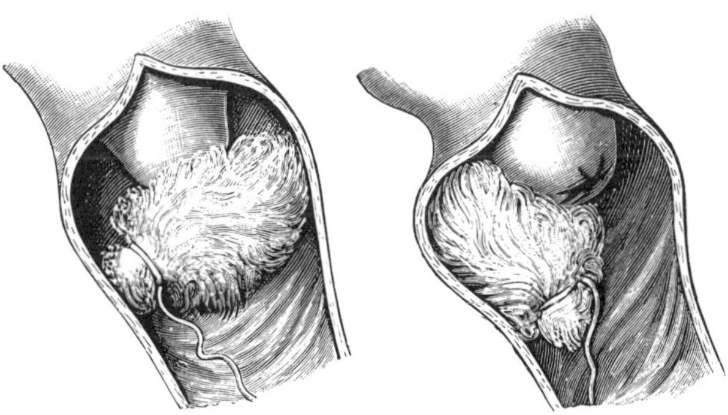

Frau Dr. Fischer-Dückelmann zeigt in ihrem Buch die richtige und falsche Lage des empfängnisverhütenden Wattebauschs.

sprach sich 1908 auch die Juristin Camilla Jellinek in der Rechtskommission des Bundes Deutscher Frauenvereine (BDF) aus. Eine entsprechende Entschließung wurde jedoch auf der Generalversammlung des BDF abgelehnt.

Schutz für Mütter

Camilla Jellinek gehörte dem 1905 von Helene Stöcker gegründeten »Bund für Mutterschutz« an, der 1909 bereits 4000 Mitglieder hatte und in elf Städten Deutschlands Ortsgruppen unterhielt. Die Ortsgruppen richteten Sexualberatungsstellen und Kinderheime ein. Daß ein »Bund für Mutterschutz« in einem Staat, der die Mutterschaft als höchste und einzige Lebensaufgabe für Frauen betrachtete, heftig angegriffen wurde, verwundert nur auf den ersten Blick. Staaten, die Ehe und Mutterschaft zur wesensgemäßen Aufgabe der Frau erklären, haben sich nie dadurch ausgezeichnet, daß die Gesetzgeber diese Zuordnung wirklich ernst genommen hätten. Im Deutschen Reich und seinem Gesetzbuch, dem BGB, war den Frauen zwar die edle Aufgabe der Mutterschaft zugeschrieben, ihnen jedoch gleichzeitig die Fähigkeit abgesprochen worden, bei der Erziehung ihrer Kinder mitzuentscheiden. Nicht einmal ein Schulzeugnis durfte die deutsche Mutter unterschreiben, ebensowenig wurde sie bei der Gestaltung der Lehrpläne um Rat gefragt. In einem Staat aber, in dem Mütter per Gesetz zur Rechtlosigkeit verdammt sind, betrachten die Vertreter dieses Staates eine Organisation, die mehr Rechte für Mütter erkämpfen will, zwangsläufig mit größtem Mißtrauen.

Helene Stöcker und ihren Mitstreiterinnen ging es um Schutz für alle Mütter. Der »Bund für Mutterschutz« forderte eine neue Ethik und Sexualreform. Darunter verstanden sie die rechtliche Gleichstellung von nichtehelichen und unehelichen Kindern, gleiche Rechte für alle Paare, ob sie nun verheiratet waren oder nicht, die Einführung einer staatlichen Mutterschaftsversicherung, sexuelle Aufklärung und für alle zugängliche Verhütungsmittel. Außerdem sollte Mutterschaft wirklich freiwillig sein, und deshalb wollte der »Bund für Mutterschutz« auch den Paragraphen 218 ersatzlos streichen – und wo die Damen schon beim Streichen waren, sollte, obwohl er nun wirklich nichts mit Mutterschutz zu tun hatte, der Paragraph 175, der Sexualität unter Männern verbot und mit Zuchthaus belegte, auch gleich abgeschafft werden. Eine von Helene Stöcker initiierte Umfrage im Jahre 1908 ergab tatsächlich, daß die überwiegende Mehrheit der Befragten den Paragraphen 218 entweder im Sinne der heutigen Indikationslösung mildern oder, besser noch, ganz abschaffen wollte. Der Reichstag sah, wie so oft, »keinen Handlungsbedarf«.

Der »Bund für Mutterschutz« war jedoch in der deutschen Frauenbewegung nicht unumstritten. Eher konservative Frauen wie die Abolitionistin Anna Pappritz hielten die herkömmliche, vom Staat besonders geschützte Ehe für »einen ersten Sieg des sittlichen Prinzips über die rohe Willkürherrschaft des Mannes«[11], während ihre Kollegin Alice Salomon höchst moralisch argumentierte: »Man schützt die ›Mutterschaft‹ am besten, wenn man die ledige Mutterschaft als Programm bekämpft.« Helene Lange schließlich, unangefochtene Führerin der konservativen Frauenbewegung, war entsetzt über Helene Stöckers Engagement zur Abschaffung des Paragraphen 218 und bezichtigte sie der »feministischen Gedankenanarchie« und der »Hurra-Erotik«.

SPD – wenig Meinung zur Verhütung

Diejenige Partei, von der man sich noch am ehesten etwas Konstruktives zur Frage der Empfängnisverhütung erwartet hätte, nämlich die SPD, erwies sich für die Frauen als recht wenig hilfreich. Die Ansichten vieler führender Sozialdemokraten und Sozialdemokratinnen unterschieden sich im Resultat wenig von denen der Konservativen. So hielt der SPD-Führer Wilhelm Liebknecht jede Verhütung schlicht für unmoralisch und verwerflich und sorgte dafür, daß in der Parteipresse keinerlei Anzeigen für Verhütungsmittel erschienen. Die Führerin der proletarischen Frauenbewegung Clara Zetkin sprach im Zusammenhang mit Geburtenregelung von »quacksalberischen Mitteln« und unterstellte den Eltern, die sich bemühten, weniger Kinder in die Welt zu setzen, egoistische Motive. Sie befürchtete gar, daß Empfängnisverhütung dazu führen würde, daß es der künftigen sozialistischen Revolution deshalb an Kämpfern fehlen würde.

Die sozialdemokratischen Parteimitglieder und Wähler hatten sich in diesen Fragen allerdings längst von ihrer Führung abgekoppelt und taten, was sie für richtig hielten. Unterstützung fanden die Arbeiterfrauen und Arbeiterinnen bei einigen mutigen Sozialdemokratinnen, wie Alma Wartenberg aus Altona. Sie war seit 1902 »Vertrauensfrau« der SPD und agitierte in Schleswig-Holstein für die proletarische Frauenbewegung. Mit besonderem Engagement nahm sie sich der Nöte der Arbeiterfrauen an und setzte sich für Mutterschutz, für Aufklärung und für Empfängnisverhütung ein. Sie kannte die Gesundheitsprobleme der Arbeiterinnen aus eigener Anschauung, nachdem sie in ihrer Jugend einem Arzt zur Hand gegangen war:

»Als gelerntes Dienstmädchen, so nannte man damals weibliche Hausangestellte, war sie auch bei einer Arztfamilie in Stellung gewesen. Wenn gerade nichts zu scheuern und zu kochen war, mußte sie in der Sprechstunde bei kleinen operativen Eingriffen helfen. Dann war sie Dienstmädchen-Sprechstundenhilfe. Dabei hat sie erfahren, wie wenig die Arbeiterfrauen über ihre inneren Organe wußten und wie schädlich für schwangere Frauen schwere Berufsarbeit bis kurz vor der Entbindung war.«[12]

Diese persönlichen Erfahrungen veranlaßten Alma Wartenberg später dazu, mit Hilfe eines Arztes Aufklärungsvorträge auszuarbeiten, die sie auf zahlreichen Reisen kreuz und quer durch das Reich vor Arbeiterinnen hielt. Als Anschauungsmaterial dienten ihr dabei Illustrationen aus medizinischen Büchern, die mit Hilfe einer Art von Episkop projiziert wurden. Wenn sich Alma Wartenberg auf den Weg machte – dann mit großem Gepäck, wie sich ihr Sohn Fritz Wartenberg später erinnert: »Sie war manchmal wochenlang weg, aber

Die Sozialdemokratin Alma Wartenberg propagierte mit Lichtbildervorträgen das sexuelle Selbstbestimmungsrecht der Frau.

meistens nur im Winter, weil es keine Verdunkelungsmöglichkeiten gab in den normalen Lokalitäten. Wenn sie losfuhr, dann war sie ausgerüstet wie ein Monteur, mit allen möglichen Vorführutensilien. In einem Blechkasten den Projektor, der auf eine ganz fulminante Art betrieben wurde. Da holten wir, mein Bruder und ich, mit einer Karre eine Sauerstoffflasche aus Stahl von einer Altonaer Firma, die sie mitnehmen mußte, um Azethylenlicht zu erzeugen mit Hilfe entsprechender Kerzen, die im Gerät waren. Mit einer Glühbirne bekam man ja kein scharfes Bild, jedenfalls nicht mit denen, die damals gebräuchlich waren... Dazu schleppte sie ein Gestänge mit sich herum, worin die Leinwand aufzuspannen war. Das brauchte ja nicht nur einen Rahmen, sondern auch noch Füße, damit das Ganze standfest war. Das alles hat ein Onkel von mir, der Klempner war, zum Ineinanderstecken in einen Leinwandbeutel gebastelt. Das ergab ein Bündel von 15 cm Durchmesser und zwei Meter Länge.«[13]

Die Schwerbepackte kam mit ihren zahlreichen Vorträgen bei den Arbeiterinnen gut an – weniger gut war die Partei auf sie zu sprechen, der diese Aktivitäten dann doch zu weit gingen. Der Staat und seine Repräsentanten reagierten vollends sauer, erdreistete sich hier doch jemand, das Selbstbestimmungsrecht der Frauen zu fordern und sie gar mit den entsprechenden Informationen zu versehen. So äußerte sich der Zentrumsabgeordnete von Steinaecker 1913 mit Schaum vor dem Mund im Preußischen Landtag: »Können Sie es mir übelnehmen, wenn ich erkläre, daß diese Frau eigentlich gefährlicher ist als ein wildes Tier, das auf die menschliche Gesellschaft losgelassen wird, und daß die Frau daran schuld ist, wenn die gesunde Sittlichkeit, die sittlichen Grundlagen ihrer Genossinnen durchaus verdorben werden.«[14]

Der empörten Reaktion eines Arztes verdanken wir eine willkommene Inhaltsangabe über einen der Vorträge Alma Wartenbergs. In der *Zeitschrift für Medizinalbeamte* machte 1913 der Kreisarzt von Eisleben seinem Ärger Luft: »In welch schamloser Weise die Sozialdemokratie Empfängnis zu verhüten sucht, erhellt aus einem Vortrag, den am 28. Oktober v. Js. Frau Alma Wartenberg aus Altona im sozialdemokratischen Verein zu Schraplau hielt. Sie erklärte unter anderem: Wenn der Staat auch noch soviel Gesetze gegen den Rückgang der Geburten schaffe, so müsse die Frau doch Herrin über ihren eigenen Körper bleiben. Das Recht, sich gegen Geburten zu schützen, stehe ihr selbst gegen den Willen ihres Ehemannes zu!... Darauf wurde an der Hand von Lichtbildern gezeigt, wie die Empfängnis zustande kommt. Weiter wurde ausgeführt: Die besten Mittel zur Verhütung der Empfängnis seien Schutzpessare und Reinigung; es seien dieselben Pessare, wie sie auch von Ärzten empfohlen und eingesetzt würden. Zu gebrauchen seien nur Größen 50–70; Größe 90, welche manche Ärzte einsetzten, verursache Schmerzen und sei nicht für Frauen, sondern für Kühe geeignet. Im Übrigen könnten sich die Frauen das Einsetzen selbst besorgen, wenn sie in hockender Stellung den zusammengelegten Ring nach hinten schöben. Das Pessar müsse immer getragen werden und sei nur bei der Regel zwecks Reinigung zu entfernen. Beim Entfernen sei die Frau vorsichtig, sonst könnten lebende Samentierchen in die Gebärmutter hineinkriechen. Zur Verhütung des letzteren Umstandes müsse die Scheide ordentlich vor dem Herausnehmen des Pessars mit einem Seifentuch ausgerieben werden. Auch vor dem Geschlechtsverkehr empfehle sich die Anwendung des Seifentuches, denn Seife reinige nicht nur am besten, sie töte auch die Samentierchen ab.« Angesichts eines solchen Abgrunds von Unmoral konnte der Doktor natürlich nicht umhin, zum Staatsanwalt zu eilen und eine Anzeige nach § 184 des Strafgesetzbuches zu erstatten. Dieser Paragraph bedrohte alle mit Strafe, die »... Gegenstände, die zum unzüchtigen Gebrauch bestimmt sind, ausstellt oder solche Gegenstände dem Publikum ankündigt und anpreist«.[15]

Alma Wartenberg nahm es, wie ihr Sohn berichtet, gelassen hin, war es doch nicht die erste Anzeige dieser Art, die ihr wegen der Vorträge ins Haus flatterte: »Nachher kam dann eine freundliche Einladung der örtlichen Gerichtsbehörden mit einer Strafanzeige wegen Erregung öffentlichen Ärgernisses. Meine Mutter erhielt dann meistens einen Kuraufenthalt von zwei bis acht Wochen im Amtsgerichtsgefängnis verschrieben. Aber die Rechtsanwälte, Reichstagsabgeordnete der Sozialdemokraten, gönnten ihr das nicht. Mit Berufungsverhandlungen bis hin zum Reichsgericht setzten sie die Zurückziehung des Urteils immer wieder durch.«[16]

Der letzte Ausweg

Abtreibung war unter Kaiser Wilhelm II. verboten. Dafür sorgte der bekannte Paragraph 218, was Frauen in verzweifelter Lage aber nicht abschrecken konnte. Wer reich war, ging zu einem diskreten Arzt. So notierte 1918 Thomas Mann in seinem Tagebuch, daß der Arzt seiner Frau Katia am Telefon zu einer Abtreibung riet. Thomas war ganz entzückt von dieser Idee. Daß die Abtreibung dann doch nicht stattfand, lag nicht etwa an ihrer Angst vor dem Gesetz – die beiden Herren hatten ganz einfach, ohne sie zu fragen, fälschlicherweise Katias Einverständnis vorausgesetzt.

Wer kein Geld hatte, ging zu Engelmacherinnen, zu Kurpfuschern, griff selber zur Stricknadel oder besorgte sich ein »Mittel«: »Habe mir ein Periodenmittel kommen lassen, das in der Zeitung annonciert war, es hat 5 Mark gekostet, hat aber auch schon nach 3 Tagen gewirkt. Ein Kind kostet doch schließlich noch mehr.« Manchmal standen auch Kolleginnen oder Freundinnen mit tatkräftiger Hilfe zur Seite, wie eine Berliner Arbeiterin, die bereits zwei Abtreibungen hinter sich hatte, erklärte: »Die Frau eines Kollegen meines Mannes hat mir einen Tee gemischt, der auch bei ihr jedesmal geholfen hat. Sie hat schon 5mal ›gekippt‹ danach. Bei mir hat es auch großartig gewirkt. Was in dem Tee darin ist, weiß ich nicht. Die Frau behält ihr Geheimnis für sich und verdient ein schönes Stück Geld damit. Der ganzen L.-Straße hat sie damit geholfen.«[17]

Die genaue Zahl der Abtreibungen im Deutschen Reich ist nicht bekannt, aber Schätzungen gehen von bis zu 500 000 pro Jahr aus. Mehrere tausend Frauen starben jährlich bei verpfuschten Abtreibungen oder trugen unheilbare gesundheitliche Schäden davon. Ob sich die Frauen in die Hände von Kurpfuschern begaben oder sich selbst zu helfen suchten mit Mutterspritzen und Irrigatoren, mit denen Flüssigkeiten in die Gebärmutter injektiert wurden – immer wurden sie aufgrund der herrschenden Rechtslage in eine äußerst lebensbedrohliche Situation getrieben. Das größte Risiko bestand natürlich, wenn die Abtreibung eigenhändig vorgenommen wurde, wozu viele Frauen, die die Preise von 100 Mark aufwärts nicht bezahlen konnten, gezwungen waren. Sie waren darauf angewiesen, Abtreibungsmittel von Hausiererinnen oder über Zeitungsannoncen zu beziehen, wie in dem folgenden Fall:

»Anna W. wurde am 24. November 1908 tot in ihrer Küche aufgefunden. Sie war über einem Eimer zusammengestürzt, auf dem sie vorher offenbar gesessen hatte, und hielt noch eine Ballonspritze mit langem, spitz zulaufendem An-

Da wendet sich der Ordnungshüter mit Grausen! Neben Gummiwaren aller Art werden Mutterspritzen angeboten, die der Abtreibung dienen. Das Foto stammt aus einem Geheimarchiv der kaiserlichen Polizei.

satzrohr, mit dem sie sich vorher jedenfalls eine Einspritzung gemacht hatte, in der Hand. Die Spritze war ihr zugesandt worden von der Angeklagten, die schon einmal wegen Verstoßes gegen den § 218 bestraft worden war, auch entsprechende Annoncen neuerdings erlassen hatte. Die Spritze war von einem Briefe der B. begleitet, der sich bei der Verstorbenen fand und wörtlich lautete: ›Wertes Fräulein! Anbei übersende ich Ihnen die Mutterspritze. Sie nehmen auf 1 Liter gut warmes Wasser 1 Teelöffel Holzessig, dann füllen Sie die Spritze und führen sie in die Gebärmutter ein. Selbige finden Sie im Geschlechtsteil mehr nach links, aber das Rohr dürfen Sie nicht weiter als ½ cm im Muttermund einführen. Sollten Sie nicht zurechtkommen, dann kommen Sie, wenn Sie ausgehen, zu mir, daß ich es selbst Ihnen noch einmal erkläre. Bitte den Brief verbrennen.‹«[18]

Auch für Männer war das alles höchst traumatisch. So erinnert sich Stefan Zweig in seinen Memoiren: »Suche ich mich redlich zu erinnern, so weiß ich kaum einen Kameraden meiner Jugendjahre, der nicht einmal blaß und verstörten Blickes gekommen wäre, der eine, weil er erkrankt war oder eine Erkrankung befürchtete« (auch hier ist natürlich wieder von Syphilis die Rede), »der zweite, weil er unter einer Erpressung wegen einer Abtreibung stand« (im Klartext: Die Frau verlangte, daß er sich an den Kosten beteiligte), »der dritte weil ihm das Geld fehlte, ohne Wissen seiner Eltern eine Kur durchzumachen, der vierte, weil er nicht wußte, wie die Alimente für ein von einer Kellnerin untergeschobenes Kind bezahlen.«[19]

Sahen viele Männer sich einerseits als bedauernswerte Opfer weiblicher Machenschaften, so fanden sie andererseits, daß anständige Frauen von diesen Themen überhaupt keine Ahnung haben dürften. Eine Szene, wie wir sie in einem Roman der Ida Boy-Ed finden, vermittelt anschaulich die entsprechende Stimmung: »›Und im Sommer hat sie dann ein Baby gehabt... es soll bei einer scheußlichen alten Frau in Pflege sein, weißt du, bei so einer Art von Engelmacherin. Die Mama sagt auch: Wenn man sich die schönen Kleider so zu verdienen weiß, hat man's leicht, die Kolleginnen zu übertrumpfen.‹ Guy war ganz bleich geworden. Auf das schmerzlichste berührt, sagte er innig: ›Das sind Sachen, meine Nini, die du eigentlich nicht kennen solltest. Wenigstens habe ich mir immer gedacht, daß junge Mädchen nichts davon wüßten.‹«[20]

»Besonders die Frauen haben einen schweren Stand«: Arbeit in Kontoren, Ställen und Fabriken

»Dem flüchtigen Blicke, der eine Rotte Infanteristen streift, die im Gleichmaß auftrumpfenden Trittes, im dumpfen Gerassel des monotonen Marsches vorbeikommen, erscheinen alle Soldaten ganz gleich, als seien sie dutzendweise nach dem gleichen Muster geschaffen. Gußware – keine Originalarbeit. So konnten auch von einem Auge, das nur die oberflächlichsten Merkmale wahrnahm, all die jungen Mädchen, die in langer Linie nebeneinander vor den Telephonapparaten saßen, als zwanzigfache Wiederholung eines Modells angesehen werden. Sie alle trugen zu einem schwarzen Kleiderrock eine dunkelblaue Seidenbluse, eine Art Litewka, die mit roten Paspeln verziert und dadurch noch uniformähnlicher war. Und um alle diese Köpfe, als seien sie alle etwa von der gleichen Verwendung betroffen, schlang sich ein schwarzer, bandagenähnlicher Streif, an dem bei den Ohren wunderliche Auswüchse von phantastischer Form saßen – die Kopfhörer. All diesen braunen und blonden Mädchenhäuptern war die eigenste Linie, die besondere Haltung genommen. Die Walze der Arbeit war über jede persönliche Grazie hingegangen und hatte sie zerdrückt. Das hastige Leben des modernen Verkehrs verscheuchte mit dem scharfen Wehen seines Flügelschlags die Poesie von diesen jungen Gestalten. Eine der andern gleichend, saßen sie auf den nüchternen Rohrstühlen nebeneinander in der Haltung von ewig Horchenden. Auf der Tischplatte vor ihnen und in der kastenartigen Wand, den Vielfachumschaltern, die zwei Hände weit ihnen gegenüber den Tisch abschloß, erglühten und erloschen in unaufhörlichem Wechsel die kleinen runden Glasplatten der elektrischen Lichter, die den Anruf meldeten. Und die Augen der Beamtinnen starrten wie hypnotisiert, das Aufblinken der winzigen Lichtsignale erwartend. Mit emsigen und gewandten Fingern steckten sie die Stifte, in die die Verbindungsschnüre mündeten, von dem einen Nummernloch ins andere. ...Das tausend- und hunderttausendfach gesprochene gedämpfte Wort: ›Hier Amt!‹ erscholl an den Tischen in einer geradezu grauenerregenden Unermüdlichkeit. Niemand war sich der Monotonie in dieser ewigen Wiederkehr mehr bewußt, wie in Fabriksälen die Arbeiter das Klappern und Fauchen, das Pusten und stumpfe Stoßen der Maschinen zuletzt nicht mehr zu hören wähnen, das dennoch die Gehörnerven martert und zermürbt.«[1]

So beschreibt die Lübecker Autorin Ida Boy-Ed eine Telefonvermittlung um 1900. Tagsüber arbeiteten dort, für ein Gehalt von 2,50 pro Tag, die Telefonistinnen, nachts für mindestens 1 Mark mehr ihre Kollegen – seit 1891 galt für Frauen das Nachtarbeitsverbot. Der Vergleich mit dem Regi-

Fräuleins vom Amt: Anstrengende und monotone Arbeit bei der Telefonvermittlung.

ment entspringt der damaligen Vorliebe für alles Militärische, schildert aber sehr treffend die stressigen Arbeitsbedingungen; kein Wunder, daß die Telefonistinnen über ständige Kopfschmerzen und übles Ohrensausen klagten!

Die Jahre um 1900 erlebten ein bisher beispielloses Eindringen der Frauen in die Arbeitsplätze im Dienstleistungsgewerbe, in Handel und Kontor. So stellen heutige Rückblicke die Situation zumindest häufig dar, immer ist von Eindringen die Rede. Das hört sich recht aggressiv an, irgendwie wenig damenhaft, als ob sie gar nicht dorthin gehörten – und es läßt auch den Aspekt außer acht, daß Frauen mindestens ebensosehr in diese Berufe gedrängt wurden, wie sie selber drängten. Handel und Kontor boomten, und es bestand ein großer Bedarf an neuen Arbeitskräften, denn die Zahl der Einzelhandelsgeschäfte war in den letzten Jahrzehnten rasant gestiegen. Hinzu kamen, als eine neuartige Form des Geschäftes, die modernen Warenhäuser mit ihren zahlreichen Filialen, die seit den 1890er Jahren in den deutschen Großstädten entstanden. In den riesigen »Warenpalästen« von Wertheim und Tietz waren fast ausschließlich junge Verkäuferinnen angestellt. »Verkaufen« wurde zu einem typisch weiblichen Beruf – was aus der Sicht der Unternehmer mindestens zwei Vorteile besaß: Frauen erhielten wesentlich geringere Löhne als Männer, und die weiblichen Reize ließen sich verkaufsfördernd einsetzen.

Für viele junge Frauen aus den Arbeiter- und Kleinbürgerfamilien erschien die Arbeit im Warenhaus durchaus attraktiv, wie Lily Braun 1901 feststellte: »In Scharen, wie die Motten, fliegen die Mädchen zu dem blendenden Licht hinter den Spiegelscheiben, von dem sie Märchenwunder erwarten. Und der Handel braucht Jugend! Die Kunden sehen nicht gern alte Gesichter; ein hübsches junges Mädchen ist eine stärkere Anziehungskraft als die beste Ware. Sehen wir uns um in den Geschäften, besonders in denen der Großstadt: fast lauter junge Dinger mit hochfrisiertem Lockenkopf und glänzenden Augen treten uns entgegen. Die Statistik bestätigt das: von den Berliner Verkäuferinnen sind 71% 15 bis 20 Jahre alt! Wo bleiben die Alternden, diejenigen, die nicht heiraten, die nicht das ungewöhnliche Glück haben, sich selbständig machen zu können?«[2]

Zwischen 1895 und 1907 verdoppelte sich die Zahl des weiblichen Ladenpersonals auf mehr als 170000.[3] Eine ähnliche Entwicklung finden wir in den Kontoren der Fabriken, Geschäfte und Verwaltungen. Hier schuf die wachsende Bürokratisierung der Abläufe und Entscheidungen eine Vielzahl neuer Aufgaben, die sich vor allem dadurch auszeichneten, daß sie unendlich eintönig und geisttötend waren, wie Registrieren, Ablegen, Post sortieren und Briefe adressieren. Technische Neuerungen wie die Schreibmaschine (seit den 1890er Jahren) und das Telefon sowie später Rechen- und Buchungsmaschinen veränderten zudem die Büroarbeit und vergrößerten den Anteil mechanischer Tätigkeiten weiter. Eine fatale Arbeitsteilung setzte sich durch: auf der einen Seite einige abwechslungsreiche Aufgaben, von Männern ausgeführt – auf der anderen ein ewiges Einerlei von wenig qualifizierten Handreichungen. Um letztere zu übernehmen, dafür drängten die Frauen gerade zum richtigen Zeitpunkt ins Büro. Zudem waren manche von ihnen ja bereits auf eine ganz spezifisch weibliche Art in der notwendigen Fingerfertigkeit vorgebildet: »Es wird überraschen, hier einen Nutzen der zur wahren Landplage gewordenen Ausbildung junger Mädchen im Klavierspiel zu finden: die hierbei gewonnene Fingerfertigkeit ist für die Handhabung der Schreibmaschine sehr wertvoll.«[4]

Wer diese Art der »Vorbildung« nicht besaß, konnte eine der zahlreichen privaten Handelsschulen besuchen. Diese »kaufmännischen Pressen« schossen um die Jahrhundertwende vielerorts aus dem Boden und boten den jungen Frauen mit vollmundiger Werbung Kurse zur Berufsvorbereitung an, die häufig nur wenige Wochen dauerten und deshalb äußerst mangelhaft waren. Die Zahl der in Büros tätigen Frauen vervielfachte sich innerhalb kurzer Zeit. So gab es 1907 in Deutschland allein mehr als 110000 weibliche Büroangestellte, 1895 waren es erst knapp 14000 gewesen.[5]

Töchter müssen selbst für sich sorgen

Seit dem letzten Drittel des 19. Jahrhunderts hatte die Gesellschaft sich geändert, für unverheiratete Frauen aus der Mittelschicht war es nicht mehr selbstverständlich, als bessere Magd in der Familie eines Verwandten unterzukommen, wie es früher üblich gewesen war. Heiratskandidaten gab es auch nicht für alle: Junge Männer aus wenig begüterten Familien, die es zu etwas bringen wollten, mußten nach Bräuten mit guter Mitgift Ausschau halten.

Im Falle von Boy-Eds Romanheldin Hardy war deren Tätigkeit als Fräulein vom Amt bereits eine Generation zuvor vorprogrammiert: »Wenn sie noch daran dachte, wie sie, Armgard von Ullhorn, die arme Beamtentochter, den fast unbemittelten jungen Offizier geheiratet hatte! Warum eigentlich? Wahrscheinlich aus der Monotonie des Lebens heraus, im Drange nach seinen Erfüllungen und Sensationen. In dem jämmerlichen östlichen Grenzstädtchen war sie zu jener Zeit als einziges heiratsfähiges Mädchen gewesen und Heinz Philipp von Arnberg, der als Adjutant beim Bezirkskommando dorthin kommandiert war und aus einer sehr bescheidenen Garnison kam, der einzige standesgemäße, heiratsfähige junge Mann. Die Leere der Umwelt, die brennende Jugend in ihren Adern trieb sie aufeinander zu. Heinz Philipp hatte ein kleines Kapital; ihr Vater konnte mit den mühsamsten Anstrengungen zusammenbringen, was daran zum Kommißvermögen fehlte. Auf solcher finanziellen Basis heirateten sie. Irgendeine andre Zukunftsaussicht als die Karriere des Mannes war nicht vorhanden.«[6]

Und diese Aussichten waren nicht nur beim Militär, sondern auch bei vielen Beamten nicht rosig, so daß die Familien immer hart entlang des finanziellen Abgrunds lebten. Ein früher Tod des Vaters oder sein wirtschaftlicher Bankrott konnten den Ausschlag bringen für eine Kontorlaufbahn der Töchter.

Wer ganz viel Glück hatte, hatte noch schnell einen Freier zur Hand. So erging es der norwegischen Schriftstellerin Amalie Skram, die im Pensionat vor allem feine Handar-

Kein fescher Commis in Sicht: Schreibdamen in der Expedition der Berliner Illustrirten Zeitung.

beiten gelernt hatte und sich nach dem Konkurs ihres Vaters als Näherin hätte verdingen müssen. »Müller heiratete sie, als der Skandal in der Familie Alver noch ganz frisch war, ohne daß ihr sozialer Sturz wirklich allen bewußt gewesen wäre. Ein wohlhabender Mann konnte zwar eine schöne Frau aus einer Notlage erretten, ohne das Gesicht zu verlieren. Schwieriger wäre es da gewesen, sich mit einer Näherin zu verheiraten.«[7] Amalie Skrams Biographinnen halten es für eine Ironie des Schicksals, daß ihr zweiter Gatte kurz vor der Hochzeit seine langjährige Geliebte schroff verabschiedete – eine Näherin. Jetzt, wo er eine Frau seines Standes heiratete, hatte er keine Verwendung mehr für sie und baute auf ihr Verständnis. Wie die Näherin das sah, wissen wir nicht. Amalie Skram hat in Briefen hinterlassen, daß sie die Ironie durchaus nicht sah, sondern verzweifelt war, als sie erkennen mußte, daß Herr Skram, der in ganz Europa bekannt war als radikaler Freidenker und Verteidiger aller Unterdrückten, im Privatleben derselben Sexualmoral huldigte, die sie in ihren Romanen zu bekämpfen versuchte.

Die Erkenntnis, daß Töchter unter Umständen in eine Lage kommen konnten, sich selber ernähren zu müssen, dämmerte auch Eltern in der Mittelschicht um 1900 allmählich. Waren doch gerade in diesen Familien die finanziellen Verhältnisse so eng, daß nicht selten zur heimlichen Heimarbeit geschritten werden mußte. »Es giebt in Berlin«, notierte 1894 ein Beobachter, »eine große Menge von Geschäften für Wäsche-Ausstattungen und ähnliches, die neben den eigentlichen Arbeiterinnen eine Anzahl von ›Damen‹ beschäftigen. Eines der ersten derselben, in einer bekannten Straße, giebt die Arbeit an Frauen der besten Stände. Der Besitzer sagte mir, es verginge kaum ein Tag, wo sich ihm nicht solche anböten, sowohl aus Berlin wie aus der Provinz ... In einer sehr gebildeten Familie arbeiten die Mutter und drei Töchter fast in der ganzen Freizeit gestickte Einsätze. Der Ertrag eines halben Jahres belief sich auf 192 Mark 60 Pfennige. Von diesem Gelde bestreitet die Frau die Ausgaben für Kleider, Schuhe und Handschuhe. In anderen Familien werden Porzellangefäße, Thonkrüge bemalt, Neujahrs- und andere Karten entworfen, Makartsträuße gebunden – oder man versucht es mit der Literatur.«[8]

Die bislang vorgegebene weibliche Bestimmung zur Ehe geriet vielfach aus ökonomischen Gründen ins Wanken. »Hübsch seid ihr nicht, Geld habt ihr nicht, also von Heiraten ist keine Rede«[9] – diese wenig charmante Prognose eines Beamten über die Zukunft seiner Töchter traf so oder ähnlich in vielen Mittelschichtsfamilien zu, so daß es angebracht erschien, Vorsorge zu betreiben. Nur wie? Denn zu teuer durfte die töchterliche Ausbildung nicht sein, das lag auf der Hand. In Familien mit wenig Geld wurde das vorhandene lieber in die Ausbildung der Söhne gesteckt, aber selbst wohlhabende Väter, wie Gina Kaus es an einer ihrer Romanfiguren zeigt, machten sich so ihre Gedanken: »Und wenn Herr Kleh auch in menschlichen Dingen durch seine große Güte manches Vorurteil überwinden konnte, so schien es ihm doch ein Ding der Unmöglichkeit, daß seine Tochter etwas so Extravagantes werden würde, wie es damals, 1915, eine Studentin immerhin noch war. ›Eine Frau soll imstande sein, ihr Brot zu verdienen – für den Fall, daß sie niemanden hat, der für sie sorgt‹, sagte er, als wir eines Abends zu dritt diese Frage besprachen, ›keiner weiß, was das Leben bringt, und schon gar nicht in Kriegszeiten. Suche dir einen Beruf aus, erlerne, was dazu nötig ist – aber geh nicht in die Kreise jener Frauen, die wie die Männer leben und um jeden Preis auf sich gestellt sein wollen, denn ich glaube nicht, daß eine Glückliche unter ihnen ist.‹«[10]

Die Töchter in ein Büro oder einen Laden zu geben, bot sich da durchaus an: Das, was sie für diese Arbeit brauchten, konnten sie rasch lernen, und vielleicht ergab sich ja auch die Gelegenheit, einen guten Kunden oder den Juniorchef zu heiraten. Diese lässige Sicht der Dinge sollte sich im Ersten Weltkrieg bitter rächen. Obwohl die Männer an der Front waren, rückten nur wenige Kontoristinnen an die freigewordenen Stellen auf – sie hatten, anders als die Kollegen, so gut wie nie Steno oder Buchführung gelernt.

Um 1900 prägten Handelsgehilfinnen und Verkäuferinnen bereits das Straßenbild der großen Städte. Im Heer der arbeitenden Bevölkerung strebten sie ihrem Arbeitsplatz zu. Sie fielen auf durch ihre sorgfältige Kleidung – erstens schrieb das die Kontorordnung vor, und zweitens galt es doch, sich von der Unterschicht abzusetzen und nicht etwa für eine Fabrikarbeiterin gehalten zu werden.

Clara Viebig beschrieb 1900 in ihrem Dienstmädchen-Roman *Das tägliche Brot* die morgendliche Toilette der Grünhökerstochter Trude, »die bei Wertheim Verkäuferin war. Siebzehn Jahre war sie, und obgleich sie im Küchentisch schlief, der nachts zu einem Bett auseinandergeklappt wurde, und obgleich sie sich unter der Wasserleitung waschen mußte, sah sie aus wie eine kleine Dame. Zierlich saßen ihr der billige Lackschuh und der buntgewebte Strumpf, die sie gern zeigte, wenn sie, ihr Kleid hebend, auf die Pferdebahn sprang. Sie hielt etwas auf sich. Da sie's weit zum Geschäft hatte, gestatteten ihr die Eltern für den Winter ein Pferdeabonnement, aber sie löste es nur für kurze Zeit, dann lief sie lieber heimlich sich außer Atem und schaffte von dem so erübrigten Geld ein Jackett an, ganz nach der neuesten Mode, von geringem Stoff, mörderisch dünn, aber ›schick bis aufs Tüttelchen‹. Sie war ganz verliebt in ihr Jackett, es machte so voll in der Brust, so schlank in der Taille; an keinem Schaufenster konnte sie vorübergehen, ohne sich darin zu bespiegeln. Die lange Federboa flatterte ihr bis an die schmalen Hüften, in ihren durchsichtig zarten Ohrläppchen einer Bleichsüchtigen glitzerten ein paar Glasdiamanten... Morgens stand sie eine gute halbe Stunde früher als nötig auf, obgleich sie wer weiß was drum gegeben hätte, noch neben der Schwester Grete im Küchentisch weiter zu schlafen. Sie war immer müde; aber es half nichts, das Haarbrennen dauerte lange. Da lag sie, zähneklappernd, im kurzen roten Wollunterröckchen, auf den Knien vor dem kleinen Stehspiegel, den sie auf den Herdrand plazierte. Zwanzig-, dreißigmal mußte sie die Brennschere in den Zylinder der Küchenlampe stecken, bis alle Wellen des reichen Haars kunstgerecht saßen und, an den Seiten mächtig aufgebauscht, den kleinen Kopf unnatürlich verdickten.«[11]

Kein Glück für Angestellte

Lange Arbeitszeiten, unbequeme Arbeitsplätze, erheblich weniger Lohn als die Kollegen, kaum Möglichkeiten zu Aufstieg oder Weiterbildung – das alles kennzeichnete die Arbeit der Verkäuferinnen und Handlungsgehilfinnen.

Wenige haben das Leben der Kontorangestellten so eindringlich beschrieben wie die norwegische Autorin Sigrid Undset, die auf ihre eigenen Erfahrungen zurückgreifen konnte. Daß die hochbegabte Tochter studieren und später das Lebenswerk ihres Vaters fortsetzen sollte, stand in der Familie Undset außer Frage. Doch Ingvald Undset mochte zwar ein international bekannter Archäologe gewesen sein, ein Vermögen hatte er bei seinen Forschungen nicht erwirtschaftet. Nach seinem Tod blieb der jungen Sigrid nichts anderes übrig, als alle Träume zu begraben und sich eine Bürostelle zu suchen – Mutter und kleine Geschwister mußten schließlich auch leben. Sie beschreibt die öde, immer gleiche Arbeit, die Schwierigkeiten, mit einem völlig unzureichenden Gehalt auszukommen und noch dazu gepflegt gekleidet zu sein, die deprimierenden Wohnverhältnisse. Entweder wohnten die Handelsgehilfinnen bei ihrer Familie, beengt und immer unter Aufsicht, oder in einer Pension. Eine eigene Wohnung war nicht zu finanzieren, ein möbliertes Zimmer galt als unschicklich, weshalb viele Wirtinnen nicht an Damen vermieteten. Die könnten ja – ob der nun dafür bezahlte oder nicht – Herrenbesuch bekommen und ihr anständiges Haus in Verruf bringen; »An Geschäftsdamen vermieten wir nicht!«[12]

»Ach, ich habe das aufgewärmte Pensionsessen so satt«, seufzt eine Undsetheldin, und wir spüren hinter diesem kurzen Satz den Frust der jungen Sigrid. Ihr Bekannter überlegt voller Mitgefühl: »Fremde Menschen umgaben sie bei der Arbeit und bei jeder Mahlzeit, denn in ihrer Freizeit konnte sie entweder unter Fremden im ›Salon‹ oder allein in einem Pensionszimmer sitzen und in den dunklen Hinterhof starren, oder allein durch die Stadt irren, wo niemand sie kannte – denn eine junge Frau kann nun einmal nicht in der Nähe einer großen Stadt im Wald spazieren, wenn sie allein ist.«[13]

Und als ob die Beschränkungen durch Sitte und Anstand nicht schon schlimm genug gewesen wären, so gab es durchaus Arbeitgeber, die mit selbsterlassenen Regeln alles noch schlimmer machten. Die weiblichen Angestellten der Tietz-Warenhauskette mußten sich zum Beispiel vertraglich verpflichten, nach Feierabend keine öffentlichen Lokale zu besuchen.

Initiativen wie die der wohlhabenden Frauenrechtlerin Lida Gustava Heymann waren selten – sie richtete 1897 in ihrem Haus in Hamburg einen Mittagstisch für weibliche Angestellte ein. Während der nächsten Jahre begrüßte sie dort pro Tag an die 170 Essensgäste und fügte später noch Bad, Bibliothek und Lesezimmer mit Klavier hinzu, in dem zweimal pro Woche gesellige Abende abgehalten wurden.

Kein Wunder also, daß viele dieser Frauen vor allem auf einen Erlöser in Gestalt eines besser verdienenden Mannes hofften... es mußte ja nicht gleich der Juniorchef sein! Aber gerade der Juniorchef, der seine Angestellte verführt und kaltblütig ihrem Schicksal überläßt, um aus Gründen der Geschäftsraison die gute Partie mit der reichen Erbin einzugehen, spukt als Negativgestalt durch die Romane der Jahrhundertwende. Mit dem bisher vorherrschenden Schurken, dem Hausvater, der sein Dienstmädchen schwängert und dann nur ein höhnisches Lachen für sie übrig hat, kann sich der Juniorchef inzwischen durchaus messen, wenn es um die Spitzenposition in der literarischen Schurkengalerie jener Tage geht. Und so wird auch Ida Boy-Eds Heldin Hardy von »ihrem« Juniorchef verlassen – zu ihrem Glück ist sie nicht bei ihm angestellt, sondern eben beim »Amt« – und dort wird sie, ohne deren Wissen, von der siegreichen Erbin auch noch fernmündlich angepöbelt, weil sie in ihrem Kummer die falsche Verbindung hergestellt hat. Aber Hardy hat dem jungen Schnösel immerhin keine Freiheiten gestattet und kann ihn deshalb mit Fug und Recht verachten.

Anders ergeht es einer Frau in einem Roman von Clara Viebig: »Unschuldig und arglos war sie nach Berlin gekommen; froh, daß sie gleich in solch großem Geschäft angenommen wurde, hatte sie harmlos ihre Handschuhe verkauft. Da hatte er ihr die Finger gedrückt, wenn sie ihm Handschuhe anprobierte, und wenn niemand hersah, auf ihre Hände Küsse gehaucht, hatte sie nicht in Ruhe gelassen, hatte sie von dort fortgerissen, hatte ihr die Ehe versprochen. Und nun hatte er sie doch noch immer nicht geheiratet. Sie wußte es ganz genau: Er war ihrer überdrüssig. Erst war er jeden Abend gekommen, jetzt nur ein-, zweimal die Woche. Er kommandierte, sie mußte für ihn laufen, ihn wie ein Dienstmädchen bedienen, und wenn sie ihm dann alles nach Wunsch hergerichtet hatte, dann durfte sie vielleicht mit ihm beim Abendbrot sitzen.«[14]

Daß bei solchen Verhältnissen die Grenzen zur Prostitution oft fließend waren, versteht sich von selber. »Unter den Verkäuferinnen gibt es zunehmend solche«, so klagte 1901 eine Kontoristin, »die infolge ihres niedrigen Gehalts und der geringen Aussicht auf Erhöhung desselben förmlich darauf hingewiesen werden, sich einen ›Nebenerwerb‹ durch ein ›Verhältnis‹ zu verschaffen. Ist doch das Ladenmädchen, das sogenannte ›kleine Mädchen‹ die willkommene Beute unserer Jeunesse dorée, und trägt doch gerade diese Tatsache dazu bei, den Posten einer Verkäuferin in Mißkredit zu bringen.«[15]

Was aber sollten die »kleinen Mädchen« anfangen, wenn zu manchen Zeiten des Jahres selbst noch der karge Hungerlohn entfiel und sie zur Verschiebemasse der Arbeitgeber wurden? »In Warenhäusern hat sich leider das Aushilfsengagement fest eingebürgert. Es werden zur Hauptsaison, etwa Ende Oktober und Mitte März, hunderte junger Mädchen für den Verkauf angenommen, um ebenso regelmäßig nach Weihnachten und nach Pfingsten wieder entlassen zu werden. In den dazwischen liegenden Monaten ist im ganzen Detailhandel flauer Geschäftsgang und neues Engagement schwer zu finden. Die Mädchen haben also mit einer Arbeitslosigkeit von je 3 resp. 4 Monaten zu rechnen, und daß trotz der großen körperlichen Anstrengungen der Lohn karg und jedenfalls nicht so bemessen ist, um Ersparnisse zuzulassen, liegt auf der Hand.«[16]

Eine Heirat mit einem bessergestellten Mann hat unter diesen Umständen sicher so mancher Kontorangestellten als rettender Ausweg vorgeschwebt. Aber oft entpuppte sich der vermeintliche Ausweg als Illusion, und die so hoffnungsvoll geschlossene Ehe war gekennzeichnet sich durch Langeweile, harte Arbeit, das Problem, eine wachsende Familie mit dem zumeist auch nicht besonders hohen Gehalt des Ehemannes versorgen zu müssen. Sigrid Undset greift zweifellos auf eigene Kontorerfahrungen zurück, wenn sie ihre Heldin Jenny zwei ehemalige Angestellte betrachten läßt: »Jenny gegenüber saßen zwei junge Ehefrauen. Sie waren vielleicht nicht älter als sie selber – nur von einigen Jahren Ehe schwer heruntergekommen. Vor drei, vier Wintern waren sie vielleicht zwei flotte Ladenmädels gewesen, die sich schön gemacht hatten, um mit ihren Kavalieren zum Skilaufen zu gehen. Wahrscheinlich hatten auch sie sich als junge Mädchen nach Liebe gesehnt – nach ihrer Liebe. Nach einem feschen, gutaussehenden Mann in fester Stellung – einem Mann, der sie aus den eintönigen Arbeitstagen in Büro oder Laden erlöste und in ein kleines Heim versetzte...«[17]

Eine Frau, die sich selber ernähren konnte, hatte auf dem Heiratsmarkt jedenfalls interessantere Aussichten. Ein junger Kontor- oder Ladenangestellter verdiente zwar mehr als seine Kollegin, die die gleiche Arbeit verrichtete, große Sprünge konnte er mit seinem Lohn aber nicht machen. Heiratslustige junge Männer hielten daher nach Frauen Ausschau, die Geld mit in die Ehe brachten. Jugend oder Schönheit der ersehnten Braut waren dabei eher zweitrangig. Amalie Skram berichtet ein Beispiel, in dem es um die Verlobung einer gestandenen Frau geht: »Sie war an die Vierzig, und als Leiterin des Weinverkaufes bei A. Schröders Wwe. in der Strandgaten mit 30 Thalern Lohn und reichlichen Alimenten für das Kind, das sie vom 22jährigen Sohn der Witwe hatte, galt sie als gute Partie, und alle, die ihn kannten, beneideten Eriksen.«[18] Aber der auserwählte Eriksen ist eben nicht der Juniorchef, sondern Laufbursche, und er macht die gute Partie, von der viele Handlungsgehilfinnen träumten.

Denjenigen, die leer ausgingen, blieb der Traum vom rettenden Juniorchef, doch wie alle Märchenprinzenträume richtete auch dieser nur Schaden an. Die Forderung nach gleichem Lohn wurde von Arbeitgeberseite, aber auch von den Kollegen zurückgewiesen: Die Kolleginnen würden ja doch nur arbeiten, bis sie heirateten. So verkündete 1890 der Vorsitzende des Hamburger Vereins für Handlungscommis: »Abgesehen davon, daß ein Mädchen überhaupt nicht die vermehrten Bedürfnisse der Männer hat, befindet sich auch oft das Mädchen insofern in günstiger Lage, als es eher zur Familie gerechnet wird und seine Obliegenheiten im Geschäft mit denen, seinem eigentlichen Beruf entsprechend, in der Familie teilt. Daß in großen Städten viele Mädchen bei ihren Eltern wohnen und ihr Gehalt gewissermaßen nur der Ersatz für die Kleidung bedeutet, ist eine Tatsache, die nicht weiter auseinandergesetzt zu werden braucht... Das aber ist das wesentliche Unterscheidungsmerkmal in der Lage der männlichen und weiblichen Gehilfen, daß die ersteren ihren Beruf als Lebenszweck auffassen, die Mädchen diesen dagegen nur als eine Durchgangsstation zur Ehe auffassen. Sie erkennen wohl, daß der Beruf des Weibes ist, Gattin und Mutter zu sein, sie versperren sich aber selbst dieses Ziel immer mehr dadurch, daß sie sich zum Handelsgewerbe drängen und durch das Herabdrücken der Gehälter die Männer der Mittel berauben, einen Hausstand zu gründen.«[19]

Sich gemeinsam wehren

Das Gefühl, von den Kollegen nicht wirklich unterstützt zu werden, führte 1889 in Berlin zur Gründung des »Kaufmännischen Hilfsvereins für weibliche Angestellte«, später in »Kaufmännischer Verband für weibliche Angestellte« umbenannt. Dieser Verein kam durch eine Zeitungsannonce zustande, die Minna Cauer und Julius Meyer aufgegeben hatten. Weitere Verbände entstanden. So gab es seit 1897 neben verschiedenen Splittergruppen auch den sozialdemokratischen »Zentralverband der Handlungsgehilfen und Gehilfinnen Deutschlands«, in dem 1913 mehr als 13 000 Frauen organisiert waren.

Vor allem die Verkäuferinnen in den Warenhäusern und noch mehr in den kleinen Einzelhandelsgeschäften litten unter den langen Arbeitszeiten – die fast immer reine »Stehzeiten« waren. So ergab eine 1893 veröffentlichte Untersuchung, daß in der Mehrheit der befragten Lebensmittelläden Arbeitszeiten von durchschnittlich vierzehn Stunden üblich waren. In einem Gutachten betonte 1894 selbst das Kaiserliche Gesundheitsamt, daß der »Zwang, die Arbeit nur stehend zu verrichten, und das Verbot, sich auch bei Abwesenheit von Kundschaft zu setzen, schwere Gesundheitsschäden für die Verkäuferinnen«[20] nach sich ziehe. Zusammen mit anderen Frauenvereinen startete deshalb der Kaufmännische Hilfsverein in Berlin 1895 eine Aktion, in der die Kundinnen aufgerufen wurden, vor allem in solchen Geschäften zu kaufen, die ihren Verkäuferinnen Sitzmöglichkeiten boten. Eine Reihe von Läden, darunter das Kaufhaus Wertheim, erklärten sich daraufhin zu entsprechenden Maßnahmen bereit. Am 1. April 1901 trat eine Bundesratsverordnung in Deutschland in Kraft »betreffend die Einrichtung von Sitzgelegenheit«. In der Praxis änderte sich jedoch für die meisten Verkäuferinnen herzlich wenig. Viele Geschäftsinhaber unterliefen die Anordnung, indem sie die Benutzung der jetzt vorhandenen Sitzplätze einfach untersagten.

Auch der Kampf der Angestelltenvereine für eine Verkürzung der Ladenöffnungszeiten führte nur allmählich zu einer Verbesserung der Verhältnisse. Anstelle der geforderten Ladenschlußzeit um 20 Uhr konnte sich der Reichstag 1900 lediglich auf einen künftigen 21-Uhr-Ladenschluß verständigen. Eine Änderung brachte schließlich der Erste Weltkrieg, als aus Mangel an Beleuchtung und Heizmaterial viele Geschäfte um 19 Uhr Feierabend machen mußten. Auch der Sonntag war für die Angestellten mitnichten arbeitsfrei! Das Gewerbegesetz von 1891 begrenzte lediglich die Sonntagsarbeit im Handel auf fünf Stunden, was jedoch allzuoft nicht eingehalten wurde. Nur am ersten Weihnachts-, Oster- und Pfingsttag galt eine völlige Arbeitsruhe.

In den Kontoren dagegen war die Arbeitszeit klar festgelegt, zehn bis zwölf Stunden pro Tag. Aber dafür lief die Arbeit in Wellen; auf Ruhepausen folgte totale Hektik: Zum Beispiel gab es dreimal pro Tag Post, die letzte gegen 18 Uhr, also eine Stunde vor Feierabend – was die Schreibkräfte, die endlich nach Hause wollten, zwangsläufig in fieberhafte Aktivität versetzte.

Neben Stellenvermittlung und Weiterbildung bot Minna Cauers Hilfsverein den Mitgliedern auch Rechtsberatung. Allein 1899 wurden in Berlin im Namen der betroffenen Frauen sechs Prozesse wegen sexueller Belästigungen am Arbeitsplatz geführt. Der Verein hielt dies für ein alltägliches Problem, bei dem die Frauen sich aber ohnmächtig fühlten, weil sie um ihren guten Ruf und die Entlassung fürchteten, da ihnen ja doch nicht geglaubt würde, wenn der fesche Juniorchef beteuert: Sie hat es doch so gewollt.

Von morgens bis abends auf den Beinen: Verkäuferinnen in Tengelmann's Kaffee-Geschäft in Nienburg/Weser.

Daß Frauen guten Grund zu diesen Befürchtungen hatten, zeigen nicht nur unsere heutigen Erfahrungen mit demselben Problem. Berühmt wurde der »Fall Köppen«, der im Jahre 1897 die Gemüter erhitzte. Eine 15jährige weibliche Bürokraft hatte den Mut, einen Kollegen wegen sexueller Belästigung anzuzeigen. Prompt wurde sie unter dem Verdacht der Prostitution verhaftet und zwangsuntersucht.

Bei einer Veranstaltung des Hilfsvereins Anfang 1898 verlangte die Rednerin Markovsky, eine Kontorangestellte, neue Gesetze zum Schutze ihrer Kolleginnen. Ihrer Aussage nach kam es täglich vor, »daß die Herren die Mädchen verfolgen, oft mit unsittlichen Anträgen«.[21]

Daß die Reklameindustrie schon damals versuchte, mit Frauenkörpern Waren zu verkaufen, verstärkte die Vorstellung von der weiblichen Verfügbarkeit. »So rief die Berliner Frauenorganisation ihre Mitglieder 1913 auch auf, sich gegen den ›Reklameunfug‹ der Adler-Büro-Maschinen-Werke zur Wehr zu setzen. Diese warben für ihre Geräte mit ›sogenannten Kunstblättern‹, die ›auf jeden anständig denkenden Menschen abstoßend wirken‹ mußten. Da durch die Reklame ›die Frau im allgemeinen und die Stenotypistin im besonderen schwer beleidigt‹ wurden, erklärten die organisierten weiblichen Angestellten der Firma Adler den Boykott.«[22] Die Werbung wurde übrigens zurückgezogen... Eine Politik, die durchaus ins Auge gehen konnte. Der konservativen Seite kam der Schluß nur allzu gelegen, das Berufsleben sei für Frauen einfach zu gefährlich, also zurück ins Haus mit ihnen.

Der Hilfsverein und seine Gesinnungsgenossinnen aber ließen nicht locker. Sie legten Listen über zudringliche Kollegen in Betrieben an und prozessierten unverdrossen weiter. Und sie bewiesen, daß ihr Mißtrauen nur zu berechtigt war.

Im Jahre 1907 mußte auf ihr Drängen ein gewisser Herr Schack, MdR und Spitzenfunktionär des Deutschnationalen-Handlungsgehilfen-Verbands – wie der Name schon sagt, ein rein männlicher Verein – von allen Ämtern zurücktreten. Herr Schack gefiel sich in Sprüchen wie diesem: »Der Broterwerb der Frauen in Männerberufen war niemals ein Kulturfortschritt, sondern immer ein Notbehelf, ein Zeichen für eine Krankheit des sozialen Körpers.«[23] Sicher aus brennender Sorge gab er deshalb eine Annonce auf, über die eine Reisebegleiterin für seine Frau gesucht wurde. Die 17jährige, die er aus den Bewerberinnen herausfischte, war jedoch entsetzt, als ihr mitgeteilt wurde, daß sie Herrn und Frau Schack vor allem beim flotten Dreier begleiten sollte. Sie wollte nicht und ging lieber zur Beratungsstelle des Hilfsvereins.

Doch wo Rauch ist, ist auch Feuer, behauptet der Volksmund, und so verstärkten solche Skandale an Stammtischen und bei Kaffeekränzchen nur die Vorstellung, daß die Handlungsgehilfinnen skandalöse Leben führten. Sie gingen nebenbei anschaffen, hieß es, Witze und Gerüchte waren über sie im Umlauf, die es eine Generation vorher schon über Fabrikarbeiterinnen gegeben hatte. Was die Mutter des flotten Juniorchefs bei Ida Boy-Ed elegant auf den Punkt bringt: »Gott«, sagte sie, »diese Mädchen wollen sich amüsieren. Das ist ihr Recht. Darin bin ich kulant. Warum nicht? Und warum soll ein junger Mann wie Borwin sich genieren? Glaub nur, das machen alle. Und gerade die, die aus herabgekommenen guten Familien stammen, werden meistens die Flottesten. Das kennt man. Meinetwegen immerzu. Nur soll man mir gesellschaftlich solch Mädchen nicht aufdrängen wollen.«[24]

Das böse Schicksal aber bringt dieser kulanten Frau durch Heirat als neue Verwandte – gerade so eng verwandt, daß sie zu Festen und Familienfeiern eingeladen werden muß – eine Telefonistin. Irgendwie muß der gute Ruf der Familie jedoch gewahrt bleiben, und so wird folgende Erklärung ersonnen: »Heinz Philip und ich, wir sagen es auch allen Leuten, daß Eberhardine es eigentlich nicht nötig hätte, aber offenbar von den Ideen der modernen Frauenbewegung begeistert ist. Das klingt in heutigen Zeiten sehr plausibel.«[25]

Solange eine Feministin aber gesellschaftlich eher akzeptiert wurde als eine Telefonistin, konnten sich die Handlungsgehilfinnen keine große Hoffnung auf Besserung ihres Rufes machen. Bis zum Ende des Ersten Weltkrieges sollte sich daran auch nichts ändern.

Keine Lust auf Landleben

Ob Frauen denn arbeiten sollten, ob sich das eigentlich schickt für sie oder nicht, und welcher Beruf denn wohl am besten mit dem »Wesen der Frau« zu vereinbaren sei – eine Reihe von Frauen der Jahrhundertwende brauchten sich diese Fragen gar nicht erst zu stellen: Die gut 9 Millionen Mägde und Tagelöhnerinnen, Dienstmädchen und Fabrikarbeiterinnen, die es 1907 in Deutschland gab, mußten einfach arbeiten, weil sie und ihre Familien den Lohn zum Leben brauchten.

Der größte Teil der deutschen Bevölkerung wohnte um die Jahrhundertwende noch auf dem Lande, also auf dem Dorf oder in der Kleinstadt. Lohnarbeit in irgendeiner Form gab es hier für Frauen fast nur in der Landwirtschaft. Diese bestimmte in der einen oder anderen Form die Lebensperspektive der Frauen. Nach dem Ende der Schulzeit – oder manchmal auch früher – gingen die meisten Mädchen in den »Dienst« auf den Hof: »Zunächst mit 13–14 Jahren werden die Mädchen als Haus- und Kindermädchen zur persönlichen Hilfeleistung für die Bäuerin eingestellt. Mit den wachsenden Kräften schreiten sie vor zur Unterdirn, die anfängt, in der Landwirtschaft zu lernen; dann zur Mitteldirn, die bereits unter Aufsicht melkt und füttert, und schließlich zur Oberdirn, welche der Stallarbeit verantwortlich vorstehen kann.«[26]

Trotz der sehr unterschiedlichen landwirtschaftlichen Verhältnisse in den einzelnen Regionen – die Arbeit der Mägde glich sich in einer Hinsicht fast überall: Sie war lang – im Sommer häufig mehr als 15 Stunden –, sie war schwer, und sie war zumeist schlecht bezahlt. Die Tätigkeit als Magd war in der Regel ein Durchgangsberuf. Die meisten Frauen blieben nur so lange Dienstmagd, wie sie ledig waren. Die Heirat entschied dann darüber, wie es weiterging, ob sie als Tagelöhnerin schufteten oder als Bäuerin auf einen Hof zogen. Die Last der Arbeit änderte sich dabei nicht unbedingt, waren reiche Großbauern doch rar, und auch als Gattin eines solchen seltenen Exemplars blieb der Tag der Bäuerin lang und anstrengend. Die Chancen für einen sozialen Aufstieg durch Heirat standen überdies schlecht: Ehepartner stammten in der Regel aus der gleichen Schicht, denn stärker noch als im bürgerlichen Milieu der Stadt bestimmten auf dem Lande ökonomische Überlegungen die Eheschließung. Um einen Hoferben zu ehelichen, war eine entsprechende Mitgift Voraussetzung.

Im Unterschied zu den Mägden und Tagelöhnerinnen war die Hausfrau auf dem Hof eigentlich immer im Dienst. Je weniger die weiblichen Arbeitskräfte in den Haushalt eingebunden waren, desto größer waren ihre Chancen, die Arbeit einmal für beendet zu erklären. Für die Tagelöhnerinnen war dies einfacher als für das Gesinde, das ja im Haus des Bauern wohnte. Die Bäuerinnen kamen unter der Woche am wenigsten regelmäßig einmal in den Genuß von Arbeitspausen, und auch an Feiertagen waren sie es zumeist, an denen die notwendigen Verrichtungen in Haus und Hof hängenblieben. »Ebenso steht es mit der Sonntagsarbeit: Das landwirtschaftliche Gesinde kann selbstverständlich vom Stalldienst nicht befreit werden; aber alles andere wird, wenigstens außerhalb der Erntezeit, am Sonntag weggelassen. Die Hausfrau dagegen trifft neben den erhöhten Ansprüchen der gesamten Familienmitglieder und Dienstboten an die Sonntagskost nicht selten auch noch ein Mehr an Stallarbeiten, weil die Männer des Hauses, manchmal auch die weiblichen Dienstboten zur Abendfütterung nur ungern zurückkehren.«[27]

Frauen waren in der Landwirtschaft traditionell für Haushalt und Zubereitung der Nahrungsmittel, für den Stall, also das Melken und Ausmisten, die Aufzucht des Jungviehs und den Garten zuständig. Hinzu kam die Mithilfe während der Erntezeit und beim Gemüse- und Kartoffelanbau, wobei zu den Frauenarbeiten vor allem das mühsame Hacken und Unkrautjäten zählten. Schon die eigentliche Hauswirtschaft erfolgte unter schwierigen Umständen, mußte doch beispielsweise schon das notwendige Wasser zum Waschen, Kochen und für den Stall oft über weite Strecken herbeigeschleppt werden. Pumpen und Brunnen lagen zumeist außerhalb der Gebäude, und Wasserleitungen, wie in den meisten Städten, gab es auf dem Dorf nicht.

Den Landfrauenalltag mit seinen vielfältigen Belastungen bestimmte so ständige Hetze und Eile, und sicher mit Recht kam ein Beobachter um die Jahrhundertwende zu dem Schluß, in keinem Stande sei die Frau in solch bedauernswerter Lage »wie gerade im ländlichen Arbeiterstande. Die kraftstrotzenden, jugendlichen Landmädchen sind nach ein paar Jahren der Ehe nichts als hagere, unschöne, gebeugte Frauen, abgearbeitet, schlecht gewartet in Krankheiten und zum großen Teil mangelhaft ernährt«.[28]

Auf Schwangerschaften wurde bei diesem ernormen Arbeitspensum von Bäuerin und Tagelöhnerin keine Rücksicht genommen, von einer Schonung der Wöchnerin konnte zumeist keine Rede sein. Eine hohe Kindersterblichkeit und lebensgefährliche Erkrankungen der Frauen im Wochenbett waren die Folge. Für die Betreuung der Säuglinge blieb während der arbeitsreichen Monate häufig wenig Zeit. So konnte das erste Kind der Kleinbäuerin Sophie Wiechering von Glück sagen, daß es 1898 gerade zur richtigen Jahreszeit, nämlich im November, das Licht der Welt erblickte. Denn das war eine günstige Zeit, »weil dann die Feldarbeiten getan sind und das Kind seine Pflege bekommen kann. Im Sommer wäre das nicht immer möglich gewesen, denn dann mußte ich, weil wir doch alles ohne Hilfe machten, mit nach draußen. Und wenn zum Beispiel in der Erntezeit am Himmel schwarze Regenwolken drohen, dann gibt es für den Bauern nichts wichtigeres auf der Welt als seine Ernte. Ja, ich übertreibe wohl nicht, wenn ich behaupte, daß der Bauer zunächst darauf achtet, daß sein Vieh richtig gepflegt wird und er erst dann an sich und seine Familie denkt.«[29]

Die bäuerliche Wirtschaft beruhte zwar auf der engverzahnten Zusammenarbeit von Mann und Frau, das »Sagen« hatte jedoch der Bauer, der den Hof im Dorf vertrat und der in allen Entscheidungen das letzte Wort behielt. Die Abhängigkeit der Ehefrauen und Töchter war entsprechend groß.

Für die Landwirtschaft brachte die Industrialisierung und Technisierung des 19. Jahrhunderts einschneidende Veränderungen mit sich, die auch die Situation der Frauen auf den Höfen berührten. So führte der erheblich ausgedehnte Anbau von Kartoffeln, Rüben und Gemüse zu einer Intensivierung der Frauenarbeit. Wie überhaupt vermutlich um die Jahrhundertwende generell die Belastung der Ehefrauen und Töchter auf den Höfen wuchs, da zunehmend Arbeitskräfte in die Städte abwanderten und viele Bauern bei steigenden Löhnen weniger fremde Leute beschäftigten und verstärkt auf die Familie zurückgriffen.

Die Einrichtung von Meiereien auf dem Lande, die allenthalben als ein großer Fortschritt angesehen wurden, da Menge und Qualität der Milchprodukte auf diese Weise stiegen, bedeutete für viele Bäuerinnen einen Verlust an Einfluß und Selbständigkeit. Hatte bisher die Milchwirtschaft, also das Melken und die Butter- und Käseherstellung sowie der anschließende Verkauf auf dem Markt, zu den Aufgaben der Frau gehört, die mit dem Geld die notwendigen Haushalts-

In der Landwirtschaft mußten Mensch und Tier gleichermaßen schuften. Milchauslieferung mit Hundekarren.

ausgaben bestritt, so lief nun das gesamte Geschäft durch die Hände des Bauern. Er war es, der mit der Meierei Abrechnung hielt und der Gattin jetzt ein Haushaltsgeld aussetzte.

Zu den Folgen der Industrialisierung zählten auch die großen Ströme der Saisonarbeiter und vor allem -arbeiterinnen, die jedes Frühjahr aus den östlichen Provinzen Deutschlands nach Sachsen, Mecklenburg und Schleswig-Holstein kamen, um hier auf den großen Zuckerrübengütern zu arbeiten. Professionelle Werber und Agenten bereisten im Winter die armen Dörfer, wo es für die Menschen nicht mehr genügend Verdienstmöglichkeiten gab, und stellten ihre Trupps zusammen. Vollmundig schilderten sie die Arbeit im »goldenen Westen« in den angenehmsten Farben, so wie es Wilhelm von Polenz 1895 in einer Szene seines Romanes *Der Büttnerbauer* beschrieb: »Dann begann er von der Arbeit zu sprechen, für die sie gemietet würden. Er meinte, die sei so leicht, jedenfalls ein Kinderspiel im Vergleich zu dem, was man in dieser Gegend von den Frauen verlange. Rüben hacken und verziehen, zur Erntezeit Getreide abraffen und binden und im Herbste Kartoffeln und Rüben roden. All die schweren und unappetitlichen Verrichtungen, die sie zu Hause tun müßten, wie: misten, jauchen, graben, dreschen, melken, karren und die Egge ziehen, fielen da weg. Auch würde da meistens in Akkord gearbeitet, ohne Aufsicht von Seiten der Dienstherrschaft. Ganz frei sei man und ungebunden.«[30]

Einmal angekommen im Westen, entpuppte sich die Realität für die Wanderarbeiter und -arbeiterinnen nur allzubald als eine mörderische Schinderei. Untergebracht in notdürftig hergerichteten Massenquartieren in Ställen und Scheunen, drangsaliert von den Vorarbeitern, mußten die Sachsengänger, wie sie hießen, zu Bedingungen im Akkord arbeiten, die Einheimische längst ablehnten. In seiner 1911 veröffentlichten Autobiographie erzählte der Landarbeiter Franz Rehbein von der Plackerei auf den Rübenfeldern, die zu einer Zuckerfabrik in Dithmarschen gehörten: »Hier werden neben den ›Importierten‹ auch einheimische Arbeiter und deren Frauen beschäftigt. Auch diese Arbeit erfordert viel Ausdauer und nicht geringe körperliche Kraft. Wenn an frostigen Herbsttagen die Rübenblätter stark bereift sind oder regnerisches Wetter einsetzt, dann weiß jeder, was er des Abends für eine Leistung hinter sich hat. Der ansässige Arbeiter ist nun zwar bemüht, die Kräfte seiner Frau hierbei nach Möglichkeit zu schonen. Die importierten Arbeiterinnen jedoch hatten auf keinerlei Schonung zu rechnen. Des Morgens in der Dunkelheit gingen sie aufs Feld, und des Abends sah man sie noch bei Laternenschein Arbeiten verrichten, die selbst für kräftige Männer schwer genug waren. Einen geradezu Mitleid erregenden Anblick gewährten diese Frauen aber, wenn sie bei schlechtem Wetter bis auf die Haut durchnäßt, hochgeschürzt, in dem schweren aufgeweichten Boden bis an die

Knöchel im Morast steckend, durch grobkörnige Zurufe des Aufsehers zu vermehrter Tätigkeit angespornt wurden.«[31]

Wenig besser erging es den Frauen in manchen Gegenden, wie in der Eifel oder im Odenwald, wo der karge Boden allein eine Familie nicht mehr ernährte. Die Ehemänner waren deshalb gezwungen, in entfernt gelegenen Industriegebieten Arbeit zu suchen, und kehrten nur in großen Zeitabständen nach Haus zurück. In diesen Dörfern bewirtschafteten die Frauen unter großen Mühen allein mit Hilfe der Kinder die kleinen Höfe, wie es Clara Viebig in ihrem Roman *Das Weiberdorf* anschaulich vor Augen führt: »Auf den Äckerchen an den Hängen schimmerten weiße Kopftücher wie hellere Flecken auf blaßgelblichem Grund – da schafften jetzt die Weiber. Aber keine Sense blitzte und legte in Schwaden das Korn nieder; die Weiber rutschten auf den Knien und schnitten den Roggen mit der Sichel, wie man Gras schneidet. Sie arbeiteten hart, der Schweiß rann in Strömen; das Hemd klebte, naß zum Auswinden, am Leib, die braunen Beine, von den Stoppeln zerkratzt, steckten nackt unterm kurzen Rock. Kein Mann zwischen den Arbeitenden; nur hier und da saß so ein Alter am Grasrain, als Aufseher, und stopfte sich die Pfeife, oder ein paar halbwüchsige Jungen hetzten mit Hot und Hahrüh eine magere Kuh, die mühsam den Pflug durch die Stoppel schleifte.«[32]

Kein Wunder, wenn unter diesen Umständen viele junge Frauen das Grausen vor dem Landleben packte und sie dem Dorf den Rücken kehrten, um in der Stadt ihr Glück zu versuchen. Waren es vor der Jahrhundertwende vor allem die Männer gewesen, die in die Städte zogen, um hier in den Fabriken ein besseres Unterkommen zu finden, hielt es nach 1900 auch die Frauen nicht mehr auf dem Lande. Konservative Beobachter sahen diese Absetzbewegung mit Sorge: »Dungbereiten, Kühemelken, Rübenhacken dünkt diese modern gekleideten Dämchen unter ihrer Würde. Die Landflucht ist allgemein. Mehr Putz, mehr Tanz, mehr Geld, das treibt die jungen Mädchen in die Städte und meist auch ins Elend. Fesseln würden sie auf dem Lande nur höhere Kultur, mehr Vergnügen und höhere Löhne. Die verheirateten

Frauen werden kaum klagen, die unverheirateten klagen über mangelnde Abwechselung und Vergnügen auf dem Lande. Der Geist der Moderne ist auch in diese Kreise eingedrungen.«[33]

Und dieser Geist erleuchtete viele, denn eine bessere Zukunft für das eigene Leben schien eigentlich nur in der Stadt möglich, von der man allenthalben so viel gehört hatte: »Die Mädchen, die nach der Stadt gezogen waren, erzählten Wunderdinge. Zuweilen kam eine zu Besuch nach Haus, dann lief das ganze Dorf zusammen, stellte sich vor der Tür auf oder lugte durch die kleine blasige Scheibe, hinter der die Heimgekehrte, in der Pelerine mit Perlenbesatz, in dem großen weißen Strohhut mit Seidenband und langer weißer Feder stand und sich von den stolzen Eltern bewundern ließ... Mit Blitzesschnelle zogen die Gestalten städtisch geputzter Mädchen an Mines innerem Auge vorüber – manch eine kam heim mit 'nem schönen Sparkassenbuch, heiratete gut oder machte auch in Berlin eine Partie, die sich sehen lassen konnte. Da lag ja ohnehin das Glück auf der Straße; leichte Arbeit, hoher Lohn.«[34]

Dienen ohne Ende

Viele dachten so, wie es hier Clara Viebig in ihrem Roman *Das tägliche Brot* der Heldin Mine in den Mund legt, und zogen, angelockt durch die Berichte von Verwandten, Nachbarn und Freundinnen, in die nächste größere Stadt, um hier in einem Haushalt zu »dienen«. Die meisten der rund 1,2 Millionen Frauen, die um die Jahrhundertwende als Dienstmädchen arbeiteten, stammten aus dem nahen Umland der jeweiligen Stadt. Ihre Stellungen fanden sie entweder über persönliche Kontakte, über Zeitungsannoncen oder auch mit Hilfe gewerblicher Dienstbotenvermittlungen – ein Gewerbe, das gerne von Frauen nebenher betrieben wurde, die vielleicht einen Gemüse- oder Lebensmittelhandel hatten oder auch als Portiersfrau in einem großen Mietshaus arbeiteten und so über gute Kontakte sowohl zu den Hausfrauen

Ist heute wohl was für mich dabei? Dienstmädchen beim Studium von Stellenanzeigen.

als auch zu den Dienstboten verfügten. Daneben gab es noch Vermittlungsbüros in den Stadtzentren, wo wie auf einem »Menschenmarkt« sich Ware und Käuferin direkt gegenüberstanden.

Bertha, ein anderes Dienstmädchen in Clara Viebigs Roman, präsentiert sich in einem solchen Büro – mit Erfolg, denn »nicht eine Dame ging vorüber, die sie nicht ansah. Sie wurde gemustert und musterte wieder. Die Aufseherin rief sie immer wieder heran, um sie vorzustellen. ›Sie suchen ein perfektes Hausmädchen – sehn Se mal, meine Dame, was?! Janz wie für Ihnen gemacht! Schick, sauber, jewandt, en hochherrschaftliches Mädel! Na, Fräulein, sprechen Se doch mal mit die Dame! Achtzig Taler – nich drunter? Ach was, Sie werden sich schon einig werden!«[35]

Aber das ging nicht so schnell, mußte die »Kandidatin« doch erst einmal einer gründlichen Prüfung seitens der Hausfrau unterzogen werden. Die wollte ja schließlich wissen, wen sie sich ins Haus holte. Das erste Augenmerk galt dem Dienstbuch mit den Zeugnissen der früheren Herrschaften. »Wird nun das Dienstbuch nicht ohne weiteres zurückgegeben, so hat man das stille Examen bestanden. Es folgt nun das mündliche: Was diese oder jene Herrschaft ist, bei der man gewesen, warum man hier und da gezogen, weshalb man jetzt zieht. Dann kommen fast immer in gleicher Reihenfolge folgende Fragen: Haben Sie einen Bräutigam? Was sind ihre Eltern? Sind Sie auch sehr sauber? Zerschlagen Sie nicht viel? Können Sie kochen, waschen, plätten? Wissen Sie mit Parquet bescheid? Können Sie mit feinen Nippsachen umgehen? Sind Sie kinderlieb? Sind Sie gesund? Gehen Sie auch nicht tanzen? Hat man diese Fragen und oft noch viel mehr zur Zufriedenheit beantwortet, so ist auch das mündliche Examen zu Ende. Nun die Lohnfrage. Ist man nach manchem Hin- und Herreden einig, so erklärt die Dame: Ausgehen können Sie alle 14 Tage, um 10 Uhr müssen Sie aber wieder zu Hause sein (wann man fortkommt, wird beharrlich verschwiegen) wenn wir aber etwas vorhaben, bleiben Sie selbstverständlich zu Hause. Zum Schluß heißt es dann: Erst möchte ich mich noch erkundigen, denn ohne Erkundigung miete ich kein Mädchen.«[36]

Die Arbeit eines Dienstmädchens war ohne Ende, vor allem, wenn sie, wie in den meisten Haushalten der Fall, die einzige Angestellte war. Wenigstens jedoch ein Mädchen zu beschäftigen galt auch bei Familien der Mittelschicht als notwendig – und zwar nicht nur aus repräsentativen Gründen, sondern um gemeinsam mit der Hausfrau die Arbeit zu bewerkstelligen. Hausarbeit geschah vor dem Ersten Weltkrieg noch fast ganz ohne technische Hilfsmittel. Moderne Geräte wie Staubsauger, elektrisches Bügeleisen und Waschmaschinen waren zwar bereits erfunden, allein ihre Anschaffung war zu kostspielig, oder es fehlte der Stromanschluß, den es nur in den wenigsten Wohnungen gab.

Schon an normalen Tagen, wenn nicht gerade Waschtag war oder Gäste erwartet wurden, gehörte in vielen Familien zu den Obliegenheiten des Dienstmädchens das »Feuer machen, Heißwasser besorgen, Eß- und Herrenzimmer reinigen, erstes Frühstück kochen, die Kinder anziehen helfen und in die Schule besorgen, Schuhe und Kleider reinigen, Kinder- und Schlafzimmer säubern und in Ordnung bringen, einholen – das ist noch eine Erholung, denn im Grünkramladen, beim Schlächter und beim Kolonialwarenhändler wird meist ein wenig geschwatzt – Gemüse und Obst putzen, Mittag bereiten, Fleisch und Speisen braten, servieren – und nach dem Essen sofort abwaschen. Nur in ganz wenigen Familien darf das Mädchen sich beim Essen ein wenig ausruhen. Gewöhnlich muß sie sofort Kaffee kochen, dann die Küche aufwischen und ordnen und nachher sofort Strümpfe stopfen, kleine Stücke waschen und plätten, einkochen oder mit den Kindern spazieren fahren. Diese Ausfahrt, wobei es oft ein Kind im Wagen schieben und mehrere andere Kinder beaufsichtigen muß, wird dem Mädchen als Erholung angerechnet, während die Frau doch nicht eine Stunde lang allein mit den

Folkloristisches aus dem Dienstbotenwesen: Spreewälder Ammen in Berlin.

Kindern sein kann, ohne vollkommen erschöpft zu sein. Nach der Ausfahrt heißt es Abendbrot besorgen, decken, abräumen und abwaschen. Wie oft kommt das Mädchen nicht dazu, eine Nadel für sich in die Hand zu nehmen und seine eigenen Sachen in Ordnung zu halten.«[37]

Aus dieser täglichen Tretmühle häuslicher Verrichtungen gab es wahrhaftig kein Entrinnen. Bestimmte doch die in Preußen bis 1918 gültige Gesindeordnung aus dem Jahre 1810, daß Dienstboten zu jeder Zeit ihrer Herrschaft zur Verfügung stehen mußten – ein 24-Stunden-Arbeitstag also. Und manche Arbeitgeber bemühten sich denn auch redlich, diesem Ziel nahe zu kommen. Von den Berliner Dienstmädchen, die Oscar Stillich um die Jahrhundertwende über ihre Arbeits- und Lebensverhältnisse befragte, gaben über die Hälfte an, sie müßten täglich mehr als 16 Stunden arbeiten.[38] Bei den meisten anderen betrug die tägliche Arbeitszeit zwischen 12 und 16 Stunden.

Das Personal gehöre schließlich in die Küche – nach dieser Devise organisierten viele »Herrschaften« auch die Unterbringung ihrer Dienstboten. Auch wenn die berüchtigten Hängeböden allmählich außer Gebrauch kamen, so erhielt doch vermutlich mehr als die Hälfte von ihnen keine eigene Kammer, sondern mußte mit einem Bett vorliebnehmen, das irgendwo im Hause in einer Ecke auf dem Korridor, in der Küche, in einem Abstellraum oder im ... Badezimmer stand: »Aber ne Badestube is nie ne Badestube. Wenigstens hier nicht. Eine Badestube ist ne Rumpelkammer, wo man alles unterbringt, alles, wo für man sonst keinen Platz hat. Und dazu gehört auch ein Dienstmädchen. Meine eiserne Bettstelle, die abends aufgeklappt wurde, stand immer neben der Badewanne, drin alle alten Bier- und Weinflaschen lagen. Und nun drippten die Neigen aus. Und in der Ecke stand ein Bettsack, drin die Fräuleins ihre Wäsche hineinstopften, und in der anderen Ecke war eine kleine Tür. Aber davon will ich zu ihnen nicht sprechen, weil ich einen Widerwillen gegen Unanständigkeiten habe ...«[39]

Die meisten Dienstboten wurden als sogenannte »Mädchen für Alles« engagiert. Mancher Hausherr wie auch des-

Und die Herrschaft blicket stumm... Hausmädchen in bürgerlicher Wohnung um 1900.

sen Sohn verstanden dies mitunter nur allzu wörtlich, so daß es vielen Dienstmädchen erging wie der sechzehnjährigen Anna Mosegaard Ende der 1890er Jahre. Nachdem der erste »Gnädige Herr« ihr nachgestiegen war, suchte sie sich eine neue Stelle. Doch auch hier traf sie es keineswegs besser. »Ich kam nun zu einem jungen Ehepaar, der Mann war Rechtsanwalt. Das Schlafzimmer, das ich mit der Köchin teilen mußte, lag hinter der Küche und diente nebenbei zur Aufbewahrung schmutziger Wäsche. Der Weg zum Klosett ging durch unseren Schlafraum. Die Türe dazu durfte deshalb nicht verschlossen werden; der Herr Rechtsanwalt pflegte nämlich jeden Abend, wenn er aus dem Klub nach Hause kam, noch einmal das Abort aufzusuchen. Für ein junges Mädchen ist es gerade kein beruhigendes Gefühl, zu wissen, daß jede Nacht ein Mann durchs Schlafzimmer geht. Von der unhygienischen und ekelhaften Seite der Nachbarschaft des Klosetts will ich nicht erst reden. Doch zurück zur Hauptsache. Durch einen Lichtschein geweckt und geblendet, öffne ich eines Nachts die Augen und erblicke einen sehr angeheiterten königlich preußischen Leutnant mit einer Kerze in der Hand vor meinem Bette.«

Verständlich, daß Anna auf den Besuch uniformierter Nachtgespenster dieser Art keinen Wert legt. Aber auch die dritte Stelle, diesmal bei einem wohlhabenen Fabrikanten, erwies sich als ein böser Reinfall, denn Anna bekam es hier einmal mehr mit der Belästigung der üblichen Art zu tun: »Mann und Frau führten eine ganz konventionelle Ehe, die nur unter dem Druck äußerer Umstände zusammenhielt. Als die heiße Zeit nahte, suchte die Gnädige in einem Seebad Kühlung. Die beiden jüngsten Kinder und den Strohwitwer überließ sie meiner Obhut. Mir ahnte nichts Gutes, und meine Befürchtungen trafen ein. Im Beisein seiner Kinder machte mir der Herr schamlose ›Liebeserklärungen‹. Als alle Versprechungen ihn nicht zum Ziele brachten, wollte er Gewalt brauchen, als er mich eines Tages allein zu Hause antraf. Mit knapper Not entkam ich ihm und hatte für alle Zeit genug von der vielgepriesenen Sittlichkeit der ›besseren Leute‹.«[40]

Monotonie im Akkord

Wie viele Frauen hatte jetzt auch Anna Mosegaard die Nase voll vom Dienstbotendasein und ging in die Fabrik. Hier war die Arbeit zwar lang und hart – der zehnstündige Maximalarbeitstag für Frauen wurde erst 1910 eingeführt – aber irgendwann am Abend war doch Schluß, und sowohl der Sonnabendnachmittag wie der Sonntag waren frei. Obwohl der Frauenlohn, verglichen mit dem der Männer, wesentlich niedriger war, so übertraf er doch den der Dienstboten um das Doppelte. Alles Gründe also, sich in die Schar der Fabrikarbeiterinnen einzureihen, deren Zahl seit den 1880er Jahren entsprechend kontinuierlich anstieg. Zählte man 1892 noch knapp 650000 Fabrikarbeiterinnen in Deutschland, so gab es 1912 bereits mehr als 1,5 Millionen.[41] Frauen fanden vor allem in der Textil- und Bekleidungsindustrie und im Nahrungs- und Genußmittelgewerbe eine Beschäftigung.

Frauenarbeit in der Industrie – das waren überwiegend äußerst monotone Tätigkeiten im Akkord, die bei der Mechanisierung der Produktion »übriggeblieben« waren, wie Sortieren, Zählen oder Verpacken. Bei dieser Art von Beschäftigung, für die weder eine besondere Qualifikation noch große Einarbeitung nötig waren, konnte es den Frauen ziemlich egal sein, in welcher Fabrik sie gerade beschäftigt waren, so daß der Arbeitsplatz häufig gewechselt wurde – immer auf der Suche nach Abwechslung und besserem Verdienst.

In ihrer 1908 anonym erschienenen Autobiographie beschreibt eine junge Arbeiterin anschaulich ihr ständiges Umherziehen von einer stupiden Beschäftigung zur anderen. Nachdem sie als Dienstmädchen in verschiedenen Familien gewesen war, begann sie zunächst in einer Papierwarenfabrik, wo sie Briefpapier zu falzen, abzuzählen und mit Kuverts zusammen zu verpacken hatte. Nach Auseinandersetzungen mit dem Vorgesetzten wechselte sie in eine Kartonagefabrik und bereitete an einer Maschine geschnittene Kartons zu. Nach nur zwei Wochen, da sie das lange Stehen nicht vertrug, folgte eine Stelle als Kindermädchen; anschließend arbeitete sie nacheinander in einer Hosenträgerfabrik und in einer Fischräucherei, nähte Strohhüte, packte in einer Bonbonfabrik Glückstüten – »flog aber bald hinaus, weil ich selbst mehr Bonbons aß, als ich in die Tüte steckte« –, war Tabakarbeiterin in einer Zigarrenfabrik und schuftete in einer Glashütte: »Nur ging der Dienst leider von vier Uhr nachts bis vier Uhr nachmittags, und die Woche darauf umgekehrt, was durch die Hitze sehr anstrengend war. Eigentlich war unsere Arbeit eine solche, die von Männern hätte ausgeführt werden müssen, denn wir hatten die glühenden Flaschen auf besonderen Schaufeln mit langen Stielen nach dem Kühlraum zu bringen und hatten dabei von der Hitze übermäßig zu leiden.«[42]

Die Arbeit so häufig zu wechseln war im Grunde nur für die unverheirateten Arbeiterinnen möglich. Die meisten Frauen gaben ihre Arbeit außer Haus nach der Heirat, spätestens aber nach der Geburt des ersten Kindes auf. Viele waren dabei gezwungen, bis unmittelbar zum Zeitpunkt der Geburt in der Fabrik zu bleiben – mit allen Folgen für die Gesundheit von Mutter und Kind, wie Marie Baum, die als staatliche Fabrikinspektorin in Baden tätig war, 1905 schrieb. Für die Hochschwangeren bedeute dies »elfstündiges Stehen am Webstuhl, am Waschfaß, mit geschwollenen Beinen und Krampfadern an den Füßen, ohne anderes Ausruhen als minutenweises verstohlenes Niedersitzen auf harten Bänken oder Kisten; es bedeutet schwere Füße; es bedeutet im besten Falle die Besorgung der eigenen Wirtschaft und der Kinder. Wer öfter Gelegenheit hat, hochschwangeren Frauen bei der Erwerbsarbeit zuzusehen, weiß, daß hier eine Quelle schwerer körperlicher und seelischer Leiden der Frau vorliegt.«[43]

Seit 1891 war für die Fabrikarbeiterin nach der Geburt eine sechswöchige Arbeitsunterbrechung vorgesehen. Diese gesetzlichen Bestimmungen, die nicht für Landarbeiterinnen oder Dienstboten und Heimarbeiterinnen galten, wurdenin der Praxis jedoch nur allzu häufig unterlaufen, schon aus dem einfachen Grunde, weil das Geld nicht ausreichte. Die Unterstützung der Wöchnerinnen, die die Krankenkassen zu zahlen hatten, entsprach dem halben Tagelohn.

Kämpfen für eine bessere Zukunft

Wie die Arbeiter, so suchten auch die Arbeiterinnen ihre Lage durch Streiks und die Gründung eigener Organisationen zu verbessern. In zahlreichen Arbeitskämpfen, vor allem seit den

1890er Jahren, erstritten sich Frauen höhere Löhne und bessere Arbeitsbedingungen. So traten 1896 in verschiedenen deutschen Städten Konfektionsarbeiterinnen erfolgreich in den Ausstand und erreichten vielerorts die Einführung von Mindesttarifen und Lohnerhöhungen.

Die Probleme, die Frauen mit den überlangen Arbeitszeiten hatten, wurden 1903/4 schlaglichtartig beleuchtet durch den 21wöchigen Streik in den Textilfabriken der sächsischen Industriestadt Crimmitschau. Über die Hälfte der mehr als 9000 Streikenden, die höhere Löhne und die Einführung des 10-Stunden-Tages forderten, waren Arbeiterinnen, die unter den Verhältnissen am stärksten litten. »Diese Frauen hatten seit ihrem 12. Lebensjahr gearbeitet, noch bevor die Kinderarbeit bis zum Alter von 14 Jahren gesetzlich verboten wurde«, schrieb Alice Salomon, die sich vor Ort informiert hatte. »Mit vierzehn Jahren arbeiteten sie dann ganztägig. Nach ihrer Heirat arbeiteten sie weiter und das erste Kind

Der Kampf geht weiter: Streikende Textilarbeiterinnen aus Crimmitschau in Sachsen.

wurde den Großeltern überlassen. Wurden mehr als zwei Kinder geboren, blieb die Mutter zu Hause und besserte ihre Einkünfte dadurch auf, daß sie auf die Kinder anderer aufpaßte. Familienleben gab es nicht. Es waren die Frauen, die den Streik aufrechterhielten und die mit der größten Erbitterung kämpften.«[44] Gegen den entschlossenen Widerstand der Unternehmer, die die Streikenden aussperrten und dann unter Polizeischutz mit Streikbrechern die Produktion wieder aufnahmen, vermochten die Arbeiter und Arbeiterinnen sich jedoch nicht durchzusetzen, der Streik wurde ergebnislos abgebrochen.

Die Organisierung der Arbeiterinnen gestaltete sich im allgemeinen schwierig. Da viele Frauen ihre Tätigkeit in der Fabrik lediglich als eine Übergangsphase bis zur Heirat ansahen, waren sie nur schwer für den Eintritt in die Gewerkschaften zu gewinnen. Schon die geforderten Mitgliedsbeiträge bildeten bei den geringen Frauenlöhnen eine ernste Hürde. So betrug 1900 der Frauenanteil in den freien Gewerkschaften lediglich 3,3 % und stieg auch bis 1913 nur auf magere 8,8 %.

Seit den 1880er Jahren hatte es erste Versuche der Arbeiterinnen gegeben, sich in eigenen Vereinen zu organisieren und gemeinsam für eine Verbesserung der Arbeitsverhältnisse, für gleichen Lohn und die rechtliche Gleichstellung zu kämpfen. »Noch unter dem Sozialistengesetz«, berichtet Ottilie Baader in ihren Lebenserinnerungen, »getrauten sich die Arbeiterinnen schon Vereinigungen zu bilden. Wir hatten z. B. eine Lokalorganisation der Schäftearbeiter und -arbeiterinnen gegründet. Die erste Versammlung, die von dieser Organisation veranstaltet wurde, hatten wir Frauen sowohl einzuberufen wie zu leiten. Das war uns noch etwas Ungewohntes und erschien uns als ein ganz besonders feierliches Ereignis. Die einleitenden Worte, die uns vor allem wichtig erschienen, wurden zu Hause sorgfältig eingeübt, und zu der Versammlung hatten wir uns unsere besten Kleider angezogen, und um es besonders gut zu machen, uns sogar frisieren lassen.«[45]

Derartige Vereinigungen wurden jedoch alsbald von der Polizei verboten. Eine Handhabe dazu boten die Vereinsgesetze, die in zahlreichen deutschen Bundesstaaten Frauen die Mitgliedschaft in Parteien und politischen Vereinen untersagten und sie auch von der Teilnahme an Versammlungen ausschlossen. So hieß es in dem in Preußen bis 1908 gültigen Vereinsgesetz aus dem Jahre 1850: »Für Vereine, welche bezwecken, politische Gegenstände in Versammlungen zu erörtern, gelten... nachstehende Beschränkungen: a) Sie dürfen keine Frauenspersonen, Schüler, Lehrlinge als Mitglieder aufnehmen b)...Frauenspersonen, Schüler und Lehrlinge dürfen den Versammlungen und Sitzungen solcher politischer Vereine nicht beiwohnen. Werden dieselben auf die Aufforderung des anwesenden Abgeordneten der Obrigkeit nicht entfernt, so ist Grund zur Auflösung der Versammlung oder Sitzung... vorhanden.«[46]

Solche Bestimmungen gaben den Polizeibehörden weitreichende Möglichkeiten, unliebsame Versammlungen aufzulösen oder gar nicht erst zu genehmigen. Unter diesen Umständen galt es Auswege zu finden, und so kam es zu denkwürdigen Feiern, wie beispielsweise 1891 in Elmshorn, wo den Frauen die Teilnahme an einem Arbeiterfest verboten wurde. Doch man arrangierte sich: »Die Männer mußten unter sich tanzen, die Frauen waren im Nebensaal und sangen revolutionäre Lieder.«[47]

Um diese vereinsrechtlichen Klippen zu umschiffen, entstanden im Umkreis der Sozialdemokratischen Partei vielfach Frauenbildungsvereine und sogenannte Frauenagitationskommissionen. Nachdem die Behörden jedoch auch diese Formen der Organisation für »politisch« erklärt und dementsprechend unterdrückt hatten, behalfen sich die Arbeiterinnen mit einem informellen System von Vertrauenspersonen, die jeweils von den Frauen in Vollversammlungen gewählt wurden. Diese Art der Verbindung bot wenigstens einen losen Zusammenhalt und hatte den Vorteil, daß die Polizei eine einzelne Person nicht zu einem »politischen Verein« erklären und verbieten konnte. 1900 wurde die Heimarbeiterin Ottilie Baader auf der ersten sozialistischen Frauenkonferenz zur »Zentralvertrauensperson der Genossinnen Deutschlands« gewählt.

Mit dem neuen Vereinsgesetz, das 1908 endlich in Kraft trat, erhielten Frauen erstmals die Möglichkeit, sich politischen Parteien anzuschließen. Luise Zietz, die erfolgreichste Agitatorin der sozialistischen Frauenbewegung, erhielt 1908 als erste (und einzige) Frau einen Sitz im sozialdemokratischen Parteivorstand. Bis 1914 traten 175 000 Frauen der SPD bei, was einem Anteil von etwa 16 % entsprach.

Was die Führungsposten oder beispielsweise die Redebeiträge während der Parteitage anging, so blieben die Genossinnen erheblich unterrepräsentiert. Wohl hatten die Sozialdemokraten bereits in ihrem Erfurter Programm von 1891 als erste und vor 1918 auch als einzige deutsche Partei die Forderung nach »Abschaffung aller Gesetze, welche die Frau in öffentlich- und privatrechtlicher Beziehung gegenüber dem Manne benachteiligen« erhoben; Papier erwies sich jedoch auch in diesem Fall als geduldig, und so darf von diesen hehren Grundsätzen nicht unbedingt auf sozialdemokratische Praxis geschlossen werden. Viele Genossen machten aus ihrer Ablehnung von Emanzipation und Gleichberechtigung der Frau keinen Hehl und verhielten sich gegenüber den Forderungen der Arbeiterinnen wenig hilfreich. Sozialdemokraten reagierten da zunächst nicht viel anders, als es andere zeitgenössische Männerrunden auch taten. »Man sah uns als Frauen unter den Männern nicht gern«, beschrieb Klara Weyl später ihre Eindrücke aus der Berliner Parteiorganisation. »Ich kam in die erste Sitzung, und meine Männer suchten ihre Courage zu zeigen, indem sie die niederträchtigsten Ausdrücke gebrauchten, sie suchten die hässlichsten und gemeinsten Worte, um mich zu ärgern...«[48] Sie ließ sich jedoch nicht einschüchtern und drohte ob dieser Behandlung mit einer Beschwerde beim Parteivorstand. Mit Erfolg – die Männer entschuldigten sich, und fortan war Ruhe.

Nicht jede Frau war aber so selbstbewußt, und manch eine scheiterte deshalb schnell an der männlichen Abwehr. Galt dies schon für die unverheiratete Arbeiterin, so noch viel stärker für die Ehefrauen, mit deren Emanzipation sozialdemokratische Ehemänner kaum weniger Probleme hatten als andere Gatten. Als es bei einer Parteiversammlung in Hamburg um die geringe Beteiligung von Frauen an Veranstaltungen ging, war den Anwesenden die Ursache klar: »Die Schuld treffe die eigenen Männer, weil sie größtenteils den Frauen das Versammlungsgehen verböten, behauptend, daß sie nur den Haushalt zu besorgen, Strümpfe zu stopfen u. dergl. hätten, welches doch vollständig verkehrt sei; denn wenn eine Frau den Unterhalt mitverdienen müsse, stehe ihr auch das Recht zu, ihre Lage selbständig zu verbessern.«[49] Die Erfahrung, daß traditionelle Vorstellungen auch das Privatleben sozialdemokratischer Größen prägte, machte auch Lily Braun. Zu Gast in einer Abendgesellschaft beim Vorsitzenden August Bebel, sah sich die prominente Sozialistin nach dem Essen in eine Damenrunde abgeschoben, die lebhaft über Fleischpreise und Kochrezepte diskutierte, derweil die Herren mit ihren Zigarren im Nebenzimmer unter sich blieben und politisierten.

Unangefochten an der Spitze der proletarischen Frauenbewegung, die sich als Teil der Arbeiterbewegung und nicht als eigenständige Frauenbewegung begriff, stand die ausgebildete Lehrerin Clara Zetkin. Sie war seit 1891 Herausgeberin der *Gleichheit*. Die Zeitschrift, die sich speziell an die Arbeiterinnen wandte, erreichte nach der Jahrhundertwende eine stetig steigende Auflage, die 1914 mit 124000 Exemplaren ihren Höhepunkt erreichte. Um für die Ziele der sozialistischen Frauenbewegung zu werben, war die Prominenz ständig auf Achse. So hielten Clara Zetkin, Luise Zietz und Emma Ihrer jedes Jahr Hunderte von Vorträgen an den verschiedensten Orten. Vor allem Luise Zietz galt als mitreißende Rednerin, deren mit Witz und Ironie gespickten Ansprachen mühelos auch große Säle füllten.

Am 19. März 1911 wurde in Deutschland erstmals der internationale Frauentag begangen. Im Mittelpunkt der Flugblattaktionen, Demonstrationen und Versammlungen mit mehreren Zehntausend Teilnehmerinnen stand die Forderung nach dem Frauenwahlrecht. Alle diese Aktivitäten erreichten jedoch nur eine Minderheit der Arbeiterfrauen, die meisten von ihnen waren vollauf damit beschäftigt, die alltäglichen Anforderungen zu bewältigen.

Im Schnellschritt zwischen Fabrik und Haushalt

Um die Jahrhundertwende stieg die Zahl derjenigen Frauen, die trotz Kindern gezwungen waren, weiterhin einer Fabrikarbeit nachzugehen, was für sie schier unerträgliche Belastungen mit sich brachte. So wurde 1899 über den Tagesablauf verheirateter Arbeiterinnen im Unterelsaß berichtet: »Je nach der Entfernung der Wohnung von der Fabrik, nach dem Beginn der Fabrikarbeit und je nach dem Arbeitsbeginne des Mannes steht die Frau um 3½, 4, 4½ oder 5 Uhr auf. Nur in den Städten gestatten zuweilen jene Voraussetzungen, daß sie bis 5½ Uhr ruhen kann. Dann wird das Frühstück für Mann, Frau und Kinder zubereitet und genossen, das Abends vorher schon vorbereitete und angekochte Essen aufs Feuer gebracht und – wenn Mann und Frau oder eines von ihnen Mittags nicht heimkehren kann – für diese in Blechtöpfe gefüllt, für die Kinder zum Wärmen hergerichtet. Die Kinder werden dann angekleidet, wenn sie größer sind schulfertig gemacht, wenn kleiner und der Aufsicht und Wartung bedürftig, genährt und zur Hütfrau getragen; wo eine Krippe vorhanden ist oder eine Bewahrschule, werden die Kleinsten und Kleinen diesen viel billigeren Anstalten anvertraut. Von da geht es zur Fabrik. Entfernungen von 2 bis 3 Kilometer gelten als nahe, es gibt aber zahlreiche Arbeiterinnen, welche täglich 10–12 Kilometer auf ihren Fabrikwegen zu Fuße zurücklegen müssen. Danach die nur von der Kaffee-, Vesper- und Mittagspause unterbrochene Tagesarbeit. Wo die Frauen während der Mittagspause heimgehen, stellt sich diese angebliche Ruhezeit als regelmäßige Arbeit dar. Im Schnellschritt eilt die Frau heim, macht Feuer, setzt die in Scheiben geschnittenen Kartoffeln auf, wärmt das vorher fertig gestellte Essen und speist mit den Angehörigen, denen sie die weitere Haussorge überlassen muß, um den Beginn der Fabrikarbeit nicht zu versäumen. Manch eine hat in der kurzen Pause auch noch den in der Obhut älterer Kinder belassenen Säugling zu nähren, oder Kranke oder Altersschwache zu versorgen und in Ordnung zu bringen, bevor sie das Haus verläßt. Abends dasselbe, Abendessen, Schularbeiten der

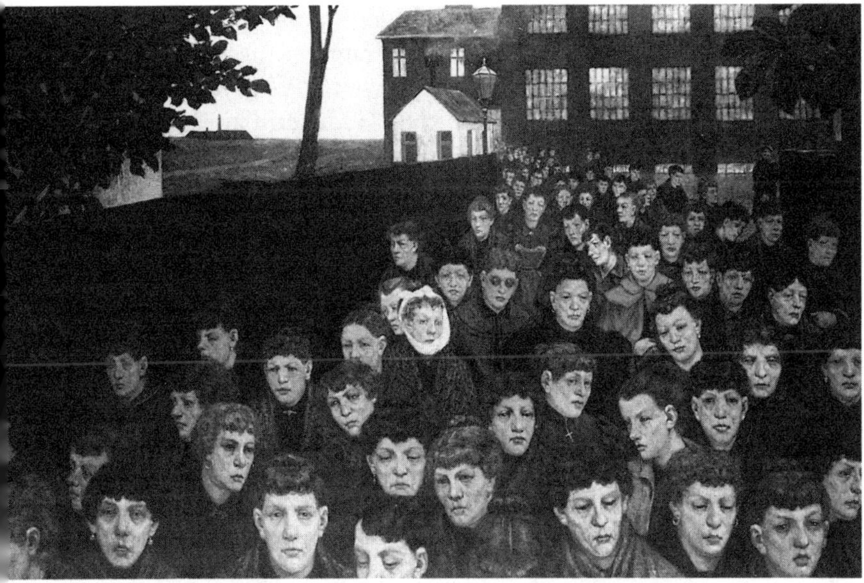

Die tägliche Plackerei ist nach Feierabend noch nicht vorbei.
»Arbeiterinnen« von Hans Baluschek.

Kinder, Flicken und Waschen der Kleider und Wäsche, Vorbereitung des Essens für den anderen Tag.«[50]

Dieses Leben zu führen, bedeutete für die Frauen einen Arbeitstag von mehr als sechzehn Stunden. Aber auch für die Mehrzahl derjenigen, die zu Hause blieben, hieß das noch lange nicht, daß sie sich »nur« noch mit Hausarbeit, Kindern und Mann abzugeben hätten. Die meisten Arbeiterfamilien waren darauf angewiesen, daß die Ehefrauen auf die eine oder andere Weise zum Familienbudget beitrugen. Gerade in der Zeit, in der die Kinder noch klein waren und nichts zum Einkommen beisteuern konnten, die Ausgaben demgegenüber jedoch stiegen, durchliefen die Familienfinanzen eine äußerst kritische Phase. Viele Frauen suchten daher als Zeitungsbotin oder Wäscherin etwas Geld zu verdienen. Clara Viebig beschrieb in ihrem Roman *Das tägliche Brot*, wie die Heldin Mine eine »Aufwartestelle« bei einem Fräulein annimmt, was für den Unterhalt aber nicht reicht, da der Gatte nur wenig oder nichts verdient: »Mine suchte Reinemach-

und Waschstellen. Vor der Filiale des Lokalanzeigers faßte sie Posten und stürzte sich auf das erste verausgabte Arbeitsnachweisblatt. Sie scheute keinen weiten Weg. So gelang ihr, als Reinemachfrau in Moabit, als Wäscherin am Halleschen Tor und in Charlottenburg, zur Aushilfe am Sonnabend in der Friedrichstadt anzukommen. Die Herrschaften sahen ihre derbe Figur und versprachen sich eine tüchtige Arbeitskraft.«[51]

Die Vielzahl der Aufgaben, die Arbeiterfrauen bewältigen mußten, verschaffte ihnen innerhalb der Familie nicht selten eine dominierende Stellung. Kindererziehung, Einkäufe, Essen, überhaupt das familiäre Budgetrecht – die Frau bestimmte in vielen Bereichen im Haushalt, wo es lang ging. Minna Wettstein-Adelt, die Anfang der 1890er Jahre die proletarischen Lebensverhältnisse erkundete, befand denn auch:

Viele Frauen waren darauf angewiesen, als Wäscherinnen etwas dazuzuverdienen.

»Was die Stellung der Frau als Herrin im Haushalt anbelangt, so kann sie meist nach Gutdünken einkaufen, schalten und walten. Sie ist vom Manne weniger unterjocht als die Frau des Kleinbürgers, die sich oft keinen Weg erlaubt, ohne den Mann um Rat zu fragen.«[52] Doch sollte uns diese relative Eigenständigkeit, die mehr einem Sachzwang als einer freien Entscheidung folgte, nicht zu falschen Folgerungen verführen: Der patriarchalische Zuschnitt der Arbeiterfamilien blieb weitgehend unangetastet. Das reichte bis hin zur Verteilung der Essensportionen, wie 1908 die Untersuchung einer Gewerkschaft ausführte. Es sei eben so, heißt es in dem Bericht, der schwerarbeitende Mann »bekommt von der vorhandenen Nahrung den größten Teil, auch die Kinder erhalten so viel wie möglich. Übrig bleibt in den meisten Fällen die Mutter; sie begnügt sich mit Schmecken, wenn zu wenig da ist, und lebt von Brot, Kaffee und Kartoffeln. Die Frau des Arbeiters bringt sich der Familie täglich zum Opfer. Wenn alle nicht mehr rufen, dann ist sie zufrieden, wenn sie auch hungert.«[53]

Zu einem wichtigen Erwerbszweig der verheirateten Arbeiterfrauen wurde die Heimarbeit, die in bestimmten Branchen, wie in der Tabak- und in der Bekleidungsindustrie, um 1900 eine große Rolle spielte. Auf den ersten Blick bot diese Form der Lohnarbeit den Frauen die Möglichkeit, Geldverdienen, Hausarbeit und Kinderbetreuung unter einen Hut zu bringen – doch in Wirklichkeit wurde sie auch hier zwischen den unterschiedlichen Anforderungen schlicht aufgerieben. Die extrem niedrigen Löhne, die es etwa für die Anfertigung von Wäsche oder Kleidungsstücken gab, verlängerten die Arbeitszeit derart, daß für Kinder und Haushalt keine Zeit blieb – was wiederum viele bürgerliche Beobachter in Harnisch brachte, die in den Proletarierhaushalten nur Chaos und Elend feststellten und dies dem Mangel an hausfraulichen Fähigkeiten der Frauen zuschrieben.

In seiner Untersuchung über die Verhältnisse in der Heimindustrie schilderte Robert Wilbrandt 1906 die erbärmliche Situation der Betroffenen am Beispiel der Frau eines Bauklempners: »Er verdient 28 Mk. in der Woche (also rund

120 Mk. im Monat), ist aber im Winter zwei Monate arbeitslos und muß für die auf 320 Mk. jährlich gestiegene Miete mehr als ein Viertel seines Lohns ausgeben, um nach der Straße wohnen und so etwas Luft und Grün haben zu können. Sie ist daher genötigt mitzuerwerben und näht schon jahrelang Knabenjacketts, von morgens 7 Uhr an, im Winter bis abends spät, bringt so am Tag 3 Stück zu je 50 Pf. fertig und verdient also 1,50 Mk. am Tag, in der Woche 9 Mk. Sie hat einen kleinen Jungen, dieser kommt fast gar nicht hinaus, nur wenn sie liefern geht; ihn ohne Aufsicht fort zu lassen wagt sie nicht. Sie klagt über schlechte Augen, Reißen und angegriffene Nerven.«[54]

Beengte Wohnverhältnisse führten üblicherweise dazu, daß sich alles – Arbeit, Essen, Schlafen – in einem Raum abspielte. Ob nun die Frau allein die Heimarbeit betrieb oder ob die gesamte Familie gemeinsam auf diese Weise ihren Unterhalt zu verdienen suchte: Die Belastungen als Ehefrau und Mutter kamen auf jeden Fall zusätzlich für jede Frau hinzu.

Höhere Töchter auf eigenen Wegen

Es gibt Dinge, die auch eine Frau nicht aus den Tiefen ihres Gemütes schöpfen kann. So hat neulich Baron Schwarzburg von Livland gesprochen, und ich habe nicht gewußt, wo das liegt, und mein Herz hat es mir auch nicht gesagt.

Marie von Ebner-Eschenbach,
Komtesse Paula

Trotz aller Emanzipationsbestrebungen, die die Zeit um die Jahrhundertwende prägten, träumten die meisten jungen Mädchen wohl weiterhin eher von einem Märchenprinzen als vom Abschluß eines Universitätsstudiums. Die junge Hamburger Senatorentochter Charlotte Vollrad, die uns in einem Roman von Ida Boy-Ed begegnet, hat ganz klare Vorstellungen von ihrem Zukünftigen. »Sie hatte in ihren vielen einsamen Stunden viele Romane gelesen, harmlose, weltfremde Bücher, welche das Bild des Lebens zurecht gruppierten und schön auffärbten, für die Auffassung ›höhere Tochter‹. Und dabei hatte sie dann davon geträumt, daß auch einmal in ihr Leben der hohe gebieterische Mann mit dem wallenden schwarzen Bart und dem vernichtenden Blick treten werde. Sie hatte sich genau ausgedacht, wie er mit bleicher Hand sich den herrlichen Bart streicheln werde. Und seine Augen hatte sie im voraus gekannt: Sie waren lodernd, dunkel und sahen sie an, wie man ein Wunder anstaunt, das Wunder der Liebe.«[1]

Die Schule war zu Ende, ein Kavalier hatte seine Visitenkarte noch nicht abgegeben – was also anfangen? Für viele »höhere Töchter« am Ende des 19. Jahrhunderts begann nach dem Abschluß der Schule eine Zeit der Leere, Langeweile und der vagen Hoffnung auf den Traummann.

Wenn das Wunder der Liebe jedoch auf sich warten ließ,

setzte vielfach Beklemmung ein. Denn das Gespenst der »alten Jungfer« drohte am Horizont – und die Zeit einer Frau lief nach damaligem Verständnis geschwind ab: »...inzwischen war ich einunddreißig Jahre alt geworden. Für kein Weib eine erfreuliche Zeit – kaum wenn sie zufrieden mit Mann und Kindern lebt – und bitter, wenn sie der Einsamkeit des Alters entgegensieht.«[2]

Schwestern oder die Balance des Leidens

Der selbstlose Dienst an den Familienangehörigen bot sich für viele Frauen als Lebensaufgabe an, und oft wurden sie schon als junge Mädchen darauf vorbereitet. Die Autoren der zahlreichen Anstandsbücher hatten detaillierte Vorstellungen von der idealen Tochter. Die »wirklich wohlerzogene Tochter« solle »für den Vater der Sonnenstrahl des Hauses sein, ihm kleine häusliche Lieblingswünsche von der Stirn ablesen, mit emsiger Geschäftigkeit sorgen für seine Bequemlichkeit, wenn er müde und abgespannt heimkehrt von des Tages Last und Mühen, die kleinen Geschwister dann besonders ruhighalten, ihm Hut, Stock und Überzieher abnehmen und ihm dafür die Hausschuhe, die im Winter gewärmt sein müssen, und den Hausrock eintauschen. Sie soll sein Pfeifchen vorbereiten...«[3] Und so weiter – nicht zu vergessen, zählte es natürlich auch zu den töchterlichen Bestimmungen, der Mutter im Haushalt eine Stütze zu sein und dem Bruder »kleine häusliche Wünsche zuvorkommend zu erfüllen«.

Glücklich machte dieser aufgedrängte Lebensentwurf jedoch nicht unbedingt, zumal es für Töchter, die ohnehin in ihrer Freizügigkeit weitgehend eingeschränkt waren, auch in der Familie häufig wenig Möglichkeiten gab, für sich zu sein.

»Es ist wahr, daß sie (nach dem Umzug nach Stockholm) kein eigenes Zimmer mehr hatte wie in Gävle. Sie mußte auf einem Sofa im Wohnzimmer schlafen. Wenn sie Schularbeiten macht, dringen oft laute Stimmen – die Frau Oberst war ja mit den Jahren schwerhörig geworden – aus dem Salon herüber. In Fattigadel sollte Agnes von Krusenstjerna es als empörende Ungerechtigkeit einklagen, daß sie in diesen ersten Stockholmer Jahren kein eigenes Zimmer hatte, und mit unbehaglicher Intensität schildert sie, wie unwohl sie sich in der Wohnung im Karlaväg fühlt, das senile Geplapper im Salon, das sich wie ein klebriger Belag in die Falten des Vorhangs legte, der zwischen Salon und Eßzimmer hing.«[4]

Die Rede ist von der schwedischen Dichterin Agnes von Krusenstjerna. Die Wohnung war übrigens durchaus nicht klein – aber eine Familie, die auf sich hielt, brauchte eben Wohnzimmer und Salon, und deshalb mußte die fünfzehnjährige Tochter im Wohnzimmer logieren. Daß der Bruder ein eigenes Zimmer hatte, versteht sich dagegen von selber. Das findet zumindest Agnes von Krusenstjernas Biograph Olof Lagercrantz, dem wir obige Zeilen verdanken. Agnes' Klagen darüber, daß sie im elterlichen Haus durch dieses Wohnarrangement keinerlei Privatsphäre hatte, tut er als unberechtigte Quengelei einer verwöhnten Göre ab. – Herr Lagercrantz ist selber auch ein bekannter Autor, und deshalb wissen wir, daß er als Kind selbstverständlich immer ein eigenes Zimmer hatte.

Die Leiden der jungen Agnes aber sind typisch für unsere Epoche – zwar waren in Deutschland Schwestern den Brüdern gesetzlich gleichgestellt, konnten also im Erbrecht nicht benachteiligt werden, wie zum Beispiel in England, aber Sitte und Brauch sorgten dafür, daß ansonsten die Brüder bevorzugt wurden.

Von Sitte und Brauch profitierten auch die Väter, denen eine Tochter oft zur unbezahlten Sekretärin und Haushälterin wurde – und so schildert die beliebte englische Kinderbuchautorin Elsie Oxenham in ihrem ersten Buch die Probleme einer Schriftstellerin, die nicht zum Schreiben kommt, weil ihr ebenfalls schreibender Vater ihre Dienste in Anspruch nimmt. Mindestens ebenso häufig führte jedoch die unverheiratete Schwester dem Bruder den Haushalt und erwies ihm auch sonst allerlei Dienste – denkbar war schließlich auch ein Übergang von einem zum anderen. Der Tod des Vaters brachte der Tochter dann keine Befreiung, sondern neue Verpflichtungen als ihres Bruders Hüterin.

Solch ein Fall ist Marulla Hesse. Im Jahre 1902 arbeitete sie als Hauslehrerin bei einer baltischen Adelsfamilie – und da gefiel es ihr gut. Aber dann starb ihre Mutter, und Marulla wurde als Sekretärin und Pflegerin ihres Vaters gebraucht – und hätte doch immer gern etwas anderes gemacht. Über ihr Leben mit ihrem Vater schrieb sie: »Da Vater niemals allein sein will, bin ich stets für ihn bereit. Alles für ihn geht durch meinen Mund, meine Augen und vor allem durch meine Feder. Dieses Verbundensein gibt einem das Gefühl, unentbehrlich zu sein. Oft empfinde ich dies als bedrückend. Ich habe dann das Gefühl einer bemitleidenswerten Leere.«[5]

Leere oder Idylle?

Ihr Bruder Hermann war von solchen Belastungen befreit – er durfte reisen, schreiben und Nobelpreise entgegennehmen – und nach dem Tode seines Vaters die Dienste seiner Schwester wie selbstverständlich für sich beanspruchen. Wie sehr sie unter diesem Leben litt, hat er nie begriffen. 1953 beschrieb er in einem Nachruf auf seine Schwester ihr bedrükkendes Leben als pure Idylle: »Und wenn Du mir am Abend vorlasest, mir englische Texte auszugsweise übersetztest, mir klipp und klar über etwas, was Du auf meine Bitte hin gelesen hattest, Bericht gabst, dann konnte ich mir das Leben vorstellen, das Du mit unserem Vater in den Jahren seiner Witwerschaft geführt hast, Helferin und Kamerad.«[6]

Immerhin hatte ein Bruder seiner Schwester nichts zu befehlen, das konnte nur ein Vater. Der norwegische Offizier und Diplomat Juel, der sich zeit seines Lebens den Wind der europäischen Metropolen um die Nase hatte wehen lassen, befand, nachdem er sich schließlich auf einem Landgut bei Oslo niedergelassen hatte, seine Tochter Astrid sei zu kränklich zum Heiraten und müsse ihm deshalb den Haushalt führen. Ihre Schwester Dagny dagegen lebte derweil in Berlin.

Dagny Juel, die sich auch als Autorin einen Namen machte, galt zunächst in Deutschland, schließlich aber in ganz Europa als Königin der Bohème. Sie hielt Hof in der berüchtigten

Künstlerkneipe »Zum schwarzen Ferkel« in Berlin, und unter ihren Liebhabern finden wir so illustre Namen wie den Lyriker Richard Dehmel, den Kunstkritiker Julius Meier-Graefe, die Schriftsteller Johannes Schlaf, August Strindberg und Stanislaw Przybischewski (ihren späteren Ehemann) und den Maler Edvard Munch. Warum der alte Juel Heiraten für gesundheitsschädlicher hielt als Haushaltsführen, ist indessen sein Geheimnis geblieben. Wir sehen aber an diesem Beispiel, es konnte auch vorkommen, daß eine Schwester sich für eine andere aufopfern mußte.

Ein ähnlich gelagerter Fall ist Wilhelmina Sandrock, die ihr Leben lang ihrer berühmten Schwester Adele und deren zahlreichen Liebhabern Suppe kochte und Strümpfe stopfte. Nach Adeles Tod 1937 holte sie dann aber auf – sie schrieb deren Autobiographie um, nahm Huldigungen an Hitler auf (die Adele niemals zugelassen hätte) und ließ sich als Sachwalterin des Sandrockmythos hofieren.

Ein bißchen erinnert das an Elisabeth Förster-Nietzsche, die in Verbindung mit dem Werk ihres Bruders Friedrich weltberühmt wurde. Auch Nietzsche wußte die Sekretärinnendienste seiner Schwester zu schätzen – die ihm überdies jahrelang den Haushalt führte und ganz nebenbei seine Finanzen verwaltete und den ewig Kränkelnden betreute. Ihre »zierlichen Finger« und ihre »angeborene Akkuratesse« eigneten sich besonders gut dafür, »mit Schere und Klebstoff bei der Anfertigung des alphabetischen Index zu helfen«.[7]

Brüder pflegten sich selten aufzuopfern, weder für Schwestern noch für andere Brüder. Brüder forderten zumeist: »Es kamen die heißen Julitage von 1891. Ich erhielt einige Zeilen meines Bruders, die mich dringend einluden, nach Kilchberg zu kommen, um die definitive Niederschrift der ›Angela Borgia‹ zu besorgen.«[8] Die Schwester: Betsy Meyer. Der Bruder: Conrad Ferdinand Meyer.

Der Satiriker und Adele Sandrock-Geliebte Roda Roda hebt sich von der großen Masse seiner Kollegen aus der Zeit um die Jahrhundertwende angenehm dadurch ab, daß er im Zusammenhang mit Frauen so gut wie ganz auf geringschätzige Formulierungen verzichtet. Ein Grund für diese sympathische Zurückhaltung kann darin liegen, daß er seine ersten Bücher zusammen mit seiner Schwester Mi verfaßte – daher der Doppelname Roda Roda. Mis Lebensdaten können wir leider nicht liefern, in der zugänglichen Roda-Roda-Literatur fehlen sie. Und damit wird sie zum Prototyp der aufopfernden Schwester. Das Roda-Roda-Werk besteht überwiegend aus kurzen und kürzesten Texten, die immer wieder in neuer Zusammenstellung als Bücher erscheinen – ohne daß je gekennzeichnet würde, welcher Text aus einem der gemeinsam verfaßten Bücher stammt.

Thomas Mann schließlich bestellte 1897 bei seiner Schwester Julia einen Bericht über das Schicksal einer Tante, die er als Vorbild für Tony Buddenbrook verwerten wollte. Mit Julias Werk war er sehr zufrieden, er baute es aus und verwendete es in seinen *Buddenbrooks*. Als Julia jedoch zur gleichen Zeit Privatunterricht in Latein nimmt, ist Thomas beleidigt. Wirklich, wozu sollten Frauen auch Latein lernen!

Wir wissen aber auch, daß einige Schwestern sich ganz und gar nicht als Opfer fühlten. Antonie Meyer zum Beispiel lebte seit 1890 mit ihrem Bruder Kuno zusammen, einem bedeutenden Sprachforscher. Kuno war gesundheitlich übel dran, und Antonie führte ihm den Haushalt. Bei Umzügen reiste sie voraus, suchte eine Wohnung und ließ ihn erst nachkommen, wenn alles eingerichtet war. Sie fungierte auch als seine Sekretärin und Assistentin. Aus Antonie Meyers Briefen wissen wir, daß sie nicht unzufrieden war mit ihrem Leben: Sie kam herum, lernte interessante Menschen kennen und wurde von Kunos Freunden und Kollegen akzeptiert – fast wie eine Ehefrau, nur unabhängiger.

Antonies Leben zeigt aber auch, wie verletzlich die Stellung der vollberuflichen Schwester war. Nach 25jährigem Zusammenleben verliebte sich der fast sechzigjährige Kuno in eine dreißig Jahre jüngere Krankenschwester, und Antonie mußte sich nach einem neuen Lebensunterhalt umsehen. Sie wünschte Glück, machte gute Miene zum bösen Spiel und zog nach Hamburg, um eine kranke Kusine zu pflegen. Zum Glück war die Ehe ihres Bruders eine Katastrophe, und schon 1916 konnte Antonie ihre alte Position wieder einnehmen.

Durchaus als positiv begriff auch die Kinderbuchautorin Else Ury ihre Situation. Sie hatte einen gemeinsamen Haushalt mit ihrem Bruder Hans, einem Arzt. Als die beiden mit fast fünfzig Jahren eine gemeinsame Reise nach Venedig unternahmen, schrieb Else enthusiastisch auf einer Postkarte an die Verwandtschaft: »Das Brautpaar sendet aus Venedig herzliche Grüße!«[9]

»Alle meine Träume stickte ich in das Leinen hinein«

Die Vorstellung, daß auch Töchter eine reguläre Berufsausbildung erhalten und damit auf ein Leben außerhalb der Familie vorbereitet sein könnten, sprach sich erst ganz allmählich herum. Wohl gebildet nach dem Besuch der »höheren Töchterschule« und eventuell noch eines Pensionats hockte deshalb so manche Tochter voll Tatendrang, aber ohne befriedigende Perspektive zu Hause. Eine Überdosis gepflegter Langeweile sorgte dafür, daß manchmal wirklich jede, aber auch jede Arbeit als ein Fortschritt erschien – sogar die Nadelarbeit. Mancher erging es dabei so wie der fünzehnjährigen Berlinerin Alice Salomon: »Ich wußte nicht, was ich mit meinen Tagen anfangen sollte. Ich war zu jung, um zu einem Lehrerinnenseminar zugelassen zu werden. Zu jener Zeit gab es keine Universität, die für Mädchen zugänglich war, nicht einmal ein ›Gymnasium‹ zur Vorbereitung auf die Hochschulreife. Und wenn es eins gegeben hätte, hätte ich es kaum gewußt. Ich hatte nicht einmal gehört, daß es deutsche Frauen gab, die in der Schweiz oder in den Vereinigten Staaten von Amerika studierten. Schließlich ging ich auf eine Kunstschule für Nadelarbeiten. Das wurde für angemessen gehalten und traf auf keinen Widerstand. Fünf Jahre lang verbrachte ich viele Stunden täglich über meinem Stickrahmen, überzeugt davon, daß jede Betätigung besser sei als gar keine. Alle meine Träume stickte ich in das Leinen hinein.«[10]

Was blieb, waren Geselligkeit, Kultur – und die geduldige Perfektionierung gesellschaftlicher Talente wie Klavierspielen, Singen und Tanzen und die Ausbildung hausfraulicher

Fähigkeiten –, alles mit Blick auf die künftige Rolle als Gattin und Mutter. Diese Lebensphase zwischen Schule und Ehe verlängerte sich zum Ende des 19. Jahrhunderts noch, da das durchschnittliche Heiratsalter der Frauen stieg. Alice Salomons Leiden am Stickrahmen konnten viele Mädchen ihrer Generation nachempfinden. Daß »jede Betätigung besser sei als gar keine« war zweifellos ein schwacher Trost, solange diese Betätigung eigentlich nichts Sinnvolles erbrachte. Die Anzahl von feingestickten Deckchen und Servietten, die in einem bürgerlichen Haushalt Platz hatten, war einfach begrenzt.

Während Mädchen der unteren Schichten lernten, Strümpfe zu stricken oder Hemden zu nähen und auf jeden Fall zu flicken – also Fähigkeiten erwarben, die im Alltag durchaus nützlich waren –, mußten Mädchen wie Alice Salomon ihre Tage mit dekorativer Stichelei verbringen. Denn: Hätten sie zum Beispiel einen Strumpf gestrickt, dann hätten zufällige Besucher doch den Eindruck gewinnen können, mit den Finanzen der Familie stünde es nicht zum Besten, es sei nötig, daß Kleidungsstücke von der Tochter des Hauses angefertigt und nicht gekauft würden.

So gesehen hatte die spätere sozialdemokratische Politikerin Hedwig Wachenheim, die sinnvollere Dinge lernen durfte, wesentlich mehr Glück. Nach der Schulzeit bestand ihr Leben großteils »im Anfertigen von Handarbeiten, in Besuchen bei meinen Großmüttern, Kaffeevisiten, Besuchen von Theateraufführungen und Bällen, Schlittschuhlaufen und den sechswöchigen Sommerferien. Als ich neunzehn war, durfte ich an einem Schneiderkursus teilnehmen, der ein halbes Jahr dauerte und bei dem ich viel lernte, so daß ich mir damals meine Kleider zum Teil selber nähen konnte. Meine Mutter war sehr geschickt im Hutmachen, und das sah ich ihr ab... Später arrangierte meine Mutter für mich die Teilnahme an einem Nachmittagstee bei einer feinen Dame, von der die jungen Mädchen lernten, Bücher in Blindenschrift zu schreiben. Eine nützliche Tätigkeit, die aber keinerlei Geist erfordert.«

Was Hedwig Wachenheim über ihre Jugend um 1900 in

Höhere Töchter im Pensionat. Bad Godesberg um 1900.

Mannheim berichtet, galt auch für viele andere Töchter aus gutem Hause. Doch irgendwann kam der Punkt, wo sie es, wie hier Hedwig, einfach satt hatten: »Am Morgen meines einundzwanzigsten Geburtstages – wir waren gerade bei meiner Tante in Triest zu Besuch – ging ich zu meiner Mutter ins Schlafzimmer und erklärte ihr, noch ehe sie mir gratulieren konnte, ich sei nun mündig und Herr meiner Entschlüsse, auch hätte ich von meinem Vater Geld geerbt, über das ich jetzt frei verfügen könne und das für ein bescheidenes Leben durchaus ausreiche. Ich sei entschlossen, der Öde meines Daseins ein Ende zu machen und auf die Soziale Frauenschule nach Berlin zu gehen.«[11]

So schwer es vielen Frauen durch Gesetze und Familie jedoch gemacht wurde, den gewünschten Ausbildungsweg einzuschlagen, so erwies sich das deutsche Reich doch in einigen seltenen Fällen als überraschend liberal – wenn diese Lichtblicke auch vor allem dadurch auffielen, daß die Verhältnisse anderswo noch düsterer waren. Angehenden Musikerinnen war zum Beispiel in Deutschland das Studium an Konservatorien erlaubt, was durchaus nicht in allen europäischen Ländern der Fall war. Auch die später geadelte englische Komponistin Ethel Smyth sah in den 1890er Jahren in ihrer Heimat keine Perspektive mehr. »Da es in England keinen Platz für mich gab, wandte ich meine Gedanken schließlich der Oper und Deutschland zu«,[12] berichtete sie in ihren Memoiren. Sie schrieb zwei Opern mit deutschen Libretti, »Fantasio« und »Der Wald«, die beide in Deutschland uraufgeführt wurden. Ihre später bekannteste Oper, »The Wreckers« wurde 1906 in Leipzig uraufgeführt, und erst der Hinweis auf die begeisterten Kritiken ermöglichte im Jahre 1909 eine Aufführung in London. Zeit ihres Lebens war Ethel Smyth davon überzeugt, daß deutsche Konservatorien Frauen mit weniger Vorurteilen gegenüberträten als britische, und ermunterte junge Kolleginnen, ebenfalls dort zu studieren.

Macht Platz im Hörsaal für die Damen

Verglichen mit früheren Generationen standen den seit den 1880er Jahren geborenen Töchtern bürgerlicher Familien zunehmend neue Möglichkeiten offen. Eine wesentliche Voraussetzung dafür lag in der verbesserten Mädchenbildung und – für die, die es sich finanziell erlauben konnten – vor allem im Zugang zur Universität, der nach fast einem halben Jahrhundert Kampf der Frauenbewegung in den Jahren nach 1900 endlich erreicht wurde.

Bereits 1893 hatte in Karlsruhe das erste deutsche Mädchengymnasium seine Pforten geöffnet. Am 29. März 1896 bestanden in Berlin die ersten sechs Absolventinnen der von Helene Lange eingerichteten Gymnasialkurse ihr Abitur. Rückblickend charakterisierte Helene Langes Lebensgefährtin Gertrud Bäumer die immense Bedeutung, die dieser erste weibliche Abiturjahrgang in Deutschland hatte. Es sei kaum mehr so ganz nachzufühlen, »was die Prüfung der ersten sechs Abiturientinnen für die Frauensache allgemein bedeutete! Wie viele Augen waren auf sie gerichtet!... Fast jede Abiturientin der ersten Jahrgänge ist für irgendein akademisches Examen, in irgendeinem Hörsaal oder Laboratiorium die erste Frau gewesen und hatte für ihre Nachfolgerinnen Boden zu schaffen. Die Leistungen einer jeden lieferten den Stoff zu den Gutachten, die damals seitens der Regierungen von den Fakultäten eingezogen wurden und die die Grundlage für die ersten günstigen Entscheidungen über die Frage des Frauenstudiums bildeten.«[13]

Doch die Herren in den Behörden und Universitäten taten sich immer noch schwer, Frauen zum Studium zuzulassen. Im Sommersemester 1900 machte die Universität Heidelberg dann endlich den Anfang und gestand den Frauen zu, sich als »ordentliche« Studierende einschreiben zu lassen. Damit entfiel künftig der Umweg über eine ausländische Hochschule, zum Beispiel in der Schweiz, wo Frauen bereits seit 1867 zum Studium zugelassen waren, oder die mühsame Prozedur, sich an einer deutschen Universität eine Sondererlaubnis zu verschaffen. Es dauerte jedoch noch acht Jahre, bis auch in Preußen sich die akademischen Schranken hoben und Frauen an den Universitäten des größten deutschen Staates ein reguläres Studium aufnehmen konnten. Aber hier waren die akademischen Bräuche ja auch besonders streng gewesen, hatte doch der Berliner Historiker Heinrich von Treitschke noch 1896 das Ansinnen Hildegard Wegscheiders, die bereits in Zürich studiert hatte, sie als Gasthörerin zu seinen Seminaren zuzulassen, mit der Bemerkung abgetan: »Ein Student, der sich nicht besaufen kann, ...niemals.« Von der Universität Halle erhielt sie schließlich eine Sondergenehmigung und promovierte dort 1898 als erste Frau in Preußen.

Ebenfalls dank einer Ausnahmeregelung, die nach einigem Hin und Her erteilt worden war, gelang es Alice Salomon 1906, ihre Doktorarbeit zum auch heute noch aktuellen Thema »Die Ursachen der ungleichen Entlohnung von Männer- und Frauenarbeit« in Berlin abzuschließen. Probleme gab es bis zuletzt: »Meine Abschlußfeier war recht ungewöhnlich. Um den weiblichen Charakter des Ereignisses zu betonen und vielleicht auch, weil ich es so vorzog, gab es statt

Bier und Wein Berge von Kuchen und Schlagsahne. Zum Schluß tauchte eine letzte Schwierigkeit auf, diesmal für den Dekan, der für den Druck meiner Urkunde als Philosophiae Doctoris et Artium Liberalium Magistri verantwortlich war. Er sah in allen Wörterbüchern nach, aber der Name Alice existierte einfach nicht im Lateinischen. Das erschien mir sehr symbolträchtig. Schließlich willigte der Dekan in den Kompromiß ein, mir eine lateinische Vorsilbe zu geben.«[14]

Studentinnen blieben zunächst, vor allem an den kleineren deutschen Universitäten, ganz vereinzelte »Erscheinungen«. Als die Baltin Margarethe von Wrangell 1904 ein naturwissenschaftliches Studium in Tübingen aufnahm, fand sie dort lediglich drei »Damen« unter etwa 1400 Studenten, »fast alles verstümmelte Korpsburschen mit Hunden«.[15]

Manche Kommilitonen hatten zunächst ihre Schwierigkeiten mit den neuen Verhältnissen, nachdem die Männerbastion Universität nach Jahrhunderten nun endgültig gefallen war. Eine nach Geschlechtern getrennte Schulerziehung bot ihnen keinerlei Vorbereitung, so daß als Folge der Unsicherheit ob des ungewohnten Zusammentreffens mit Frauen die Stimmung im Hörsaal vielfach von schlechten Manieren gekennzeichnet war. So erinnerte sich Marie Elisabeth Lüders, die 1909 zusammen mit Agnes von Harnack als eine der ersten Frauen in Berlin ordnungsgemäß immatrikuliert wurde, an ihre anfänglichen Semester: »Die Situation der wenigen studierenden Frauen war anfangs keineswegs erfreulich. In den juristischen Kollegs und Seminaren der Berliner Universität war ich zunächst die einzige Frau. Das bei meinem Eintritt in das Auditorium praktizierte Scharren der Studenten überhörte ich hartnäckig; dadurch wurde es denen bald langweilig. Nach und nach kam man mit den Nachbarn ins Gespräch; sie schienen zu merken, daß man vom sog. ›Blaustrumpf‹ ihrer Vorstellung nichts besaß. Meine persönliche Bekanntschaft mit einigen Professoren trug das ihrige zur Beruhigung der Geister bei.«[16]

Die Zahl der Studentinnen stieg in den folgenden Jahren rasch, so daß im Wintersemester 1913/14 an allen deutschen Universitäten bereits 3649 Frauen eingeschrieben waren, was einem Anteil von 6,3 % an der Gesamtstudentenschaft entsprach. Zu Zentren des Frauenstudiums wurden die Universitäten in Berlin und Göttingen. Allmählich gewöhnte »man« sich vielerorts daran, hin und wieder auch Frauen im Hörsaal zu treffen. Käthe Frankenthal, die 1910 in Heidelberg Medizin studierte, empfand es denn auch als sehr befreiend, daß während ihrer Studienzeit sich die Verhältnisse bereits veränderten: »Man hörte auf, in ihr etwas Extravagantes und ›Nicht-ganz-in-die-Ordnung-passendes‹ zu sehen... Von den Studenten wurde sie kameradschaftlich behandelt. Es war keine Feindschaft vorhanden, aber auch keine besondere Rücksichtnahme. Eher im Gegenteil. Daß in einem überfüllten Hörsaal ein Student nie einer Studentin seinen Sitzplatz

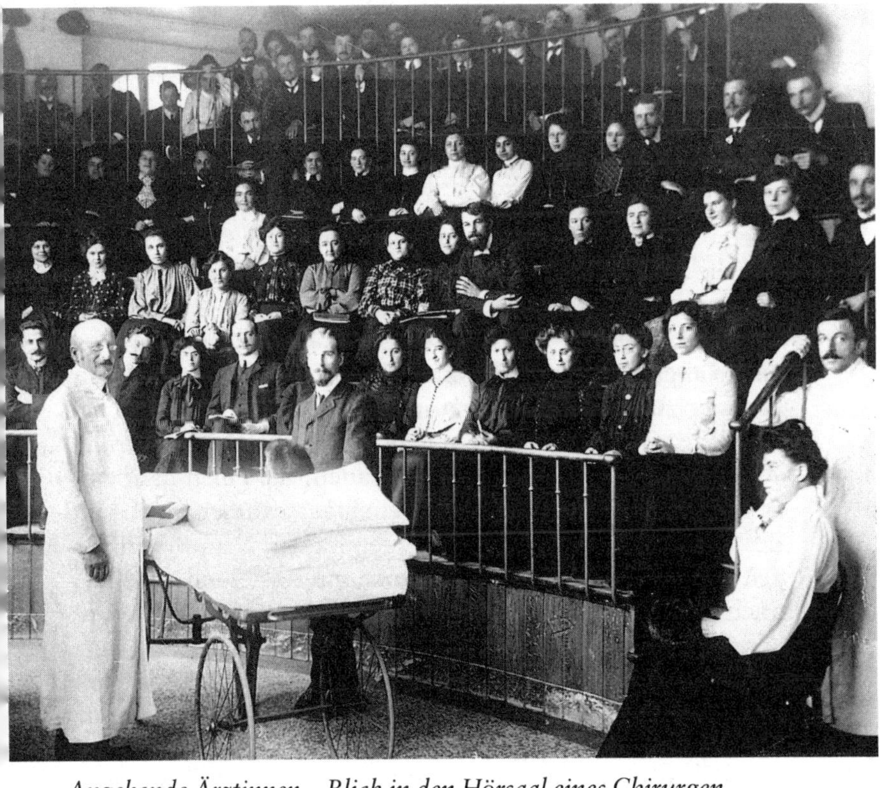

Angehende Ärztinnen – Blick in den Hörsaal eines Chirurgen an der Universität Genf.

anbieten würde, war selbstverständlich. Aber oft genug sah man eine Studentin und einen Jüngling um die Wette auf einen frei gewordenen Platz lossteuern. Der Sieger im Rennen war sichtlich froh, wenn er seiner Kollegin gerade den Platz fortschnappen konnte.«[17]

Auch außerhalb der Universität hatten die ersten Studentinnen gegen allerlei Vorurteile und Hindernisse anzukämpfen. Dazu gehörte die Frage, in welchem Lokel sie ungestört und preiswert eine Mahlzeit einnehmen konnten ebenso wie das leidige Wohnungsproblem. Viele Vermieter lehnten es ab, alleinstehenden Frauen ein Zimmer zu überlassen.

Das erste Studentinnenheim in Berlin entstand erst in den Jahren des Ersten Weltkriegs. Finanziert wurde es zu einem wesentlichen Teil aus einer Stiftung der Bankierswitwe Ottilie von Hansemann. Sie hatte ursprünglich beabsichtigt, das Geld der Berliner Universität für Stipendien zur Verfügung zu stellen, unter der Voraussetzung, daß endlich die Regelung fortfalle, die es Berliner Professoren nach wie vor erlaubte, unter bestimmten Umständen Frauen von ihren Vorlesungen und Übungen auszuschließen. Da sich die Behörden jedoch auch nach mehreren Jahren nicht in der Lage sahen, sich gegen die Professoren durchzusetzen, zog die Witwe ihr Angebot zurück.

Die Aussichten für die ersten Akademikerinnen, nach einem abgeschlossenen Studium auch eine entsprechende Anstellung zu finden, scheinen in den Jahren vor dem Ersten Weltkrieg im allgemeinen gar nicht so schlecht gewesen zu sein. Hieß es doch 1912, daß »Frauen, die einen akademischen Grad erlangt haben, oder ein Staatsexamen auf Grund des Universitätsstudiums bestanden haben, ... in Berlin zurzeit in den meisten Fällen bald eine interessierende, vielfach auch gut bezahlte Beschäftigung (finden)«.[18] Dieser optimistischen Einschätzung einer Zeitgenossin standen jedoch weiterhin die zahlreichen realen Hindernisse gegenüber, mit denen in vielen Berufen der unliebsamen weiblichen Konkurrenz ein Riegel vorgeschoben wurde. So durften die Frauen beispielsweise ein Jurastudium aufnehmen und es mit einer Promotion abschließen, das Staatsexamen und das Referendariat blieb ihnen jedoch mit Ausnahme von Bayern in allen deutschen Staaten verwehrt. Die eigentlichen juristischen Berufe mit einer staatlichen Anstellung waren daher bis in die Zeit der Weimarer Republik den Männern vorbehalten. Gleiches galt für die Universitätslaufbahn; das Recht, sich zu habilitieren und an der Hochschule zu lehren, erhielten Frauen erst nach dem Ersten Weltkrieg.

Interessante Beschäftigung gesucht... und gefunden!

Wenn auch, wie der *Brockhaus* 1898 schrieb, der Erwerbsarbeit bürgerlicher Frauen immer noch »sociale Klassenvorurtheile« entgegenstünden und die erwähnten Beschränkungen ein übriges taten, so zeichneten sich doch um die Jahrhundertwende bereits neue Berufsfelder am Horizont ab. Hatte bislang eigentlich nur die Lehrerin als ein akzeptabler Beruf für die Bürgerstochter gegolten, so schienen der Tätigkeit nach 1900 fast keine Grenzen mehr gesetzt – vorausgesetzt, eine Frau war mit ausreichend Pioniergeist ausgestattet, um Männerdomänen zu stürmen, und bereit, auf einen Trauschein zu verzichten. Denn nicht nur Lehrerinnen, sondern auch die weiblichen Angestellten im Post- und Telegrafendienst und bei der Bahn erhielten bei Heirat in der Regel die Kündigung.

Auf den geringsten Widerstand stießen berufswillige Frauen erwartungsgemäß dann, wenn sie sich auf typisch weibliche Gebiete wie beispielsweise Krankenpflege und Sozialarbeit beschränkten. In diesen Bereichen kam es gegen Ende des Jahrhunderts zu einer beginnenden Professionalisierung: An die Seite der ehrenamtlichen (also kostenlosen) Wohltätigkeit der Damen, beispielsweise in einem der zahlreichen »Vaterländischen Frauenvereine« oder in der städtischen Armenfürsorge, trat die Sozialarbeit als Beruf. Für diese »Mütterlichkeit en gros«, wie Hedwig Dohm spitz formulierte, stieg der Bedarf mit der Etablierung des modernen Wohlfahrtsstaates von Jahr zu Jahr.

Erste Ansätze für entsprechende Qualifizierungsmöglichkeiten boten die Kurse der 1893 von Jeannette Schwerin in Berlin gegründeten »Mädchen- und Frauengruppen für soziale Hilfsarbeit«. Manche Bürgertöchter, wie Alice Salomon, kamen hier erstmals mit den alltäglichen »Verhältnissen« in Berührung. »Ich besuchte Familien im Auftrag der Wohlfahrtsorganisation – Leute, die zu alt zur Arbeit waren oder die mehr Kinder hatten, als sie ernähren konnten. Wenn ein Ehemann vorhanden war, wurde sorgfältig darauf geachtet, ihm den Besuch der Fürsorgerin zu verheimlichen, da die Männer Wohltätigkeit übelnahmen, während die Frauen über etwas zusätzliches Geld oder Lebensmittel nur zu froh waren.«[19] Alice Salomon, die eine der Begründerinnen moderner Sozialarbeit wurde, übernahm 1899 die Leitung der »Mädchen- und Frauengruppen« und gründete 1908 in Berlin die »Soziale Frauenschule«.

Die ersten Sozialarbeiterinnen fanden seit der Jahrhundertwende verstärkt eine Anstellung in den kommunalen Wohlfahrtsbehörden als Armen- oder Säuglingspflegerinnen. Nach einer Umfrage in 303 größeren deutschen Städten gab es 1910 insgesamt etwa 400 fest angestellte Fürsorgerinnen.[20]

Auch die Krankenpflege löste sich in dieser Zeit zunehmend aus ihren alten konfessionellen Bindungen und wurde zu einem weltlichen Beruf – allerdings zu einem extrem schlecht bezahlten. Bislang hatten vornehmlich Frauen aus den verschiedenen katholischen Orden und den evangelischen Diakonissenhäusern die Arbeit in den Krankenhäusern geleistet. Seit dem Ende des 19. Jahrhunderts stieg jedoch die Zahl der »freien« Schwestern, die weder einer kirchlichen Organisation noch dem Roten Kreuz angehörten. Neben Frauen aus den unteren sozialen Schichten ergriffen um die Jahrhundertwende vermehrt auch Frauen bürgerlicher Herkunft den Schwesternberuf. Gerade sie waren immer weniger gewillt, sich der strengen Disziplin zu unterwerfen, die beispielsweise ein Diakonissenhaus von seinen Angehörigen forderte. Leicht dürfte ihnen der Entschluß, im Krankenhaus zu arbeiten, jedenfalls nicht gefallen sein, denn die Arbeitsbedingungen, die sie erwarteten, waren alles andere als rosig. Um

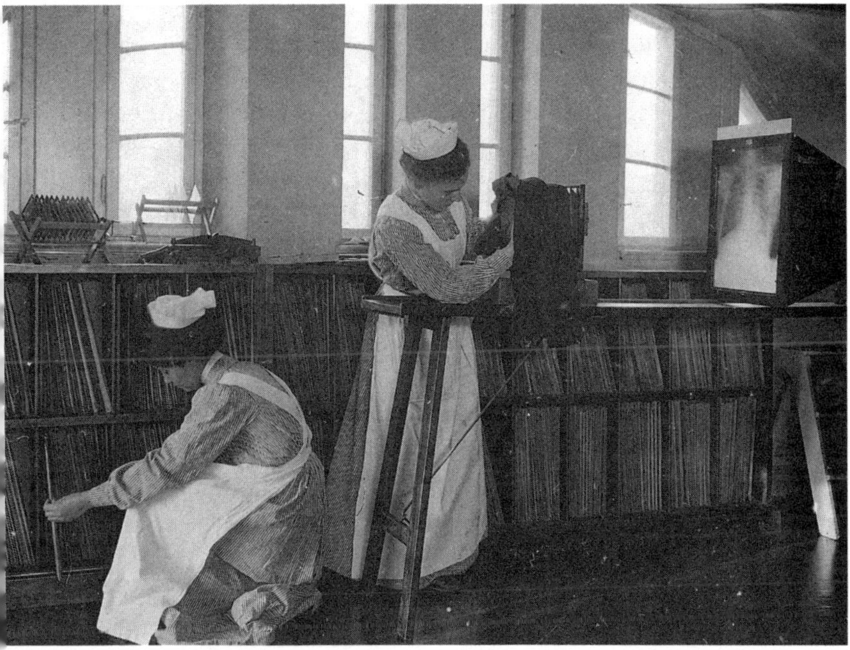

Hier ist die ordnende Hand gefragt: Hamburger Krankenschwestern beim Sortieren von Röntgenbildern.

für eine Verbesserung zu sorgen, gründete Agnes Karll 1903 die »Berufsorganisation der Krankenpflegerinnen Deutschlands«, eine der zahlreichen berufständischen Vereine für Frauen, die vor dem Ersten Weltkrieg entstanden.

Die ihnen gesellschaftlich zugeschriebenen »natürlichen« Eigenschaften wie Geduld, Ordnungsliebe und Genauigkeit prädestinierten Frauen geradezu zum Beruf der Bibliothekarin. Da traf es sich gut, daß die enorme Ausweitung der Büchereibestände um die Jahrhundertwende und die steigende Zahl der Volksbibliotheken zunehmend Personal erforderte, was, hätte man Männer eingestellt, sehr ins Geld gegangen wäre. Frauen hatten sich mit sehr viel geringeren Gehältern abzufinden. Aus dieser ambivalenten Konstellation heraus, die gleichzeitig Chancen, aber auch eine Festlegung beinhaltete, entwickelte sich der bis heute typische Frauenberuf der Bibliothekarin.

Als erste festangestellte und bezahlte Volksbibliothekarin gilt Bona Peiser, die seit 1895 in Berlin die Lesehalle der »Deutschen Gesellschaft für Ethische Kultur« leitete. Sie hatte ihre Ausbildung noch auf eigene Faust in Großbritannien absolviert. Die Zahl der in Deutschland tätigen Bibliothekarinnen an wissenschaftlichen und öffentlichen Bibliotheken betrug 1911/12 bereits insgesamt 467.

Zu ihnen gehörte auch Bennata Otten, die 1906 im Alter von 24 Jahren Leiterin der Öffentlichen Bücher- und Lesehalle in Lübeck wurde. Sie verfaßte vielbeachtete bibliothekarische Fachbücher, erkannte als eine der ersten, daß auch Bibliotheken der Reklame bedürfen, und richtete 1911 in Lübeck die erste deutsche »Kinderlesehalle« ein. Kleine Männer wurden hier in ihre Schranken verwiesen: »Daß unter den Lesern die Knaben vorwiegen liegt daran, daß sie sich zuerst den Weg zum Eintritt in wenig ritterlicher Weise erkämpfen und für die Mädchen hernach kein Platz mehr ist. Um dieser Ungerechtigkeit Abhilfe zu tun, werden an manchen Tagen zuerst die Mädchen hereingelassen.«[21]

Die Nächste, bitte

Ist die zahlenmäßige Bedeutung der Karrieren einzelner Akademikerinnen auch gering, so setzen sie doch durch ihr Beispiel ein Zeichen, dem allgemeine Aufmerksamkeit in jenen Jahren gewiß war. Die männliche Öffentlichkeit mußte sich beispielsweise daran gewöhnen, daß in verstärktem Umfange Ärztinnen tätig wurden.

Den ersten beiden Ärztinnen Franziska Tiburtius und Emilie Lehmus, die sich bereits 1877 in Berlin niedergelassen hatten, folgten um die Jahrhundertwende weitere Frauen, die sich gegen den Widerstand der überwiegenden Mehrheit der männlichen Kollegen durchsetzten. 1890 eröffnete Agnes Bluhm in Berlin als erste deutsche Frauenärztin eine Praxis. Insgesamt praktizierten 1912 in Berlin zwölf Ärztinnen.

Die Vorurteile blieben jedoch auch unter den Patienten bestehen, so daß die ersten Berufsjahre oft sehr mühsam verliefen, wie Rahel Straus, die sich 1908 als dritte Allgemeinärztin in München niederließ, erinnert: »Ich kann nicht sagen, daß die Patienten bald herbeiströmten. Aber ich machte manche interessante Erfahrung: Patienten, die zu einer Ärztin kamen, waren in erster Linie berufstätige Frauen der gebildeten Klasse: Lehrerinnen, Sekretärinnen, gehobene geschäftliche Angestellte. Sie, die zu sich selbst Vertrauen hatten, hatten auch Vertrauen zu der Frau, die sie beraten sollte. Dann kamen Frauen des kleinen Mittelstandes – sie sahen im Mann oft so etwas wie einen Gegner, der auf sie herabsah, der sie nicht ernst nahm. Dann kam die christliche bürgerliche Frau aus dem Mittelstand, nicht die reiche Frau, und zu allerletzt kam die jüdische Frau; sie fand den Weg zur Ärztin am schwersten.«[22]

Frauen und Kinder machten in der Zeit vor dem Ersten Weltkrieg den ganz überwiegenden Teil der Patienten der niedergelassenen Ärztinnen aus. Dies änderte sich nach Kriegsbeginn, als es galt, die Praxen der eingezogenen Ärzte zu besetzen. Käthe Frankenthal, die 1914 gerade ihre Promotion abgeschlossen hatte, arbeitete zunächst an einem Berliner Krankenhaus, bevor sie 1915 die Vertretung eines Landarztes übernahm: »Es fehlten bereits viele Ärzte in den umliegenden Dörfern. Die Patienten kamen von weit her, und ich mußte meilenweit herumfahren. Ein Landarzt muß natürlich alles behandeln, was kommt. Konsultationen mit Fachärzten gibt es nicht. Ich hätte oft gern gewußt, ob meine Patienten ebensoviel Angst vor der Behandlung hatten wie ich. Männer kamen wie Frauen, da kein anderer Arzt erreichbar war.«

Mit ihrem unkonventionellen Auftreten sorgte die junge Ärztin nicht nur für Unruhe unter den Patienten, stürmte sie doch verschiedene dörfliche Männerbastionen auf einmal: »Daß täglich die sozialdemokratische Zeitung in das Doktorhaus geliefert wurde, war sofort bekannt und rief nicht geringe Aufregung hervor. Daß ich Zigarren rauchte, was ich mir in der Studentenzeit angewöhnt hatte, war ebenfalls sofort bekannt, und man wußte nicht recht, ob das noch Spaß, oder schon ein Skandal war. Die größte Sensation rief es scheinbar hervor, als mich die Langeweile gelegentlich ins Wirtshaus trieb und ich mich an den Stammtisch setzte, um mit den Honoratioren ein Glas Bier zu trinken. Zuerst schienen sie nicht abgeneigt, mich hinauszuwerfen. Da das aber in der ländlichen Gemütlichkeit viel zu anstrengend gewesen wäre, tolerierten sie mich, und ich gewann bald ihre Herzen.«[23]

Schließlich gelang es den ersten Frauen, auch in den Behörden einen Fuß in die Tür zu bekommen. So wurde 1900 Dr. Else von Richthofen zur ersten Fabrikinspektorin in Baden berufen, wo sie die Einhaltung der Arbeitsschutzgesetze in den Betrieben zu überwachen hatte. Im Stadtpolizeiamt Stuttgart trat 1903 Schwester Henriette Arendt ihre Stelle als erste Polizeiassistentin an. Als »Polizeimatrone« kümmerte sie sich vor allem um die Gefangenenfürsorge.

Dr. Marie-Elisabeth Lüders arbeitete seit 1912 als erste staatlich angestellte Wohnungspflegerin, zuständig für die Überwachung der Wohnungsverhältnisse unter technischen, hygienischen und sozialen Gesichtspunkten, in Berlin-Charlottenburg – zunächst einmal zum halben Gehalt ihrer männlichen Kollegen. Eigentlich hatte man sie gar nicht einstellen wollen, fehlte es ihr doch an einer technischen Ausbildung. Dr. Lüders konterte daraufhin erfolgreich mit dem Vorschlag, sie wäre bereit, noch ein technischees Studium zu absolvieren – unter der Voraussetzung, daß ihre männlichen Kollegen eine zweijährige Ausbildung an einer sozialen Frauenschule nachholen würden.

Die männliche Alleinherrschaft ging jedoch nicht nur zwischen Hörsaal und Schreibtisch ihrem Ende entgegen. Eine der höheren Töchter zog es wahrhaft in höchste Gefilde, wo sie mit den kühnen Rittern der Lüfte in Konkurrenz trat. 1911 legte Melli Beese an ihrem 25. Geburtstag als erste Frau in Deutschland ihre Prüfung als Pilotin ab. Bei den kurz darauf stattfindenden Flugwochen in Berlin erflog sie zwei Weltrekorde und versetzte damit ihre männlichen Konkurrenten derart in Angst und Schrecken, daß diese ein gar nicht ritterliches Verhalten an den Tag legten. Unter dem Vorwand, daß Frauen bei schlechtem Wetter nicht fliegen könnten, erhielt

Durch männliche Intrigen um den Sieg gebracht: Melly Beese, Deutschlands erste Fliegerin.

Melli Beese Startverbot und verlor ihre Chancen auf einen Gesamtsieg im Flugwettbewerb. Regenwolken mußten dafür herhalten, daß die Herren ihr Gesicht nicht verloren.

Ein Fall für Schimanski

Das Foto zeigt eine ernst dreinblickende Dame mittleren Alters im Kreise ihrer kleinen Schülerinnen. Drei von ihnen tragen große weiße Kragen und sehen aus wie kleine Ratsherren. Sie alle stehen an einem Backsteinhaus. Die Dame ist natürlich schwarz gekleidet, wie es sich für eine Lehrerin gehört. Die Dame ist Frau Schimanski, das Backsteinhaus ist die Schule eines Ortes mit Namen Hoffnungsthal. Über die Umstände, unter denen diese Fotografie entstand, ist nichts bekannt, doch durch seine Veröffentlichung[24] hofften Heimatforscher, weitere Auskünfte über die Geschichte des Mädchenschulwesens von Hoffnungsthal zu erlangen.

Das Alter der Mädchen macht es uns leicht, Frau Schimanskis Funktion zu bestimmen. Sie war Volksschullehrerin. Lehrerin war nämlich nicht gleich Lehrerin.

Welten trennten, was Aufgabe und Ansehen anging, die namentlich unbekannte Lehrerin aus Wien, die der späteren Erfolgsautorin Vicki Baum beibringen sollte, wie sie mit dem chinesischen Botschafter tanzt, ohne über seinen Zopf zu stolpern, oder die junge Frau aus verarmter Familie, die sich als Hauslehrerin bei einem Rittmeister in der Provinz verdingte, von Lehrerinnen wie zum Beispiel der Schwester Maria Gratia. Schwester Maria Gratia war ab 1905 Direktorin des Mädchengymnasiums zu Bad Godesberg und gleichzeitig erste Lehrerin der Schule mit einem abgeschlossenen Universitätsstudium. Diese drei Frauen blickten auf völlig unterschiedliche Ausbildungswege zurück und sollten für den Rest ihrer Berufstätigkeit auch höchst unterschiedliche Arbeit leisten, bei der Maria Gratia sehr viel mehr Verantwortung trug und viel größere Entscheidungsfreiheit genoß als ihre Kolleginnen – in Berufsstatistiken und Melderegistern sind sie jedoch alle Lehrerinnen.

Der Beruf der Lehrerin war damals noch recht neu und diffus, die Ansprüche, die an eine Lehrerin gestellt wurden, unterschiedlich. 1873 hatte das preußische Unterrichtsministerium folgende Regeln für den Unterricht vorgegeben: »Durch Unterricht in Einrichtungen der Schule soll das Mädchen in dem Sinne für das Haus und die Familie erzogen werden, daß es dadurch an den höchsten Gütern des Lebens Anteil nehmen und an der Lösung der Aufgaben der Nation mitarbeiten kann«[25] – zweifellos ein Kinderspiel für die energisch dreinblickende Frau Schimanski. 1911 hörte sich die Sache schon anders an: »Die Anforderungen, die das tägliche Leben an die Mädchen und Frauen stellt, werden immer größer und verlangen bei einer ernst religiösen Erziehung neben einer gediegenen Herzens- und Charakterbildung eine immer größere Geistesbildung und umfassenderes Wissen. Immer neue Gebiete erschließen sich der Betätigung der Mädchen

Schulunterricht unter dem Kaiserbild: Volksschullehrerin mit ihrer Klasse.

und Frauen. Sollen sie nicht in der späteren Schule des Lebens verständnislos und hilflos dastehen, so muß ihr Geist geschult und durch Kenntnisse bereichert werden.«[26]

Bürgersinn und Behördeneifer

Fromme Wünsche fürwahr, deren Erfüllung nicht immer leicht gemacht wurde – und hierbei spielen wir nicht auf die sattsam bekannten Vorurteile gegen gelehrte Frauenzimmer an: Der Streit um die Höhere Töchterschule in Heinsberg am Niederrhein ist ein typisches Beispiel dafür, wie Bürgersinn und Behördeneifer gemeinsam jeglichen Fortschritt verhindern können.

Auf Wunsch vieler Familienväter – von Müttern ist in den Protokollen nie die Rede – beschloß die Gemeinde Heinsberg im Jahre 1900, eine Höhere Töchterschule einzurichten, die katholischen, jüdischen und evangelischen Schülerinnen gleichermaßen offenstehen sollte. Als Schulleiterin wurde Magdalena Alf aus Trier eingestellt, die als erstes einen Lehrplan erarbeiten sollte, und alle gingen davon aus, daß die Schule zu Ostern 1901 den Lehrbetrieb aufnehmen würde. Doch, wie es so lapidar im Heimatkalender für den Kreis Heinsberg heißt, »die Eröffnung der Schule wurde vereitelt«[27] – und als »Vereitler« traten in seltener Einmut Geistliche sämtlicher Konfessionen auf, die von dem gottlosen Glaubenswirrwarr, der bei einer konfessionell so gemischten Schülerschaft entstehen mußte, ganz und gar nichts hielten.

Unverdrossen machte die Gemeinde einen neuen Versuch und bat die Franziskanerinnen von Kaiserswerth, eine katholische Schule zu eröffnen, die auch Schülerinnen der anderen Konfessionen zulassen sollte. Die Geistlichkeit war zufrieden mit diesem Kompromiß – aber nun schlug das Ministerium in Berlin zu und erinnerte daran, daß in Preußens Nonnenschulen laut Gesetz nur katholische Schülerinnen unterrichtet werden durften. Die Genehmigung zur Schuleröffnung wurde nicht erteilt.

Der dritte Versuch 1909 scheiterte ebenfalls. Diesmal sollte eine weltliche Privatschule gegründet werden – doch Berlin hielt die Gefahr für zu groß, daß im verstockten Rheinland der Papismus durch die Hintertür die Schule doch noch infiltrieren konnte. Der vierte Versuch im Jahre 1910 – eine katholische Mädchenschule nur für katholische Schülerinnen – wurde abgeblockt, das Ministerium sah keinen Bedarf, da die in Frage kommenden Mädchen wie bisher die Schulen in den belgischen und niederländischen Grenzstädten besuchen konnten.

Erst 1915 durften die Franziskanerinnen dann doch noch eine Schule in Heinsberg eröffnen. Durch den Krieg waren die Grenzen dicht, der Schulbesuch in den Nachbarländern war unmöglich geworden. Für die Dauer des Krieges durften die Franziskanerinnen schließlich sogar nichtkatholische Schülerinnen aufnehmen!

Daß hier von den Franziskanerinnen die Rede ist, hat seinen guten Grund. Nonnenorden spielten nämlich in der Entwicklung des deutschen Mädchenschulwesens eine nicht zu unterschätzende Rolle. Neben den Franziskanerinnen sind dabei vor allem Ordensneugründungen zu nennen, von denen zwischen 1850 und 1900 eine ganze Reihe zu beobachten sind, in Preußen oft gegen heftigen Widerstand staatlicher Stellen. Bismarcks Kulturkampf, durch den im neuen deutschen Reich den Katholiken fast jeglicher Einfluß auf den Staat genommen werden sollte, lag noch nicht lange zurück, und in Preußen und anderen vorwiegend protestantischen Staaten des deutschen Reichs galten Katholiken weiterhin als unsichere Kantonisten, die im Zweifelsfall ihre Befehle lieber aus Rom erhielten als aus Berlin. Die ärgsten diskriminierenden Gesetze waren inzwischen zwar abgeschafft – daß zum Beispiel in Preußen bei Ehen zwischen Katholik und Protestantin oder Protestant und Katholikin die Kinder protestantisch getauft und erzogen werden mußten oder daß für Katholiken bestimmte Karrieren, beispielsweise im höheren Verwaltungsdienst, einfach gesperrt waren –, aber Katholiken hatten noch immer in weiten Teilen des Reiches das Gefühl, gerade eben geduldet zu sein.

Um ihre Lage zu verbessern, mußten sie sich in die Politik einmischen, und da sie zahlenmäßig im Reich eine Minderheit waren, konnten sie auch auf die Frauen nicht verzichten, brauchten tatkräftige und – gebildete Frauen, eben auch Nonnen. So ganz nebenbei entwickelten die Nonnen neue Lebensformen und änderten das Bild der Klöster, das bisher die öffentliche Meinung beherrscht hatte und das Klosterleben höchstens als Notlösung gelten ließ.

Müde bin ich, geh' zur Ruh'

»Ich möchte hier nur die Frauenfrage berühren, zu deren glücklicher Lösung die Klöster sehr in das Gewicht fallen. Manche vermögenslose Familie besitzt zwei, drei und mehr Töchter. Zur Ehe werden die Armen nicht begehrt. Welches Loos erwartet die Mittellosen beim Tode des Vaters! Bildung und Standesgefühl verbieten untergeordnete, gewöhnliche Dienstleistungen, während bei den Stellen als Lehrerin oder Gouvernante die Angebote zur Nachfrage in keinem Verhältnisse stehen. Was sollen nun die armen, verlassenen Mädchen beginnen? Alles ist überfüllt und besetzt, für sie nirgends ein gesichertes Unterkommen. Eine verzweifelte Lage! Da reicht den Verlassenen ihre heilige Mutter, die Kirche, liebevoll die Hand. Sie öffnet ihnen, zum thätigen oder beschaulichen Leben, die Pforten der Ordenshäuser, davon die Kirche eine reiche Auswahl besitzt.«[28]

So äußerte sich im 19. Jahrhundert (ein genaues Datum ist nicht überliefert) der schreibende Pfarrer Conrad von Bolanden über Nonnenklöster. Neben der – aus dem Munde eines frommen Christen – befremdenden Behauptung, daß ehrliche Arbeit eben doch schänden kann, steht hier ganz klar und deutlich, daß das Leben im Kloster nur eine Notlösung ist. Und dabei haben doch sämtliche Kirchenväter immer wieder betont, daß ein dem Herrn geweihtes Leben fürs Seelenheil das Beste und jeder anderen Lebensform vorzuziehen sei.

Daß es im 19. Jahrhundert in Deutschland verstärkt zur Gründung von Nonnenorden kam, scheint auf den ersten Blick von Bolandens Ansicht, die Klöster böten alleinstehenden oder vermögenslosen Frauen eine Zuflucht, zu bestätigen – bei genauerem Hinsehen aber wird uns klar: Der fromme Pfarrer irrte sich. Die Frauen traten nämlich nicht in ein Ordenshaus ein, »davon die Kirche eine reiche Auswahl besitzt« – sie gründeten lieber ihre eigenen Orden. Ihr Ziel war es, in einer Gemeinschaft von Frauen zu leben, zu beten und zu arbeiten – und dieses Ziel glaubten sie in einem neuen Orden besser verwirklichen zu können als in einem seit langem bestehenden mit einem alten Regelwerk, zu dem sie selbst nichts beigetragen hatten.

Die heute noch bekannteste deutsche Ordensgründerin ist zweifellos Clara Fey – selbst in protestantische Kinderstuben hat schließlich das von ihr verfaßte Gebet »Müde bin ich, geh' zur Ruh'« Eingang gefunden.

Die 1815 geborene Clara Fey stammte aus Aachen – im 19. Jahrhundert eine Stadt florierenden Handels, zeitweise Mittelpunkt der deutschen Tuchfabrikation, zu deren Reichtum die hemmungslose Ausbeutung der Arbeiter in nicht geringem Maße beitrug. 1839 hatte zwar ein preußisches Gesetz Fabrikarbeit für Kinder unter neun Jahren verboten und die tägliche Arbeit für Kinder unter vierzehn auf zehn Stunden beschränkt – aber diese Bestimmungen wurden in Aachen nicht weiter beachtet. Clara Fey notierte, neben grausam niedergeschlagenen Streiks, zum Beispiel eine Nadelfabrik, die vorwiegend Vier- bis Zwölfjährige einstellte, die pro Tag eine Million Stecknadeln herstellen mußten.

Vor dem Hintergrund dieser Erfahrungen gründete Clara Fey – die, wie ihre Biographen wissen, durchaus zur Ehe begehrt worden war – 1845 ihren Orden, die »Schwestern vom Armen Kinde Jesus«.« Was gar nicht so leicht war. Der König von Preußen hatte schließlich etwas gegen Katholiken, und er erlaubte den Orden erst 1852, nachdem er verschiedentlich versucht hatte, Clara Fey von ihrem Ansinnen abzubringen – sogar am Namen des Ordens hatte er etwas auszusetzen gefunden. Für Clara Fey sollte der Eintritt in den Orden durchaus nicht das Zweitbeste sein, keine Notlösung; ihr erschien die Arbeit in einer Frauengemeinschaft als ebenso wertvoller Lebensentwurf wie die Ehe. Das Ziel, das sie ihrem Orden setzte, war: den armen Kindern in Aachen und anderswo Schulunterricht und im Notfall auch ein Zuhause zu bieten. Im Laufe der Zeit erkannte sie aber auch die Notwendigkeit von Schulen und Internaten für Kinder aus besseren Familien – einfach weil der Orden deren Geld brauchte, um die Arbeit mit den armen Kindern weiterführen zu können. Denn in Preußen konnte ein Nonnenorden natürlich nicht mit staatlicher Unterstützung rechnen.

Daß Clara Feys Lebensentwurf auf andere Frauen attraktiv wirkte, zeigt, daß der Orden nach 25 Jahren bereits über 23 Niederlassungen verfügte – in Preußen, Bayern, Österreich und Luxemburg – und eine Schuleröffnung in Bukarest plante. Aber auch die Gründung anderer Orden, die sich an Clara Feys Zielen orientierten, sprechen dafür: die »Kongregation der Armen Franziskanerinnen«, die Franziska Schervier in Aachen gründete, oder die von Pauline von Mallinckrodt in Paderborn ins Leben gerufene »Kongregation der Christlichen Liebe«.

Pauline von Mallinckrodt und der von ihr gegründete Orden widmeten sich besonders der Blindenarbeit. Waren

Blinde bisher in sogenannten »Blindenheimen« als Objekte der Fürsorge mehr oder weniger aufbewahrt worden, so sollten sie nach Paulines Konzept durch blindengerechten Unterricht in die Lage versetzt werden, ihren eigenen Lebensunterhalt zu verdienen und ein weitgehend normales Leben zu führen. Die Schulen ihres Ordens gehörten zu den ersten in Deutschland, die die von dem Franzosen Louis Braille entwickelte Blindenschrift verwendeten. Da auch diese Schulen während des Kulturkampfes geschlossen wurden, fand Blindenarbeit im modernen Sinne in Deutschland erst nach deren Wiedereröffnung nach 1890 statt – was Pauline von Mallinckrodt, die Pionierin, nicht mehr erleben durfte.

Das Ziel von Ordensgründerinnen wie Clara Fey und Pauline von Mallinckrodt war es, alle Kinder der Armenschulen in die Lage zu versetzen, ihren Lebensunterhalt später selber zu verdienen, ohne daß sie auf unterbezahlte Fabrikarbeit angewiesen waren – auch und gerade die Mädchen. Zuerst wurden sie vor allem in der Hauswirtschaft unterrichtet, aber schon bald hielt der Orden Ausschau nach weitergehenden Unterrichtsangeboten. Waren keine gutausgebildeten Nonnen zu finden, die Geschichte oder Geographie unterrichten konnten, dann nahmen sie eben weltliche Lehrerinnen.

Daß es auf die Schülerinnen von Nonnenschulen und – später – Gymnasien und Lyzeen durchaus Eindruck gemacht haben muß, von hochgebildeten Frauen unterrichtet zu werden, die auch ohne Ehe zufrieden und angesehen waren, liegt auf der Hand. Ironischerweise spielte auch der Kulturkampf eine wichtige Rolle. Als der Orden 1878 alle Schulen in Deutschland schließen mußte, verlegten einige Häuser sich in die Schweiz... wo Frauen studieren durften. So konnte der Orden sehr früh mit akademisch gebildeten Lehrerinnen aufwarten. Und das machte ab der Jahrhundertwende die Schulen des Ordens in Deutschland noch erfolgreicher. Eltern, die ihre Tochter aufs Lyzeum schickten, suchten sich natürlich das mit dem besten Lehrangebot aus, was den Staat seinerseits zwang, sein Angebot an Mädchenbildung zu verbessern.

Clara Fey und ihre Kolleginnen verfolgten durchaus keine »emanzipatorischen« Ziele im heutigen Sinn. Clara Fey vertrat ein Konzept der »sozialen Mutterschaft«. Sie glaubte, daß Mutterschaft die natürliche Berufung der Frau sei, aber sie verstand darunter nicht nur die biologische. Eine Lehrerin, eine Fürsorgeschwester, so glaubte Clara Fey, könne nur mit sehr viel Mutterliebe ihre verantwortungsvolle Arbeit zum Besten der ihr anvertrauten Kinder ausführen – und diese Form der Mutterschaft erfülle ebenso die Berufung der

Mit ihrem Abendgebet in aller Munde: Clara Fey.

Frau wie die biologische. Zum wirklich verantwortungsvollen Erziehungswerk gehören für Clara Fey neben Liebe und Einfühlvermögen auch größtmögliche Kenntnisse in allen möglichen Fächern, weshalb Nonnen und Kolleginnen zum Wissenserwerb ermuntert wurden, eben auch an der Universität – eine Auffassung, der auch ein Gegner der Frauenbewegung schwerlich widersprechen kann. Deshalb suchte keine Geringere als Kaiserin Auguste Victoria die inzwischen hochbetagte Clara Fey mehrmals auf und holte sich Rat, wenn es um Reformen in der Mädchenbildung ging. Und das war wirklich revolutionär – auch ein Jahrzehnt nach Ende des Kulturkampfs war Preußen beileibe noch immer kein katholikenfreundliches Land.

Zölibat für Lehrerinnen

Hochqualifizierte Lehrerinnen waren, trotz aller Fortschritte, um 1900 noch selten. Die weniger qualifizierten bildeten zweifellos die Mehrheit, schließlich erkämpften sich die Frauen erst zwischen 1900 und 1909 in den einzelnen deutschen Staaten den Zugang zur Universität. Der übliche Bildungsgang bestand im allgemeinen aus dem Besuch eines zweijährigen Lehrerinnenseminars im Anschluß an die mittlere Reife, mit der die Töchterschulen zumeist endeten. 1896 gab es im Deutschen Reich insgesamt 14600 festangestellte Lehrerinnen, von denen 10000 an Volksschulen und die anderen an privaten und öffentlichen höheren Mädchenschulen unterrichteten.[29] Die Gehälter der Lehrerinnen lagen bis zu 50% unter denen der Lehrer. Begründet wurde dies nicht zuletzt damit, daß Lehrerinnen ja nicht verheiratet waren und dementsprechend keine Familie zu versorgen hatten. Letzteres stimmte nicht, da nur allzuoft Angehörige zu unterstützen waren. Ersteres stimmte, beruhte aber auf dem Umstand, daß Lehrerinnen im öffentlichen Schuldienst nicht verheiratet sein durften. Ehe bedeutete für Lehrerinnen, wie auch für Post- und Eisenbahnbeamtinnen, das berufliche Aus.

Lehrerin war ein typischer Beruf für Frauen aus dem mittleren Bürgertum und eine der wenigen Tätigkeiten, die in der öffentlichen Meinung noch als halbwegs akzeptabel für eine höhere Tochter galten. Diese soziale Herkunft erschwerte das sowieso gespannte Verhältnis zu den männlichen Schulkollegen noch weiter, waren doch gerade viele Volksschullehrer soziale Aufsteiger, die mühsam ihre Position erkämpft hatten und empfindlich auf jede Konkurrenz auf der mühsamen Karriereleiter reagierten.

Wenn eine eine Reise tut

Um sich besser zu qualifizieren, besuchten Lehrerinnen oft Kurse oder gingen zum Sprachenlernen ins Ausland. Diese Auslandsaufenthalte dürfen wir uns nicht wie heutige

Sprachreisen mit organisiertem Unterricht vorstellen. Viele angehende Lehrerinnen hätten dazu auch gar kein Geld gehabt. Sie nahmen Stellen an, für die sie der Besuch des Lehrerinnenseminars qualifiziert hatte. »Durch eine Bekannte wurde ich einer Comtesse de M. als Hauslehrerin empfohlen. Durch diese Stellung wurde ich in die Lage versetzt, in Zukunft meine Ausgaben zu reduzieren und auch mehr französisch zu reden. Die Gräfin M. hat vier Töchter, von denen drei mir als Schülerinnen anvertraut werden. Die Jüngste ist von Geburt an taub.«[30]

Und wenn wir lesen, daß Paula Ollendorf, die von 1910 bis 1938 dem Vorstand des Jüdischen Frauenbundes angehörte, vor 1900 in England und Ungarn unterrichtet hat,[31] dann können wir davon ausgehen: Sie war bei einer Familie tätig, nicht in einer Schule.

Die Familienposten kombinierten die Aufgaben von Gouvernante und Lehrerin – was zweifellos nicht immer angenehm war, denn die »Gouvernante wurde weder von ihren Arbeitgebern noch von den übrigen Dienstboten als ihresgleichen betrachtet. Die Gouvernante, egal, wie qualifiziert, bleibt eine Gouvernante, mag sittsam verhungern und freudlos und allein ins Grab sinken.«[32]

Da sind die Überlegungen von Martha Schrenk, im Jahre 1902 als Hauslehrerin im österreichischen Hinterriß, leicht nachvollziehbar: »Wenn möglich, werde ich... an eine öffentliche Schule gehen. Dafür gibt es mehrere Gründe. Ich glaube, man lebt sich eher in Schulverhältnisse ein, und dann sind es auch materielle Gründe. An einer Schule hat man eine sichere Stelle mit Pensionsberechtigung, während man als Hauslehrerin über kurz oder lang wieder gehen muß. Viele Ersparnisse sind hierbei wohl auch nicht zu machen. Außerdem bietet eine Stelle an einer Schule mehr Selbständigkeit. Man hat die schulfreie Zeit und damit viel mehr Zeit zur Weiterbildung, während in einer Familie auch außer dem Unterricht viel freie Zeit durch Spaziergänge mit den Kindern, Mithilfe bei der Hausarbeit etc. verloren geht. Ihr, liebe Schwestern, die ihr in Familien gearbeitet habt, werdet mir das bestätigen.«[33]

Um zu den Gouvernantenstellen zu gelangen, mußten die Lehrerinnen oft weite Strecken zurücklegen. Hauslehrerinnen wurden in Livland genauso gesucht wie in Tanger. Und während die *Mitteilungen für weibliche Angestellte* noch im Jahre 1901 die Frage nicht entscheiden mochten: »Können alleinstehende Damen zur Ausstellung nach Paris reisen?«[34], berichtete die Lehrerin Martha Entreß im Jahre 1900 über ihre Reise zu einem Posten in Südfrankreich: »Ich saß ganz alleine im Coupé, kannte weit und breit keinen Menschen und wußte nicht, wo man umsteigen mußte. Aus dem Indicateur, den ich in Lyon zu Rate gezogen hatte, wurde ich nicht recht klug, und die brieflichen Angaben von Madame stimmten nicht. Mit dem Fragen hat es auch seine Schwierigkeiten, da in Frankreich selten ein Conducteur in den Wagen kommt. In Roannes, erinnere ich mich noch, wurden die Coupétüren aufgerissen und etwas Unverständliches gerufen, das wahrscheinlich heißen sollte: ›Tous les voyageurs hors de voiture.‹ Ich hatte es aber nicht verstanden und blieb deshalb so lange sitzen, bis mir jemand verständlich machte, ich müsse aussteigen. Zum Glück gelangte ich in ein Coupé mit einem älteren Herrn, der sich meiner in liebenswürdiger Weise annahm. So gelangte ich endlich an meinen Bestimmungsort, ein kleines Dörfchen auf der Linie Gramat–Montlucon. Dort erwartete mich der Kutscher mit einem Wagen und brachte mich nach ungefähr einer Stunde zur Villa meiner neuen Familie.«[35]

Die reisenden Lehrerinnen waren aber nicht nur auf freundliche ältere Herren angewiesen. In den meisten europäischen Hauptstädten existierten um die Jahrhundertwende Heime für Lehrerinnen, die billige Unterkunft boten, bei der Stellenvermittlung halfen und auch Sprachkurse und Vorträge über Land und Leute organisierten. Ein Hort der Freiheit, nach dem die zumeist frisch aus dem Seminar entronnenen Mädels, die dann höchstens zwanzig Jahre alt waren, sich bestimmt sehnten, waren die Heime jedoch nicht. Das zeigen zum Beispiel die gestrengen Regeln des deutschen Lehrerinnenheims in London.[36]

Natürlich fanden sich umgekehrt auch in Deutschland Stellen für Lehrerinnen aus dem Ausland. Gutausgerüstete

HAUSREGELN

für das

DAHEIM DES DEUTSCHEN LEHRERINNEN-VEREINES IN ENGLAND

16, WYNDHAM PLACE, BRYANSTON SQUARE

LONDON, W.

MORGENGEBET um 8.30, wozu alle im Hause Wohnenden freundlich eingeladen sind.

FRÜHSTÜCK nach dem Morgengebet.

LUNCHEON um 1 Uhr, Sonntag 1½ Uhr.

THEE um 5 Uhr.

DINNER um 7 Uhr.

Wer nicht pünktlich zu den Mahlzeiten erscheint, hat keinen Anspruch auf dieselben.

Die Mitglieder haben sich um 10 Uhr Abends in ihre Schlafzimmer zurückzuziehen und um 10.30 alle Lichter auszulöschen.

Um 10 Uhr Abends wird das Haus geschlossen. Wer nothwendiger weise länger ausbleiben muss, hat vorher die Erlaubniss dazu von einer der Vorsteherinnen des Daheims einzuholen.

Die getheilten Schlafzimmer dürfen nicht als Wohnzimmer benutzt werden...

Mit Ausnahme des Office darf kein Zimmer des Hauses in den Ausgehstiefeln betreten werden. Die Mitglieder wechseln nach dem Ausgehen ihre Stiefel in der Garderobe.

Handgepäck und Koffer dürfen nicht in die Schlafzimmer gebracht werden, sondern kommen in den dafür bestimmten Raum.

Für das übergebene Gepäck wird ein Schein ausgestellt, welcher beim Abholen desselben abgeliefert werden muss.

Die Erneuerung eines verloren gegangenen Gepäckscheines kostet 1 Schilling. Sonntags ist das Kofferzimmer geschlossen.

Mädchenschulen hatten gern aus jedem Land eine Lehrerin, die ihren Schülerinnen die perfekte Aussprache vermitteln konnte. Christa Winsloe, die in ihrem Roman *Mädchen in Uniform* ihre eigene Schulzeit in einem Internat für preußische Offizierstöchter verarbeitete, bereichert ihr Kollegium um eine junge Engländerin. »Miss Evans, die hatte einen Bräutigam in England und sie sparte sich bloß noch etwas, hieß es, ehe sie heiraten wollten. Das war ganz in Ordnung.«

Gut, daß sich Miss Evans auf ihren Bräutigam freuen konnte – bei ihrer Stelle hatte sie nur wenig Kurzweil. Christa Winsloe beschreibt einen der langweiligen Spaziergänge, bei denen auch die bedauernswerte Miss Evans Aufsicht führen mußte.

»Zwei und Zwei gehen die Kinder durch den Park. Sie tragen die gleichen altmodischen Hüte und die gleichen altmodischen Mäntel. Gesprochen wird wenig. Mademoiselle Oeuillet geht hinter ihnen her. Sie hat gute Ohren und hört es sofort, wenn man deutsch spricht. Heute ist französischer Tag, und wer ins Deutsche verfällt, bekommt einen Tadel.

Lilly und Lela gehen stumm nebeneinander her...

Es ist nicht erlaubt, stehen zu bleiben. Weiter, anschließen... ertönt auf französisch das Kommando von rückwärts. So geht man weiter. Immer den gleichen Abstand haltend, immer das Gleiche vor sich sehend, direkt vor dem Gesicht ein aufgesteckter Zopf, ein Hut, ein Mantel, ein dunkler Kleiderrock, ein Paar dicke schwarze Strümpfe und ein Paar hohe schwarze Stiefel. Nur das führende Paar hat den Weg frei vor sich liegen. Und so ist um dieses Führendürfen immer ein großer Kampf.

Manche ›führen‹ gerne in die Stadt, an Läden vorbei. Da sieht man doch ein wenig von den Auslagen, wenn man auch keinen Laden betreten darf. Man schielt mit Vorliebe in ein Konditoreifenster, auch wenn man sich nichts kaufen darf. Man besieht sich erst recht gerne Modistinnenläden, wenn man einen altmodischen Hut auf dem Kopf hat. Außerdem ist es unter Umständen möglich, einen Brief heimlich in einen Briefkasten gleiten zu lassen, ohne daß die Aufsichtsdame etwas davon bemerkt.

Internationaler Hauslehrerinnenaustausch: Japanisches »Fräulein« in Berlin. 1906.

So hat selbst eine äußerlich bescheidene kleine Stadt ihre Reize, wenn man, wie diese Kinder, nach Abwechslung hungert. Es kann auch vorkommen, daß man dem Erbprinzen begegnet, der schlank und elegant in einer engen Uniform auf hohem Gig mit einem feurigen Traber über das holprige Kleinstadtpflaster rast. Dann versinkt die ganze Kolonne der Stiftskinder zu einem tiefen Hofknicks, was den jungen Herrn so göttlich amüsiert, daß er bei nächster Gelegenheit wendet, um sich das Vergnügen womöglich noch einmal zu verschaffen.«[37]

Beruf: Fräulein

Die Doppelfunktion von Lehrerin und Gouvernante schlägt sich auch im Tageslauf eines Schulmädchens aus dem Berliner Westen, irgendwann um 1890, nieder. Besagtes Schulmädchen ist die Autorin Else Ury, Verfasserin der Nesthäkchen-Serie und vieler anderer Jugendbücher:

»6.30: Das Fräulein weckt. Waschen nur mit kaltem Wasser aus der Waschschüssel. Anziehen: Korsett, Unterhose, Wollstrümpfe, Kleid, Schuhe. Kämmen und Bürsten der Haare, was meist zehn Minuten dauert.

7.15: Frühstück mit heißem Kakao und Butterbrod.

7.30: Schulweg zum Lyzeum in Begleitung des Fräuleins

8 – 12 Uhr: Vormittagsunterricht

12.30: Essen im Kreise der Familie

13 – 13.30: Ausruhen im Mädchenzimmer

14 – 16 Uhr: Nachmittagsunterricht

16.30: Teestunde zu Hause. Bis zum Abendessen Klavierüben oder Nadelarbeit, bis 21 Uhr Spielen, Handarbeiten oder Plaudern im Kreise der Familie.«[38]

Der Nachmittagsunterricht wurde von der als »Fräulein« bezeichneten Dame erteilt, die die Arbeit der Lehrerin ergänzte und gleichzeitig für die junge Else als Gouvernante fungierte.

Viel Freizeit bot dieses Leben nicht, und mit dem Gehalt konnte das »Fräulein« auch keine großen Sprünge machen – aber zum Ausgleich wurden repräsentative Ansprüche an sie gestellt. Klara Ißler beschreibt 1903 den Besuch Seiner Königlichen Hoheit Großherzog von Oldenburg samt Gemahlin: »Wir Erzieherinnen mußten in schwarzem Kleid mit weißen Glaceehandschuhen erscheinen.«[39] Damen von Welt trugen beim Schreiben nämlich feine Lederhandschuhe, eine Dame durfte schließlich keine Tintenkleckse an den Fingern haben. Die herzogliche Gemahlin schrieb sicher nur mit Handschuhen. Erzieherinnen konnten sich das zwar nicht leisten, aber das hätten sie nie und nimmer offen zeigen dürfen.

Trotz aller Einschränkungen aber war der Beruf einer Lehrerin einigermaßen angesehen und anerkannt, und keine der Zitierten hätten wohl mit einer Rübenhackerin oder Fabrikarbeiterin tauschen mögen.

Auf Initiative unter anderem von Helene Lange und Auguste Schmidt wurde 1890 der »Allgemeine Deutsche Lehrerinnenverein« (ADLV) gegründet, der sich schnell zum größten weiblichen Berufsverband in Deutschland entwickelte und 1913 circa 32000 Mitglieder hatte. Sein Ziel war es, die berufliche Situation der Lehrerinnen zu verbessern und eine generelle Reform der Mädchenbildung in Gang zu bringen.

Die Aussagen vieler Lehrerinnen belegen ihre Liebe zu ihrem Beruf und ihr Bewußtsein, so etwas wie Pionierinnen zu sein, die die Grenzen der Frauenbildung erweitern werden. Sicher nicht zufällig waren viele bedeutende Vertreterinnen der bürgerlichen und proletarischen Frauenbewegung, wie Helene Lange, Gertrud Bäumer, Hedwig Dohm, Minna Cauer, Anita Augspurg und Clara Zetkin, ausgebildete Lehrerinnen. Ihr Engagement liegt nahe, hatten sie in Ausbildung und Beruf doch nur allzu deutlich die Einschränkungen zu spüren bekommen, denen Frauen unablässig ausgesetzt waren.

Der Abschied aus dem Lehrerinnen- und Erzieherinnendasein fiel vielen Frauen schwer. Ankündigungen von Verlobungen bringen oft eine leise Wehmut zum Ausdruck. Die Hauslehrerin Mathilde Stern, die das Schicksal vom Rittmeister in Werne zur Professorenfamilie in Bad Godesberg und schließlich in die Arme eines Pfarrers führte, schreibt: »Nach Ostern werde ich mich dann auf den Haushalt stürzen, obgleich Professors mich gerne noch hierbehalten möchten. Ich fühle mich zur Nähnadel und zum Kochlöffel hingezogen, zwar nicht um ihrer selbst willen, sondern allein aus der Erkenntnis, daß ein Mann eine Frau und keine Schulmeisterin braucht. Manchmal bekomme ich schon ordentlich Mitleid mit mir, wenn ich mir vorstelle, was ich in zehn Jahren sein werde: eine hausbackene Pfarrfrau, die sich dann mit Euch nur noch über Kochrezepte und ähnliches unterhalten kann. Tu l'as voulu!«[40] Ironie des Schicksals: Um sich für interessante Posten zu qualifizieren, hatte Mathilde Stern private Lateinstunden genommen – der Bildungsdrang wurde ihr zum Verhängnis, der Lateinlehrer zum Bräutigam!

Zeugnisse ihrer bildungslustigen Kollegin Maria Schneider dagegen zeigen, daß bei der allgegenwärtigen Frauendiskriminierung die schönsten Pläne nicht viel halfen, wenn es dem bösen Prüfer nicht gefiel:

»Wie Ihr wißt, habe ich mich letztes Jahr dem bayerischen Staatsexamen unterzogen. Es endete schlimm, ich bestand nicht. Eine 4 in Mathematik warf alle meine übrigen guten Noten um. Es dauerte lange, bis ich mich mit diesem Resultat vertraut machen konnte. Man hat nach einer abgelegten Prüfung ein ungefähres Gefühl bezüglich der eigenen Leistungen. Ich wußte wohl, daß es in Mathematik nicht glänzend gegangen war, aber auf diese Hiobsbotschaft war ich dennoch nicht vorbereitet. Und nicht nur ich, sondern auch alle anderen Damen, die sich der Prüfung unterzogen hatten, haben sie nicht bestanden.

Ich bat den Herrn, der mich in Mathematik geprüft hatte, sofort um schriftliche Aufklärung und Begründung. Er antwortete, dazu sei er nicht verpflichtet. Ich wußte bestimmt, daß ich von den drei schriftlichen Mathematikaufgaben zwei völlig richtig gelöst hatte. Außerdem hatte es geheißen, nur wer das schriftliche Examen bestanden hat, wird zum mündlichen zugelassen. Da ich zugelassen wurde, konnte ich davon ausgehen, schriftlich bestanden zu haben. Insgesamt wurde ich nur 15 Minuten mündlich in Mathematik geprüft. Dabei hatten mehrere Prüfer ihre Uhr in der Hand und redeten ständig auf mich ein. Nach 15 Minuten war der Stab über mich gebrochen, aber man sagte mir das nicht. Ich mußte die ganze Prüfung weiter absolvieren, einschließlich der verschiedenen Lehrproben. Ohne ein Wort ließ man uns dann nach Hause reisen, und erst nach 14 Tagen kam die Hiobsbotschaft. Wir gingen dann ins Ministerium, um den Beschluß rückgängig zu machen oder eine Nachprüfung zu verlangen. Alle Bemühungen waren vergeblich, es sei ein Konferenzbeschluß, und der sei endgültig. Im Ministerium fragte man uns, warum wir überhaupt nach Kaiserslautern zur Prüfung gegangen seien? Man wisse doch, daß dort keine Lehrerinnen für Höhere Schulen erwünscht seien.«[41]

Maria Schneider ließ nicht locker. 1905 versuchte sie in Bayern noch einmal ihr Glück. Zu ihrem Entsetzen lautete diesmal das Prüfungsthema: »Schönschreiben in der vierten Volksschulklasse, das große H.«[42] Sie fiel aus allen Wolken, als sie mit einer Traumnote bestand.

Das Korsett muß weg: Frauen erobern den Sport

Alle unsere Modetorheiten haben einen mächtigen Feind: den Sport. Jung und gesund tritt er ihnen entgegen, stark und kräftig den Wehrlosen. Und er wird sie zertreten, überfahren, erschlagen.

Else Spiegel, 1900

»Und die Turnstunde? Ja, wenn ich immer nur am Rundlauf schweben könnte! Aber wir mußten eine halbe Stunde Kniebeugen machen, rauf, runter, und die Arme rauf und runter und eine Holzkeule rundrum, immer rum, bis ich todmüde war. Und diese Turnschuhe aus grauem Segeltuch, die abscheulichen Pumphosen, und der Schweißgeruch. Eine Qual!«[1] Mit Schaudern erinnerte sich die berühmte Tänzerin der zwanziger Jahre, Valeska Gert, an ihren Sportunterricht vor dem Ersten Weltkrieg.

Aber Sport, der neben Eisenbahn, Latexkondom und Telefon zu den neuen Errungenschaften zählte, die uns das 19. Jahrhundert bescherte, war ja eigentlich auch nicht für die Frauen gedacht. Turnen, Leichtathletik, Schwimmen, Fußball, Boxen – vor allem das »starke Geschlecht« stählte seit der zweiten Hälfte des Jahrhunderts seinen Körper, gründete zahllose Vereine und organisierte Wettbewerbe und Meisterschaften.

Frauen waren in dieser Männerdomäne eigentlich nicht vorgesehen, denn zuviel körperliche Bewegung galt nach Meinung der Experten als gesundheitsschädlich, beeinträchtige die Weiblichkeit und führe unvermeidlich zur Vermännlichung. Die Vorbehalte gegenüber dem Frauensport blieben bis zum Ersten Weltkrieg erheblich, obwohl im Zuge der Lebensreformbewegung um die Jahrhundertwende die Stimmen in der Öffentlichkeit lauter wurden, die auch für Frauen eine verbesserte Körperertüchtigung forderten.

Besonders die katholische Kirche konnte sich gar nicht mit dem Anblick sportlicher Frauen abfinden, und so erhob noch 1914 die Fuldaer Bischofskonferenz, auch unter dem Eindruck der bedenklichen Jugendbewegung, mahnend die Stimme: »Niemals sind gemeinsame Veranstaltungen oder turnerische Aufzüge von Knaben und Mädchen zu billigen; ebenso wenig gemeinsame Wandervogelausflüge heranwachsender Knaben und Mädchen und mehrtägige Wandervogeltouren von Mädchen allein. Auch jedes vor breiter Öffentlichkeit hervortretende Schauturnen von Mädchen oder Damen, und noch weit mehr öffentliche Schwimmvorstellungen derselben und selbstverständlich auch alles gemeinsame Schwimmen von Mädchen und Knaben müssen aufs Schärfste verurteilt werden... Es wäre tief zu bedauern, wenn die Körperübungen beim weiblichen Geschlecht in solchem Umfange gepflegt würden, daß dadurch Zerfahrenheit ins Gemütsleben, Unterschätzung der Geistes- und Gemütsbildung, Schwächung des weiblichen Züchtigkeitsgefühls und Verminderung der Liebe zum stillen häuslichen Wirken eintreten würde«.[2]

Es war vor allem letzteres, was den Herren an die Nerven ging: der bevorstehende Ausbruch der Frau aus dem so sicher geglaubten Heim. Beim Radfahren und Rudern, so der Turnlehrer und Turnschriftsteller Karl Euler Ende der 1890er Jahre, gehe die weibliche Anmut verloren, »beide Übungen grenzen nach meinem Gefühl an Emanzipation«.

Allenfalls ein wenig Gymnastik nach dem Motto: »Nur gesunde Frauen werden Mütter von gesunden Söhnen und Töchtern«[3] galt als zulässig. Die meisten Frauen, die sich so weit durchgesetzt hatten, um überhaupt Sport zu treiben, turnten dann auch. Seit 1889 gab es dafür in einzelnen Turnvereinen sogenannte Damenabteilungen, oder es entstanden unter der Leitung von Turnlehrerinnen eigenständige Frauenturnvereine. Die herrschenden Vorstellungen von Schicklichkeit und weiblicher Anmut bestimmten dabei den

Von Bischöfen mißbilligt: Weibliche Wandervögel bei der Orientierungsprüfung müssen von vierundzwanzig Gegenständen sechzehn behalten.

Schnitt der Turnkleidung, die jeder Bewegung engste Grenzen setzte.

So absolvierten beispielsweise Mädchen in der Schule den Turnunterricht zunächst in ihrer normalen Alltagskleidung. Gegen Ende des Jahrhunderts trugen Turnerinnen dann »einen Turnrock aus dunkelblauem Cheviot (Wollstoff) 12 cm vom Boden entfernt, drei Reihen weiße Litze bildeten den Rockabschluß. Darunter eine Cheviothose, schwarze Wollstrümpfe und Turnschuhe. Dazu eine Matrosenbluse aus demselben Stoff mit einem Matrosenkragen, der auch mit drei Reihen weißer Litze abgesetzt war. Den spitzen Ausschnitt zierte ein weißes oder blaues Lätzchen.«[4]

Erst unmittelbar vor dem Ersten Weltkrieg verschwand die Sitte des Rockturnens, und in der Schule setzte sich die weite Pumphose als Sportbekleidung durch. Das hieß natürlich noch lange nicht, daß deshalb der Sportunterricht für Mädchen spannender geworden wäre. Immer noch bestimmten weitgehend Freiübungen oder Reigen den Unterricht. Spreiz- und Grätschbewegungen oder athletische Stellungen mit Ausfallschritten, Hieb- und Stoßbewegungen galten als »indecent«.[5]

Wenn auch das Mädchenturnen zunächst umstritten war, so wurde doch bald der Beruf einer Turnlehrerin respektabel, zumindest, wenn sie ausschließlich ihr eigenes Geschlecht unterrichtete und auch dabei strenge Grenzen der Schicklichkeit wahrte. Fedor von Zobeltitz stellt in seinem Roman *Drei Mädchen am Spinnrad* einen jungen Mann mit dem schönen Namen Dionys Krempel vor, der sich nacheinander in alle drei Mädchen verliebt. Eine dieser Bekanntschaften verdankt er dem neuaufgekommenen Frauensport. »Er hatte sie auf einem Vereinsabend der Lehrer des Joachimstals kennengelernt, und es hatte ihn interessiert zu hören, daß sie sich einen modernen Sonderberuf geschaffen hatte. Sie gab jungen

Hoch das Bein. Turnerinnen am Schwebebalken beim Versuch, durch mädchenhafte Anmut zu überzeugen.

Mädchen ›Bewegungsunterricht‹ und hatte für ihre Kurse eine Turnhalle gemietet. Da war Krempel neugierig geworden und hatte gebeten, sich die Geschichte einmal ansehen zu dürfen. Das war ein hübsches Bild gewesen: ein Bild voll Anmut und Grazie... Aber wie die Kinder, hell gekleidet und je nach den Gruppen mit verschiedenfarbigen Schleifen im Haar, in Reihen abschwenkten, sich neigten und beugten, zu kleinen Quadrillen formierten und Sterne und Kreise bildeten, wie sie Arm und Köpfchen bewegten, den Oberkörper drehten und die Füße setzten: das alles war reizend.«[6]

Neben dem Turnen, der Gymnastik und dem Schwimmen – bereits 1893 entstanden in Hamburg und Berlin die ersten deutschen Frauenschwimmvereine – fanden sportbegeisterte Frauen am Ende des Jahrhunderts vor allem Zugang zu den exklusiven Sportarten der Oberschicht wie Tennis und Golf oder zum Eislauf. Wer es sich leisten konnte, hielt sich ein Reitpferd und eiferte den adligen Amazonen nach, zu denen auch Kaiserin Auguste Victoria zählte. Wie überhaupt Frauensport vor dem Ersten Weltkrieg weitgehend eine Angelegenheit der Frauen der bessergestellten Kreise blieb, die die notwendige Zeit und das Geld erübrigen konnten. In den Disziplinen Tennis und Golf nahmen 1900 in Paris erstmals Frauen an der Olympiade teil, nachdem ihnen bei den ersten Olympischen Spielen 1896 in Athen die Teilnahme noch verweigert worden war.

Mit Schläger und Matrosenhut

Da das Golfspielen ja bekanntlich eine schottische Erfindung war, lohnt es sich vielleicht, einen kleinen Blick übers Meer zu werfen und zu sehen, wie man es dort mit dem Frauensport hielt – in diesem Fall eben mit Golf. Und tatsächlich finden wir sehr frühe Belege organisierten Frauensports: Das früheste erhaltene schottische Mitgliederverzeichnis eines Golfclubs, aus dem Jahre 1562, enthält gleich ein prominentes weibliches Mitglied: Schottlands Königin Maria Stuart. Und die Fama vermeldet, daß sie am Tag nach der Ermordung ihres Mannes mit dem Mörder Golf spielte. Was großen Unwillen hervorrief. Nicht daß sie ihren Mann ermorden ließ, empörte ihre Untertanen, sondern ihr Golfspiel, das sich für eine Witwe einfach nicht ziemte, schon gar nicht mit dem Mörder. Und bei so strengen Sitten wundert es uns gar nicht, daß im Jahre 1893 der Golfheros Horace Hutchinson an Blanche Martin, die kurz darauf in der neugegründeten Ladies' Golf Union die Funktion des Kassenwarts übernahm, die mahnenden Worte richtete: Gründen Sie keinen Verein! Denn: »Frauen können einfach kein Projekt zu Ende bringen, das haben sie nie gekonnt. Sie streiten sich bei jeder kleinsten und auch bei gar keiner Provokation, so sind sie eben geschaffen. Sie würden niemals eine Meisterschaft durchstehen, ihre Tränen würden den Boden benetzen, ihre Perücken ihn bedecken. Psychisch und physisch gesehen sind Frauen nicht zum Golfspielen geeignet.«[7]

Natürlich ging es wie immer, wenn Männer Frauen mit – wie sie glauben – guten Argumenten von einer Idee abbringen wollen: Die Damen gründeten, veranstalteten Meisterschaften, bei denen keine eine Perücke verlor, und nahmen wie gesagt an Olympischen Spielen teil. Daß während der ersten Jahrzehnte des Frauengolfs die Britinnen dominierten, darf uns angesichts der Geschichte des Golfs nicht wundern.

Unter den ersten Aktivistinnen sind wirklich abenteuerliche Gestalten zu finden. Isette Pearson zum Beispiel, erste Sekretärin der Ladies' Golf Union, spielte bis zu ihrem 50. Geburtstag bei Meisterschaften. Danach heiratete sie zweimal, zuerst Tommy Miller, ebenfalls ein prominenter Golf-Aktivist und Gründer des ersten britischen gemischten Golfvereins, und nach dessen Tod einen Pastor mit sieben unehelichen Kindern, der zudem nur halb so alt war wie sie. Oder Doris Chambers und Elsie Grant-Scott, britische Meisterinnen 1910, die während des ersten Weltkrieges als Krankenwagenfahrerinnen an der Front tätig waren und die in Gefechtspausen sogar dort zum Golfschläger griffen.

Auch die Golferinnen hatten Probleme mit Korsett und Schleier. Führende Damen empfahlen einen Kompromiß. Die Öffentlichkeit sollte keinen Grund haben, die Golfladies für

Schwungvoll auf den Spuren von Maria Stuart: Golferin im Jahre 1908.

Schlampen zu halten, die nicht wissen, was sich gehört. Die Bewegungsfreiheit sollte jedoch auch einigermaßen erhalten bleiben. Und so gab es folgende Garderobenempfehlung: »Ein netter Matrosenhut, der einen sorgfältig frisierten Kopf umgibt, bei dem jedes Haar an seinem Platz liegt. Eine fesche rote Jacke, ein tadellos reiner Leinenkragen samt Krawatte, und ein Paar solide Wanderstiefel...«[8]

»Miss Higgins« schließlich hieß eine Art Gummiband, erfunden 1904 von einer US-Golferin gleichen Namens, das über den Rock gestreift wurde, so daß auch der schärfste Windstoß keinen Zoll vom Knöchel bloßlegen konnte.

Doch schon kurz nach der Jahrhundertwende erschienen die ersten Damen in Hosen auf dem Golfplatz – und da alle guten Worte nichts halfen, fanden sich die Clubs damit ab. Indessen – Hosen waren den Damen nur draußen auf dem eigentlichen Golfgelände gestattet. In den Clubhäusern hingen hinfort Schilder mit dem interessanten Hinweis: »Damen haben vor Betreten des Salons ihre Hosen abzulegen.«[9]

Die schlimmsten Befürchtungen der Gegner weiblichen Golfspiels bestätigte Gladys Ravenscot, britische Meisterin 1909: »Die Golferin betrachtet nicht jeden Mann als möglichen Liebhaber; sie hat ihre eigenen Interessen. Ihr Leben und ihre Gedanken sind angenehm ausgefüllt, sie ist fähig, selbständig, glücklich und zufrieden.«[10] In der Presse erhob sich darauf ein Wehklagen und Geschrei, als sei mit dieser ketzerischen Unabhängigkeitserklärung der Untergang des Abendlandes besiegelt.

Deutsche Tennisspielerinnen dagegen schätzten nicht nur den Sport, sondern auch den Flirt: »Vier Jahre lang, bis ich 1912 von zu Hause wegging, habe ich im Sommerhalbjahr jeden Tag nur auf die Zeit gegen vier oder fünf Uhr gewartet, um auf den Tennisplatz zu gehen. Ich liebte das Spiel, aber auch die Unterhaltung und den Flirt mit den Männern, die ich dort traf. Meine Großmutter konnte von ihrem Fenster aus den Tennisplatz überblicken, wozu sie ihr Opernglas benutzte, und wenn ich länger als eine Viertelstunde auf der Rampe saß und mich unterhielt, bekam ich eine Strafpredigt, die jedoch an mir abprallte.«[11]

Der moderne »Flirt« ist um die Jahrhundertwende überhaupt untrennbar mit dem Sport verbunden. Ermöglichte er doch den ansonsten mehr oder weniger stark unter Aufsicht stehenden Bürgerkindern beiderlei Geschlechts eine zwanglose Annäherung. Der Kulturhistoriker Eduard Fuchs sah 1912 bereits ganz besondere Konsequenzen für das gesellschaftliche Leben: »Während früher die Mütter heiratsfähiger Töchter diese von Ball zu Ball schleiften, schickten sie sie jetzt auf den Tennisplatz oder nach den Orten, wo der Wintersport in großem Umfange betrieben wird. Oberhof, St. Moritz und Dutzende von anderen Winterkurorten sind heute die internationalen Heiratsbörsen. Des Sommers ist es jeder Tennisplatz einer Großstadt.«[12]

Emanzipation auf zwei Rädern

»Die Chronisten dieses letzten Sommers unter der Regierung Wilhelms I. berichten, der Polizeipräsident habe dem Veloziped, das allmählich die Equipage des einfachen Mannes geworden war, von nun an sämtliche Straßen Berlins freigegeben. Leute, die nicht das vom deutschen Radfahrerbund vorgeschriebene Kostüm trugen – Pumphosen und das mit Preßfalten gezierte Norfolk-Jackett –, sondern in persönlich gewähltem Zivil auf ihren Velos dahinfegten, nannte man wilde Radfahrer, und wenn man sie auch nicht mit der Flinte zu erlegen gedachte, so sah man sie doch mißbilligend als Franktireurs des Sports an.«[13]

Erheblich größeren Argwohn als diese nicht korrekt gewandeten Herren erregten vor der Jahrhundertwende jedoch zunächst jene wenigen mutigen Damen in der Öffentlichkeit, die es wagten, ein Fahrrad zu besteigen und einfach davonzuradeln. Entgegen allen Widerständen eroberten sie dennoch innerhalb weniger Jahre das neue Verkehrsmittel für sich und schufen sich damit eine völlig neue (Bewegungs-)Freiheit, so daß die Frauenrechtlerin Rosa Mayreder 1905 mit Recht behaupten konnte: »Das Bicycle hat zur Emanzipation der Frauen aus den höheren Gesellschaftsschichten mehr beigetragen als alle Bestrebungen der Frauenbewegung zusammengenommen.«[14]

Dabei hatten noch um 1890 selbst in der Hauptstadt Berlin Frauen ihre Radtouren unter geradezu konspirativen Bedingungen unternehmen müssen, wie sich die Pionierin des Radsports Amalie Rother erinnert: »Wir ließen uns zunächst die Räder nach auswärts bringen und radelten auf stillen Waldchausseen, von den vereinzelten Passanten teils mit tugendhaftem Entsetzen teils mit Hohngelächter und Bemerkungen unzweideutigster Art begrüßt. Dann wagten wir es, in frühester Morgendämmerung die Stadt zu durchfahren, und endlich wurde auch eines schönen Nachmittags vom Blücherplatz aus gestartet. Sofort sammelten sich Hunderte von Menschen, eine Herde von Straßenjungen schickte sich zum Mitrennen an, Bemerkungen liebenswürdiger Art fielen in Haufen, kurz, die Sache war das reinste Spießrutenlaufen, so daß man sich immer wieder fragte, ob das Radfahren denn wirklich alle die Scheußlichkeiten aufwöge, denen man ausgesetzt war. Eigentümlich war dabei, daß am rüdesten und gemeinsten sich nicht die unterste Volksklasse benahm, sondern der Pöbel in Glacéhandschuhen.«[15]

Zu den entschiedensten Gegnern des Frauenradfahrens hatten zunächst viele Ärzte gehört, die wahre Horrorgemälde ob der schrecklichen Folgen dieser neuartigen Fortbewegung entwarfen. So beeinträchtige das Radfahren die Gesundheit der Frau im Allgemeinen, es schädige die Unterleibsorgane, es sei der Gebärfähigkeit abträglich und fördere, Gipfel männlicher Sorge, gar die Triebe, denn so ein Arzt: »Es kann keinem Zweifel unterliegen, daß, wenn die betreffenden Individuen es wollen, kaum eine Gelegenheit zu vielfacher und unauffälliger Masturbation so geeignet ist, wie sie beim Radfahren sich darbietet. Wenn man, was vorgekommen ist, ganz absieht von denjenigen Fällen, in denen der Sattel in ganz besonderer Absicht mit einem nach oben gekrümmten Vorderteil versehen wurde, so bietet auch sonst der Sitz rittlings mit ausgespreizten Schenkeln, ausreichende Möglichkeit, solchem Hange nachzugeben.«[16]

Um die Jahrhundertwende überwog jedoch bald die Zahl

derjenigen fortschrittlichen Mediziner, die das Frauenradfahren in Maßen nun auch durchaus als gesundheitsförderlich empfahlen.

Ein weitaus größeres Hindernis, als es die ärztlichen Vorurteile gewesen waren, fanden die Radlerinnen in der herrschenden Kleiderordnung des ausgehenden 19. Jahrhunderts. Das unvermeidliche Korsett, knöchellange und enge Kleider, lange Schleppen zusammen mit einer Vielzahl unterschiedlicher Accessoires wie Hut, Fächer, Schleier und Schirm ergaben eine weibliche Toilette, die mit einem durchschnittlichen Gewicht von zwölf bis fünfzehn Pfund so ziemlich das Gegenteil dessen ausmachte, was zum Radfahren und eigentlich für jede natürliche Bewegung, von Sport ganz zu schweigen, praktisch und notwendig gewesen wäre.

Bereits die Herrichtung vieler Damenfrisuren war eine komplizierte Prozedur. Elisabeth Castonier durfte sich morgens im Boudoir ihrer Mutter aufhalten, während diese frisiert wurde. »Diese Arbeit nahm viel Zeit in Anspruch und faszinierte mich. Ihr etwas spärliches blondes Haar wurde mit allerlei Ersatzteilen zur modischen Alexandrafrisur aufgebaut. Stirnlöckchen aus ihrem eigenen Haar, an Drahtstielen befestigt, wurden unter die blondwollene Unterlage geschoben und mit goldenen Haarnadeln festgehalten. Über diese Grundlage wurde dann das Haar, mit der Brennschere gelockt, sorgfältig gebürstet. Abends ruhten Stirnlöckchen und Wollunterlage, an Sicherheitsnadeln verankert, auf dem Nadelkissen.«[17] Vor dem Ersten Weltkrieg trugen fast alle Frauen ihre Haare lang. Nur einige Mutige wagten bereits, sich der herrschenden Mode zu entziehen und eine Kurzhaarfrisur, einen sogenannten Tituskopf, zu tragen.

Nach den Worten der österreichischen Schriftstellerin Hermynia zur Mühlen war die bürgerliche Frau um 1900 eine Märtyrerin, »die mit heldenhaftem Lächeln Leiden erduldete und verbarg. Damals mußte man vor allem ›Taille‹ haben; die ideale Taille war jene, die von zwei normal großen Händen umspannt werden konnte: Man zog das Korsett ungeschnürt an, dann preßte man beide Arme fest in die Seiten, hielt den Atem an, und die Kammerzofe zog mit Leibeskräften an den

Korsettschnüren. Nun kam eine kleine Pause, man holte Atem, und die Kammerzofe sammelte neue Kräfte. Die Prozedur wurde abermals wiederholt... Die Frisur nahm etwa eine Stunde in Anspruch. Zahllose kleine und große Haarnadeln hielten echte und falsche Locken und Zöpfe fest. Dann wurde der Riesenhut aufgesetzt, und Hutnadeln wurden hineingesteckt. Oft waren die Hüte nur auf einer Seite mit Blumen und Vögeln garniert, so daß das ganze Gewicht auf eine Stelle drückte. Nach zehn Minuten bekam man Kopfschmerzen, das Korsett ließ einen nicht atmen, die Kragenstäbchen bohrten sich in den Hals ein, die ungeheuren Ballonärmel hinderten jede freie Bewegung. So gingen die Frauen heldenhaft lächelnd auf die Promenade und hielten in der rasch ermüdenden Hand die Schleppe hoch.«[18]

Die Fahrradfrage wurde unter diesen Umständen zu einer höchst prinzipiellen Kleider- und Modefrage, in der es auch bald um so grundsätzliche Dinge ging wie Hose oder nicht Hose. Und das zu einer Zeit, wo nach den Erinnerungen Stefan Zweigs es einer richtigen Dame geradezu unmöglich war, das Wort Hose allein auszusprechen: »Sie mußte, wenn sie schon der Existenz eines so sinnengefährlichen Objekts wie einer Männerhose überhaupt Erwähnung tat, dafür das unschuldige ›Beinkleid‹ oder die eigens erfundene ausweichende Bezeichnung ›Die Unaussprechlichen‹ wählen.«[19]

Wenn auch jeder einsah, daß »Pantalons« eigentlich die angemessene Bekleidung für das Radfahren seien, so hieß das eben noch lange nicht, daß dies auch für Frauen gelten müsse. Frauen in Hosen, das erregte Mißfallen, war unanständig und vor allem unweiblich. Das *Vademecum für Radfahrerinnen* brachte 1897 die drohenden Gefahren auf den Punkt: »Hat die Frau durch diese Umgestaltung ihres Exterieurs den letzten Rest der conventionellen Schüchternheit abgestreift, so kann es ja leicht möglich sein, daß diese Frau immer mehr an Muth und Selbständigkeit gewinnt und dem Manne gar bald eine ebenbürtige Gegnerin wird, die nach einiger Zeit – so fürchten die Engherzigen – die Pantalons zur allgemeinen Tracht erklärt.«[20]

Nur die mutigsten Frauen radelten zunächst in Hosen,

Schon der Name sagt alles: Hochmodischer Humpelrock um 1900.

doch das Tabu – es war dahin, und bald wurden gar behoste Radlerinnen gesichtet, die zu allem Überfluß auf der Straße auch noch rauchten!

Die meisten Frauen behalfen sich allerdings mit Kompromissen, sie trugen in der Stadt einen nicht ganz so langen Rock, ein »fußfreies« Modell, und nur, wo sie niemand sah, die Hosen. Der gegen Ende des Jahrhunderts aufkommende Hosenrock, bekannt als »geteilter Beinkleid-Rock« entschärfte dann den Kleiderstreit weiter.

Als unvereinbar mit dem Radfahren erwies sich selbstverständlich auch die weibliche Panzerung, wie die Fachfrau Amalie Rother 1897 erklärte: »Das erste, was unbedingt in die Rumpelkammer muß, ist das Korsett. Tiefes, lebhaftes Atmen, wie es das Radfahren verlangt, kann nur geschehen bei voller Ausdehnung des Brustkorbs. Wie soll der unglückliche Brustkorb sich weiten, wenn er in einem Stahlpanzer steckt! Hierüber brauche ich weiter kein Wort zu verlieren, in der Verurteilung dieses höllischen Marterinstruments sind ja die vernünftigen Frauen, Radfahrerinnen und Nichtradfahrerinnen sämtlich einig. Es gibt eine ganze Reihe verständiger Ersatzmittel für das Korsett, Büstenhalter, Pariser Gürtel und andere Konstruktionen gewähren dem Oberkörper, der unter gewissen Verhältnissen eines Halts bedarf, einen solchen, ohne ihn einzuschnüren. Am freiesten und wohlsten fühlt man sich ja allerdings mit ganz unbeengtem Oberkörper.«[21]

Um die Jahrhundertwende hatte die Fahrradlust dann weite Kreise des wohlhabenden Bürgertums ergriffen, nachdem zuvor das moderne Niederrad, in einer Herren- und in einer Damenausführung, wie wir es heute kennen, auf den Markt gekommen war. Fahrradfahren wurde eine Mode, der sich eine Frau, die auf der Höhe der Zeit war, auf Dauer nicht entziehen konnte: »Und so stieg eines Tages selbst Bürgermeisters Töchterlein aufs Rad, und ein Jahr später legte sich sogar Frau Mama ein Eisenrößlein zu«[22], schrieb 1901 die *Berliner Illustrirte Zeitung*. Gerade für die höheren Töchter war das Fahrrad ein Geschenk des Himmels, wie die Schriftstellerin Marie von Bunsen beobachtete, die selber 1896 als 36jährige mit dem Radfahren begonnen hatte: »Zu jener Zeit war mir ja schon einige Freiheit zuteil geworden, für die damalige Jugend unserer Kreise hatte das Radeln jedoch geradezu schrankenniederwerfend gewirkt. Mehrere Mütter lernten zwar gleichzeitig mit ihren Töchtern, vielen fehlte jedoch der Schneid, und die jungen Mädchen flitzten mit Brüdern, Vettern, auch mit ihren Tanzfreunden allein ins Weite hinaus.«[23]

Das Fahrrad bereitete natürlich den modernen Nachfahren des Herrn Knigge gewisse Probleme, vermochten die Frauen doch mit einigen schnellen Tritten jedem nötigen Anstand einfach davonzufahren. Die Möglichkeiten des Enteilens hemmten die Moralapostel in ihren Aktionen wirklich sehr. Die dänische Autorin Tania Blixen erinnert sich an eine Familiendebatte zum Thema Fahrräder, »die damals kaum eine neue Erfindung gewesen sein können, sich aber gerade zu der Zeit ungeheuer schnell steigender Beliebtheit erfreuten, auch bei den Damen. Besonders letzteres ärgerte meinen Onkel und erregte seinen Zorn. Zunächst hatte er die Behauptung aufgestellt, Damen auf dem Fahrrad seien ein teuflischer Anblick; es wurde ihm widersprochen – was er nicht gut vertragen konnte – er redete sich in Rage, schlug schließlich mit der geballten Faust aufs Knie und verkündete mit dem lautesten Dröhnen der Kommandostimme seiner Offizierszeit: ›Wenn ich eine Dame auf dem Fahrrad fahren sehe, habe ich meiner Meinung nach, weiß Gott, das Recht, ihr eins auf den Hintern zu geben!‹ Ich selbst war noch so jung, daß ich nicht wagte zu widersprechen. Ich hatte gerade mein erstes Fahrrad bekommen, trotzdem schluckte ich meine glühende Entrüstung hinunter und schwieg. Aber ich hatte zwei junge, hübsche Kusinen, die zehn, zwölf Jahre älter waren als ich, die waren sehr flotte Radfahrerinnen und ließen sich nicht so schnell unterkriegen; ohne Furcht und mit lauten klaren Stimmen verteidigten sie hartnäckig ihre Räder. Es gelang ihnen nicht, ihren Standpunkt zu behaupten, aber gegen Ende der Diskussion konnte eine von ihnen noch einen wesentlichen Satz loswerden: ›Ach, das schaffst du ja gar nicht, Onkel‹, sagte sie, ›erstens fährt sie dir ja weg, und zweitens sitzt sie ja auf demselben!‹«[24] Ein wenig Resignation klang da wohl schon mit, wenn der Verfasser des weit verbreiteten Werkes *Der gute Ton in allen Lebenslagen* 1913 eingestehen mußte: »Über die Frage, ob das Radfahren den Damen erlaubt sei, ist man längst allgemein zur Tagesordnung übergegangen; es radeln jetzt Kinder, junge Mädchen und grauhaarige Damen.«[25]

Doch sei's drum, wird er sich vermutlich gesagt haben, sehen wir, was noch zu retten ist vom Anstand und Sitte in der Welt, und tun so, als ob es doch noch etwas zu regeln gäbe: »Die mit der wachsenden Geschicklichkeit im Fahren stets sich steigernde Lust am Durchmessen weiter Strecken findet für die Dame oft ein störendes Hemmnis dadurch, daß sie nicht stundenlang allein ins Freie, besonders nicht in einsame Gegenden radeln kann, sondern suchen muß, dafür Begleitung zu gewinnen. Wiederum aber kann nicht wohl jede junge Dame mit einem jungen Herren ins Weite hinausfah-

Der Onkel hat umsonst gezetert – Tania Blixen (rechts) und eine Freundin auf ihren Drahteseln.

ren, noch sich, selbst für kürzere Fahrten, regelmäßig von ihm begleiten lassen; in vielen Fällen muß sie, oder der Herr, um Klatsch und Gerede zu vermeiden suchen, einen Dritten zum Mitfahren zu bewegen. Da es nun für die Dame wichtiger, ja notwendiger ist, einen Begleiter beim Fahren zu finden, als für den Herren, stellt es sich fast stets als eine Art Gefälligkeit von diesem dar, wenn er sich mit ihr verabredet; sie muß daher suchen, ihm dies nicht zu erschweren. Eine Erschwerung aber liegt darin, wenn sie, besonders in größeren Städten, beansprucht, von ihrem Hause abgeholt zu werden, vielleicht sogar den Herren zwingt, erst jedesmal ihre Elten zu begrüßen, ihr das Rad auf die Straße zu holen usw.«[26]

Nach der Jahrhundertwende wurden Fahräder zunehmend auch für die weniger begüterte Bevölkerung erschwinglich – mit der Folge, daß die Begeisterung mancher gutbürgerlichen Frau am Fahrradfahren abnahm, sah diese doch ihre Exklusivität gefährdet, wenn sie auf der Straße ihrer radelnden Köchin begegnete. Für die Arbeiter und Dienstboten dagegen gewann das Fahrrad immer mehr an Bedeutung, sowohl für den Weg zur Arbeit wie für Ausflüge in der kargen Freizeit. Welchen praktischen Wert der Drahtesel dabei für die Bewegungsfreiheit im wahrsten Sinne des Wortes bekam, berichtete Rosa Kempf, die sich mit den Lebens- und Arbeitsverhältnissen von Frauen in der bayrischen Landwirtschaft beschäftigt hatte: »Die Möglichkeiten zu geselligen Vergnügungen sind für die Mägde beschränkt, schon weil die Stallarbeit dem Wegbleiben vom Hofe zeitlich enge Grenzen zieht. Darum wird aus einigen Gegenden berichtet, daß sich die Mägde von ihrer ersten Ersparnis Fahrräder anschaffen, um in der kurzen freien Zeit von Dorf zu Dorf zu fahren. Städter dürfen sich über die Ausdehnung ländlicher Lustbarkeiten nicht täuschen, selbst wenn sie am Sonntag überall Musik und Tanz antreffen. Den einzelnen trifft solch ›schöne‹ Gelegenheit nicht allzu häufig.«[27]

»Aufhalten wird die Bewegung nichts und niemand mehr« – Frauen treten in die Öffentlichkeit

Er, mit erziehlicher Spitze: ›Aber sagen Sie nur, wo sind nun die Männer aller dieser Frauen?‹ Sie, schlagfertig: ›Well, I hope, they will be safe at home‹.

Helene Lange, *Lebenserinnerungen*

Seit dem Ende des 19. Jahrhunderts fand sich die bürgerliche Frauenbewegung im Aufwind – was nicht heißen soll, die Frauen hätten mit ihren Forderungen nach Gleichberechtigung nur noch offene Türen eingerannt. Sie stießen nach wie vor bei Männern – und auch bei Frauen – auf Ablehnung und Ressentiments. Nur ließen sich die weiblichen Ansprüche auf Teilhabe und Mitbestimmung jetzt nicht mehr wie früher mit Schweigen übergehen und aus der Öffentlichkeit verbannen.

Vor allem die zahlreichen Frauenvereine, die in den letzten Jahrzehnten entstanden waren und die sich 1894 im »Bund deutscher Frauenvereine« (BdF) zusammengeschlossen hatten, trugen dazu bei, daß an den Positionen der Frauenbewegung niemand mehr vorbei kam. Dem BdF gehörten 1901 insgesamt 137 Vereine mit etwa 70000 Frauen an. Am Vorabend des Weltkriegs waren es dann in ganz Deutschland mehr als 2000 Vereine mit schätzungsweise 500000 Mitgliedern. Die organisierten Frauen nahmen sich dabei sehr unterschiedlicher Themenbereiche an, die von den traditionellen weiblichen Bereichen der sozialen Fürsorge bis zu modernen »emanzipatorischen« Anliegen reichten. So widmeten sie sich den Fragen des Kinderschutzes ebenso wie der Propagierung von Reformkleidern, den Ideen der Alkoholabstinenz genauso wie der Förderung des Frauenstudiums. Neben diesen sachbezogenen Vereinen gab es die konfessionellen Zusammenschlüsse der protestantischen, katholischen und jüdischen Frauen sowie zahlreiche Berufsverbände vom Lehrerinnenverband bis hin zum »Allgemeinen Deutschen Pensionsbesitzerinnen-Verband«.

Unter den diversen Gruppierungen herrschte über eine Reihe von wichtigen Forderungen, wie beispielsweise über die Einführung des Frauenwahlrechts oder zur Frage der Prostitution, keineswegs Einigkeit. Deshalb hatte sich auch neben dem überwiegend konservativen BdF 1899 ein »Verband fortschrittlicher Frauenvereine« gegründet, der unter Führung unter anderem von Minna Cauer, Anita Augspurg und Lida Gustava Heymann diejenigen Gruppen vereinigte, die die Ziele der Frauenbewegung offensiver vertraten und auch die politische Gleichberechtigung forderten.

Inspiration für die Zukunft: Bei den Frauenrechtlerinnen sprudeln die Ideen. V.l.n.r.: Anita Augspurg, Marie Stritt, Lily Braun, Minna Cauer und (vermutlich) Sophia Goudstikker.

Allen Vereinen und Gruppen war jedoch eines gemeinsam – ihre vielfältigen und häufig auch unspektakulären Aktivitäten stellten ein nicht zu unterschätzendes Ferment einer Entwicklung dar, die seit der Jahrhundertwende die herkömmliche Rollenverteilung der Geschlechter wenigstens ein bißchen ins Wanken brachte. Denn immer mehr Frauen – vornehmlich aus der Mittelschicht – gingen jetzt in »ihren« Verein und öffneten sich damit einen Spaltbreit die Tür nach draußen in eine Welt, die außerhalb der Familie lag.

Das traf keineswegs nur für die Frauen zu, die in den Großstädten wohnten. Auch kleinere und mittlere Orte, wie beispielsweise Wuppertal-Elberfeld mit circa 30 Frauenvereinen, verfügten über ein vielgestaltiges weibliches Vereinsleben.

Weltkongreß in Sachen Frau

Im Juni 1904 stand in Berlin die Frauenbewegung im Mittelpunkt des öffentlichen Interesses. Der Internationale Frauenbund, der weltweit sieben Millionen Mitglieder zählte und alle fünf Jahre einen großen Kongreß abhielt, war mit mehreren hundert Vertreterinnen aus 25 Staaten zu Gast in der deutschen Hauptstadt. Eingeladen hatte dazu der »Bund deutscher Frauenvereine«. In sechs Tagen arbeiteten sich die Teilnehmerinnen und zahlreiche Gäste durch ein Mammutprogramm sondergleichen. Die unzähligen Debatten, Vorträge und Ansprachen mußten parallel in vier Sektionen stattfinden, da sonst die Zeit nicht ausgereicht hätte. Im Verlauf des Berliner Kongresses, an dem Vertreterinnen der sozialistischen Frauenbewegung übrigens, abgesehen von wenigen Ausnahmen, nicht teilnahmen, wurde am 4. Juni der »Weltbund für Frauenstimmrecht« gegründet, dem auch der 1902 entstandene »Deutsche Verein für Frauenstimmrecht« beitrat. Am Rande der Beratungen fanden mehrere öffentliche Veranstaltungen statt, in deren Verlauf zum Beispiel prominente Frauenrechtlerinnen ihre Ziele einer Versammlung von 4000 Berliner Schülerinnen vortrugen und die bekannte Pazifistin Bertha von Suttner alle Frauen zum Widerstand gegen den Krieg aufrief.

Die große Fülle und Vielfalt der behandelten Themen, die von der Koedukation in skandinavischen Schulen über die Lage der Heimarbeiterinnen in Australien bis hin zur historischen Entwicklung des Eherechts reichte, dokumentierte eindrucksvoll den Rang, den die Frauenbewegung in vielen Staaten der westlichen Welt zu Beginn des 20. Jahrhunderts erreicht hatte. Beeindruckt zeigte sich auch die deutsche Presse, die dem Kongreß ausführliche Berichte widmete. Das Bild der Vorsitzenden des Bundes deutscher Frauenvereine und Präsidentin des Kongresses Marie Stritt zierte gar das Titelbild des größten deutschen Massenblattes, der *Berliner Illustrirten Zeitung*.

Die Organisation der Großveranstaltungen hatte die Berliner Fabrikantin Hedwig Heyl übernommen. »Die beste

Das Organisationskomitee tagt: Vorbereitung auf den Weltfrauenkongreß 1904.

Hausfrau Berlins«, wie sie auch genannt wurde, war seit langem vor allem in zahlreichen Projekten auf dem Gebiet der Hauswirtschaft und der Sozialfürsorge engagiert. So richtete sie unter anderem eine Kochschule ein, gründete 1898 einen Hauspflegeverein, der armen Wöchnerinnen beistehen sollte, und rief Deutschlands erste Gartenbauschule für Frauen ins Leben.

Die ebenfalls an den Vorbereitungen beteiligte Alice Salomon erinnerte sich später der gemeinsamen Arbeit. Deutlich standen sich bei dieser Gelegenheit zwei Generationen der bürgerlichen Frauenbewegung gegenüber. »Wir baten Hedwig Heyl, die eine Fabrik besaß, die sie seit dem Tode ihres Mannes selbst geleitet hatte... Es war angenehm, mit ihr zusammenzuarbeiten, aber sie hatte sonderbare Vorstellungen von den jüngeren Frauen mit akademischer Ausbildung und war davon überzeugt, daß keine von uns eine Scheibe Brot abschneiden oder Eier kochen könnte. Als Gastgeberin für Tausende von Menschen war sie jedoch unübertrefflich.«[1]

Ein opulenter »geselliger« Rahmen begleitete den Kongreß, der in den Räumen der Berliner Philharmonie tagte. »Jeder wird empfunden haben«, resümierte Gertrud Bäumer voller Begeisterung, »wie die wundervolle Ausstattung all der Salons, Lesezimmer, Wandelgänge, Erfrischungsräume den Eindruck des Bedeutenden und Inhaltreichen verstärkte, wie stimmungsvoll vor dem Eintritt in die großen Säle das Bild eines solchen Salons war, wo in all den verschiedenen kunstvoll arrangierten Plauderecken sich die oft so markant ausgeprägten Vertreterinnen der verschiedenen Nationalitäten zu persönlichem Austausch zusammenfanden.«[2]

Ganz anders sah das übrigens die Vertreterin des linken Flügels der Frauenbewegung, Minna Cauer, die sich der ambivalenten Situation bewußt war. Sie warnte deutlich vor den Gefahren, die jeder kritischen Bewegung droht, die, in die Jahre gekommen, ihren »Biß« verliert und sich zu etablieren beginnt. Sie bedauerte vor allem »das äußere Gepräge dieses Kongresses; so vollendet es auch war, so beeinträchtigte doch der Prunk, die vielen Salons, Buffets, die immer belagerte Limonadenquelle u. dergl. mehr, den Ernst des Ganzen. Ein ewiges Hin- und Herfluten, ein lautes Stimmengewirr bis in die Hörsäle hinein, eine Entfaltung von Luxus, Toiletten und das Haschen nach Sensationellem – alles das stieß den denkenden und forschenden Menschen ab... Sicherlich nicht das Wichtigste, dennoch wichtig zur Charakteristik des Kongresses. Er war gesellschafts- und salonfähig, ja sogar hoffähig – liegen in diesen Worten nicht allein schon die bedenklichsten und schwersten Gefahren für eine soziale Bewegung?«[3]

Die erwähnte Limonadenquelle war übrigens ein besonderes Anliegen der »Hausfrau« Hedwig Heyl gewesen. Sie hatte vor dem Kongreß in befreundeten Familien eine Sammlung abgeschälter Apfelsinenschalen organisiert, die in Branntwein eingelegt und anschließend zu einem Extrakt verarbeitet wurden. Mit Hilfe weiterer Zutaten, die Berliner Fabrikanten gespendet hatten, entstand daraus das Erfrischungsgetränk.

Ein Besuch bei Ihrer Majestät, der Kaiserin

Empfänge, Besichtigungen und Ausflüge machten den Berliner Frauenkongreß insgesamt zu einem gesellschaftlichen Ereignis ersten Ranges. Dem vermochten sich auch diejenigen Kreise der Hauptstadt nicht zu entziehen, die ansonsten mit den Repräsentantinnen und den Ideen der Frauenbewegung weniger zu tun hatten. Neben einem Besuch beim Reichskanzler von Bülow stand für einige prominente Frauen auch ein Besuch bei der deutschen Kaiserin auf dem Programm.

Auguste Victoria war, anders als ihr Gatte, der mit seinen bizarren Ideen die ganze Welt in Atem hielt, an näherliegenden Problemen interessiert. Sie kümmerte sich ganz persönlich um ihre sieben Kinder, was selten vorkam in Fürstinnenkreisen, fühlte sich aber auch für andere Kinder verantwortlich: Sie gründete zum Beispiel einen Vorläufer des heutigen Mütter-Genesungswerks, der armen Frauen und ihren Kindern Erholungsurlaub am Meer ermöglichte. Ansonsten erweiterte sie als Schirmherrin des »Evangelischen Kirchenbauvereins« Berlins Fundus an lutheranischen Kirchen. In der Hauptstadt und der näheren Umgebung ließ sie innerhalb von zehn Jahren nicht weniger als 42 neue bauen, also pro Vierteljahr eine.

Der Besuch der Frauenrechtlerinnen, darunter Helene Lange, Marie Stritt und die Veteranin der US-amerikanischen Frauenbewegung Susan B. Anthony bei Ihrer Kaiserlichen Hoheit verlief harmonisch. Zumindest was Auguste Victoria betraf, deren Hofstaat sich zunächst ein wenig reserviert verhielt.

Die 84jährige Susan Anthony freute sich, die oberste Frau Deutschlands einmal ins Gebet nehmen zu können, wie ein zeitgenössischer Bericht anmerkt: »... die offenherzige Republikanerin ließ sich ungeniert nieder und benutzte die gute Gelegenheit, der deutschen Kaiserin ein Privatissimum über die Frauenbewegung zu halten. ›Sie müssen dies dem Kaiser sagen, Sie müssen das dem Kaiser sagen‹, klang es alle Augenblicke aus ihrem Munde. ›Die Herren wollen aber nicht immer alles hören!‹ entgegnete die Kaiserin mit feinem Lächeln.«[4]

Womit Auguste Victoria zweifelsohne recht hatte, mochte es bei Gelegenheit des Berliner Weltkongresses 1904 oder ähnlicher Anlässe auch manchmal so scheinen, als wäre die »Frauenfrage« längst erfolgreich im Sinne der Betroffenen gelöst. Daß die Dinge in Bewegung seien, daß das Verhältnis der Geschlechter sich ändern würde, davon waren allerdings alle Beobachter – ob sie nun diese Entwicklung ablehnten oder guthießen – überzeugt.

So schrieb der liberale Theologe Martin Rade 1904 mit Blick auf den Berliner Weltkongreß in der *Christlichen Welt*, »hemmen wird die Bewegung noch Mancherlei, Inneres und Äußeres, Berechtigtes und Unberechtigtes. Aber aufhalten wird die Bewegung Nichts und Niemand mehr. Es gehört zu den sichersten Zukunftsdaten, auf die der Verständige sich bei Zeiten einrichtet, daß die öffentliche, gesellschaftliche und ethische Stellung der Frau sich in absehbarer Zukunft von ihrer bisherigen stark unterscheiden wird. Deshalb braucht einem um das gute Alte, um Natur und Sitte nicht bange zu werden: die wahren sich selber ihr Recht. Aber Manches, was auch recht gescheite Leute heute für unmöglich halten, wird sich als möglich erweisen. Das zu sagen bedarfs keinen Prophetengeist, denn wir stehen in der sichtbaren Entwicklung schon mitten drin.«[5]

Selbst ist die Frau

Vor dem Ersten Weltkrieg gab es vor allem in vielen Großstädten ein erstaunlich dichtes Netz von ganz unterschiedlichen Frauenprojekten und Aktivitäten. So existierten allein in Berlin circa siebzig verschiedene Frauenvereinigungen. Zahlreiche Berufsverbände, wie der »Verein der Post- und Telegraphinnenbeamtinnen«, der »Verein Berliner Volksschullehrerinnen« oder der »Kaufmännische Verband für weibliche Angestellte«, unterhielten nicht nur Stellenvermittlungen und Rechtsberatungen, sondern boten ihren Mitgliedern auch Fortbildungsschulen und Wohnheime.

Die Bedeutung solcher Projekte rückt ins rechte Licht, wenn wir uns die vielfachen Einschränkungen in Erinnerung rufen, denen Frauen der Mittelschicht vor 1914 in der Öffentlichkeit noch unterlagen. Die herrschende Auffassung von Sitte und Anstand und die Vorstellung von dem, was eine Frau außerhalb der Familie zu tun und zu lassen hatte, beschnitten ihre Möglichkeiten auch in einer Großstadt ganz erheblich. Alles, was Spaß machte, »tat« eine Frau nicht allein, sondern allenfalls in Begleitung. Als 1902 die damals 25jährige Else Ury beispielsweise gern eine gerade neu eröffnete Berliner U-Bahnstrecke fahren wollte, so ging das nur zusammen mit dem Vater. Es galt eben als nicht schicklich für eine Frau, allein Untergrundbahn zu fahren, ganz zu schweigen von einem Besuch im Café oder in einem Wirtshaus. Unter diesen Umständen erwiesen sich die spezifischen Einrichtungen für Frauen, die zumeist nach der Jahrhundertwende entstanden waren, als durchaus hilfreich. Unter dem Titel *Was die Frau von Berlin wissen muß* gab Eliza Ichenhaeuser 1912 eigens einen Stadtführer heraus, in dem sie vor allem über die vielfältigen Arbeits-, Wohn- und Freizeitmöglichkeiten für alleinstehende Frauen informierte.

Ein Problem stellte immer wieder die angemessene Unterkunft dar, denn: »Für diejenigen einzelnen Damen, die dauernd hier leben, war es bisher noch nicht ganz leicht, ein angemessenes Unterkommen zu finden. Einen richtigen Hausstand zu führen sagt vielen aus verschiedenen Gründen nicht zu. Der einen ist es zu kostspielig, der andern zu zeitraubend, die dritte fühlt sich in einer beliebigen Mietwohnung unsicher.«[6]

Abhilfe boten da die »Vereinigung für Frauenwohnungen« und die Genossenschaft »Die Frauenwohnung«, die Zimmer an Frauenwohngemeinschaften vergaben, oder die sogenannten Damenheime, die seit der Jahrhundertwende in verschiedenen Berliner Stadtteilen eingerichtet worden waren. Hier konnten alleinstehende Frauen jeweils ein oder mehrere Zimmer mieten, ohne von lästigen Haushaltsangelegenheiten gepeinigt zu werden. Anstelle separater Kochgelegenheiten gab es eine Zentralküche, in der die Mahlzeiten von Angestellten zubereitet wurden, und gemeinsame Speisesäle: »Die charakteristische Eigenart des Damenheims besteht darin, daß die Damen nach Wunsch Anschluß finden oder abgeschlossen bleiben können, daß sie keine Dienstboten zu halten brauchen, daß sie Gelegenheit haben, sich im Hause verpflegen zu lassen, daß sie aber nicht verpflichtet sind, Pension oder einzelne Mahlzeiten aus der Zentralküche zu entnehmen.«[7]

Die Frau von Welt im Klub

Und wie verbrachte die Frau von Welt den Abend? Sie erholte sich natürlich in einem Klub. Nach amerikanischen und britischen Vorbildern entstanden um die Jahrhundertwende in Berlin und kurz darauf auch in anderen deutschen Städten eine Reihe von Damenklubs. Der erste war der seit 1898 bestehende »Deutsche Frauenklub«. Damen der Gesellschaft fanden hier gegen eine jährliche Aufnahmegebühr von 20 Mark Entspannung von ihren täglichen Mühen. »In der Potsdamerstraße 126 bietet er gegenwärtig seinen Mitglie-

Oase im Tosen der Großstadt: Damen unter sich in einem Berliner Frauenclub.

dern eine reizende Erholungsstätte. Eine leise Ähnlichkeit mit Herrenklubs verrät das schöne Billard- und das ungemein gemütliche Rauchzimmer, aber die geschmackvollen Ecken und Causeusen, die außerordentliche Auswahl an Frauenzeitschriften und Frauenbüchern im Bibliothekszimmer erinnern wieder an den Frauengeist, der hier waltet, und verscheuchen den ersten Eindruck.«[8]

War in diesem Klub die Mehrzahl der Frauen verheiratet, so wandte sich der »Berliner Frauenklub von 1900« besonders an die »alleinstehende, erwerbende Frau«. Gemeint waren damit allerdings keine Dienstmädchen, Fabrikarbeiterinnen oder Kellnerinnen, sondern vornehmlich Künstlerinnen und Akademikerinnen. An der Spitze des Klubs stand die erste in Deutschland praktizierende Ärztin, Dr. med. Franziska Tiburtius. Zu den mehr als 1000 Mitgliedern im Jahre 1904 zählte vor allem »eine große Anzahl von Malerinnen, Schriftstellerinnen, Rezitatorinnen, Schauspielerinnen, Pianistinnen, Sängerinnen, Ärztinnen, Zahnärztinnen, ferner Bibliothekarinnen, Photographinnen, Doktorinnen der verschiedenen Fakultäten, ebenso Handelsgehilfinnen, Erzieherinnen, kurzum, tatsächlich meist erwerbende Frauen, aber auch Gattinnen von Stadtvätern, Reichstagsabgeordneten, bekannten Ärzten und andere verheiratete Frauen fehlen nicht.«[9]

Im Klub gab es natürlich ein Lesezimmer, eine Bibliothek und Räume für Ausstellungen und Veranstaltungen. Auch Frauenvereine, wie beispielsweise die Vereinigung bibliothekarisch arbeitender Frauen, fanden hier die Möglichkeit, ihre Treffen abzuhalten und eine Beratungsstelle einzurichten. Die Damen konnten sich jedoch auch zwanglos mit Gästen zum Essen verabreden: »Die Beköstigung ist eine sehr preiswerte, der Mittagstisch für 75 Pfg. ist stets von 20 bis 30 Damen besucht. Abends kostet ein warmer Gang 50 bis 60 Pfg.«[10] Eine weitere Ergänzung erfuhr das Berliner Damenklub-Angebot durch die Gründung des Frauenklubs »Neue Zeiten«, der auf christlicher Grundlage sich bemühte, »mit allen ringenden Frauen unserer Zeit Fühlung zu halten und ihre Interessen zu unterstützen«.[11]

Frauenbank und *Frauenkapital*

Auf die finanziellen Interessen der Damen zielte die 1908 in Berlin gegründete Frauenbank, die ihre Geschäftsräume in der Motzstraße hatte. Sie erledigte nicht nur die üblichen Bankgeschäfte ihrer Mitglieder, sondern bot auch Dienstleistungen wie Hausverwaltung und Rechtsberatung an. Mitglied werden konnte jede Frau, vorausgesetzt, sie konnte einen Geschäftsanteil von 100 Mark zeichnen, was sehr viel Geld war und einen Großteil der deutschen Frauen von vornherein ausschloß: Der Feinschmecker Fedor von Zobeltitz notierte um diese Zeit, daß in Berliner Restaurants eine kleine Portion Austern für 80 Pfennige, eine große für 1,40 Mark zu haben sei. Eine Postkarte konnte für 5 Pfennig Porto in alle europäischen Länder verschickt werden – dasselbe Porto galt für Päckchen, während ein Brief mit 10 Pfennig freigemacht war. Fünfzig Pfennig schließlich betrug das Stundenhonorar für einen Handwerksmeister, der sich für diesen Stundenlohn danach zwei große Bier leisten konnte. Seine Kollegin mußte länger für die zwei Bier schuften, ihr Stundenlohn lag selten über dreißig Pfennig. Aus den deutschen Kolonien schließlich wird berichtet, daß ein Besuch bei einer einheimischen Prostituierten den weißen Massa im Schnitt fünfzig Pfennig kostete. Bei solchen Löhnen war an den Erwerb eines Frauenbankanteils jedenfalls nicht zu denken.

Als Gründerinnen der Bank fungierten frauenbewegte Damen, die gut verdienten und geerbt hatten. Von Anfang an betonten sie, daß viele Männer sie wohlwollend unterstützten.

1913 nannte Dr. jur. Maria Raschke, Leiterin des Aufsichtsrates, einige Zahlen über die Stellenverteilung innerhalb der Bank. In der juristischen Abteilung arbeiteten »drei Rechtsanwälte, ein weiblicher Jurist, ein Notar, ein Bureau-

vorsteher und zwei Damen«. Die Hypothekenabteilung lag in den Händen von »drei Herren und einigen Damen«. Die enge Zusammenarbeit mit den Herren bereitete den Bankdamen allerdings kein ideologisches Kopfzerbrechen. Es fehlte an entsprechend ausgebildeten Frauen, und im Umkreise der Bank herrschte die Auffassung, daß nur »die gemeinsame Arbeit von Mann und Frau des Vaterlandes Kraft und Größe fördern kann.«

So oder ähnlich wurde es in der Zeitschrift *Frauenkapital*, die unter der Regie der Bankfrauen 1914/15 wöchentlich erschien, immer wieder formuliert. Von Mai 1915 an erschien *Frauenkapital* nur noch vierzehntäglich, Papier- und Geldmangel waren die Ursachen. Auf dem Titelblatt sind jeweils die Namen der Mitarbeiter und Mitarbeiterinnen zu lesen. Auch die Zeitschrift, die ihre Leserinnen vor allem über Bank- und Geldgeschäfte informierte, mußte auf männliche Hilfe zurückgreifen, da 1914 nur die wenigsten Frauen Ahnung von Geldanlagen und Zinswirtschaft hatten. Geradezu epidemisch tritt ein gewisser Erich Falk auf, der sich in jeder Nummer ungehemmt zum Thema Börse auslassen darf. Unter den Autorinnen der Zeitschrift finden wir so unterschiedliche Namen wie Lida Gustava Heymann, Anita Augspurg, Hedwig Dohm und Magda Trott. Letzere ist heute fast vergessen. Ihr Hauptwerk, die endlose Kinderbuchserie über *Försters Pucki* erscheint zwar weiterhin, aber kaum jemand hat sich den Namen der Autorin gemerkt.

Försters Pucki und ihre Schöpferin

Wer war nun diese Magda Trott? Lexika vermelden nur, daß sie am 20. März 1880 in Freystatt (Niederschlesien) geboren wurde und am 12. Mai 1945 in Misdroy (Pommern) starb. Um die Jahrhundertwende kam sie nach Berlin und arbeitete zunächst als Kindergärtnerin, konnte sich dann aber rasch als hauptberufliche Autorin etablieren. Kein Genre, keine Thematik ließ sie aus, ihrer Feder entsprangen gleichermaßen patriotische Schützengrabengeschichten, Arbeiterromane oder

Skandalberichte aus der verworfenen Großstadt. Viele ihrer Werke erschienen zunächst als Fortsetzungsromane in Zeitungen. *Mein Herz ruft dich, Heinz, Dämon Künstler, Schmachvolle Fessel* und *Verschleppt nach Sibirien*, so heißen Bücher dieser Autorin, die heute in keiner Bibliothek mehr zu finden sind. Genaue Auflageangaben für ihr mehr als zweihundert Titel umfassendes Gesamtwerk fehlen. Am liebsten schrieb sie über Intrigen und Kurtisanen, aber gerade diese Themenwahl – und ihre frauenbewegte Vergangenheit – sorgten dafür, daß ihre Bücher 1933 auf die Liste »unerwünschten Schrifttums« gesetzt wurden. Worauf sie in nur drei Jahren sämtliche *Pucki*-Bände verfaßte und von den neuen Machthabern in Gnaden wieder aufgenommen wurde, propagierten diese Bücher doch in kindgerechter Sprache die »eigentliche Bestimmung als Frau und Mutter« und die Unterordnung unter die Männer.

Magda Trott war eine der produktivsten deutschen Autorinnen dieses Jahrhunderts, erzielte höhere Auflagen als die meisten ihrer Kolleginnen, und ihr Hauptwerk, eben *Försters Pucki*, wird seit fast sechzig Jahren ununterbrochen neu gedruckt. Doch fehlt Magda Trott selbst in Literaturgeschichten, die in den letzten Jahren erschienen und sich ausschließlich dem Werk von Schriftstellerinnen widmen. Und dabei verdanken wir ihr doch so interessante Anregungen...

Im Jahr 1914 nahm Magda Trott die Leserinnen des *Frauenkapitals* mit auf eine Reise in die Zukunft. In einer Novelle entwickelte sie beredt die Vision, die Lüneburger Heide nach dem gewonnenen Krieg in einen »Amazonenstaat« umzuwandeln! »So konnten wir, wohlgerüstet durch die Macht des Geldes, der Reichsregierung das Anerbieten stellen, einen neuen Bundesstaat zu errichten, den Staat der Frau. Unser Angebot lautet dahin, die Lüneburger Heide käuflich zu erwerben. Was wir während der Dauer des verheerenden Krieges freiwillig hingenommen haben, das soll gesetzlich festgelegt werden: Die Bürgerinnen des neuen Frauenstaates erklären sich bereit, das obligatorische staatliche Dienstjahr auf sich zu nehmen für alle Zeit. Jedes Mädchen wird nach Vollendung des 20. Lebensjahres ihre Person in den Dienst des Staates stellen. Unentgeltlich und gern wird sie ihre Arbeitskraft dem Wohle des deutschen Volkes widmen, sie wird mitarbeiten an dem großen Werke der Förderung nationaler Arbeit, an den idealen Bestrebungen für das Glück und die Wohlfahrt des deutschen Volkes.«

Dies alles schrieb Magda Trott 1914 in der Zeitschrift *Frauenkapital* – vor Kriegsbeginn, wohlgemerkt. Und damit reiht sich ihr Text in den Kreis der vielen Bücher ein, die die deutschen Frauen auf den angeblich unvermeidlichen Krieg vorbereiten sollten. Ein Zusammenhang, in dem wir die Autorin der noch heute erfolgreichen Mädelbuchserie wohl kaum vermutet hätten.

Diamant, Schneewittchen und Rübezahl

Trotz solcher interessanten Vorschläge für die Errichtung eines deutschen Amazonenstaates: Die Auflage der Zeitschrift *Frauenkapital* – Preis der Einzelnummer: 10 Pfennig für jeweils sechzehn Seiten – war wohl nie sehr hoch, genaue Angaben fehlen, aber wahrscheinlich kam sie nicht über 3000 Exemplare hinaus. Trotzdem vermittelt sie ein aufschlußreiches Bild von den Interessen einer aktiven Minderheit der bürgerlichen Frauenbewegung.

So richtig feministisch war *Frauenkapital* nach heutigen Maßstäben nie. Ziel war keinesfalls, die Gesellschaft zu ändern. Frauen sollten in der bestehenden Gesellschaft alle Rechte haben, um »dem Mann als ebenbürtige Gefährtin zur Seite zu stehen«. Radikalere Frauenrechtlerinnen, wie die englischen Suffragetten wurden abgelehnt. Als Weg zur Gleichberechtigung der bürgerlichen Frau galt die Anhäufung von Kapital. In der blumigen Sprache der Aufsichtsratsvorsitzenden liest sich das so: »Die Göttin der Freiheit und Macht fußt auf einer goldenen Angel.« Kein Wunder also, daß Artikel darüber, wie die kluge Hausfrau ihre Dienstmädchen am besten ausbeuten kann, ebenso zu finden sind wie gute Ratschläge für Geldanlage und Grundstückserwerb.

Neben diesen Artikeln gibt es ganz reizende Anzeigen. Ein

herziges Knäblein zum Beispiel bittet jede Woche aufs neue im Auftrag der Firma Berliner Velvets: »Ach, Mama, laß mir doch einen Sammetanzug machen.« Dampfwäschereien mit märchenhaften Namen wie »Diamant«, »Schneewittchen« und »Rübezahl« wollen sich der Bettwäsche der Leserinnen annehmen. Ein Makler in Potsdam bietet Grundstücke feil: Eine sichere Investition, ist Potsdam doch Sommerresidenz Seiner Majestät des Kaisers.

Wir erfahren, daß im Februar 1914 im Deutschen Reich fünf Professorinnen tätig waren und 1400 ledige Mütter um Alimente prozessierten – wie viele damit Erfolg hatten, erfahren wir leider nicht. Ein hitziger Streit entbrennt um das Thema »Frau oder Fräulein«. Die Leserinnen wollen nicht mit »Fräulein« angeredet werden. Herr Falk erklärt diesen Wunsch für unerfüllbar. Zur »Frau« gehöre ein Ehemann, dessen Frau sie mit allen juristischen Konsequenzen sei, so stehe es im Gesetzbuch. Die Leserinnen, in dieser Hinsicht verstockt und unbelehrbar, fordern, dann eben das Gesetzbuch zu ändern. Herr Falk schmollt und macht Platz für Anne Pilot, die in einer Artikelserie die dringende Frage aufgreift: »Bedarf die Frau von heute einer Weltanschauung?« Die endgültige Antwort entfällt durch den Kriegsausbruch.

Von nun an kennt die Redaktion nur noch eine Weltanschauung, denn »der Krieg ist uns in frevelhafter Weise aufgezwungen worden«, und die deutsche Frau müsse ihre Pflicht tun fürs Vaterland.

Die Zeitschrift auf Kriegskurs

Kriegsgegnerinnen wie Dohm, Heymann und Augspurg verschwanden jetzt von der Liste der Mitarbeiterinnen. Spenden für »nationale Zwecke« wurden erbeten, zum Beispiel für die Versorgung des Heeres mit Mineralwassser. Huldigungen an »unseren Friedenskaiser« und Auskünfte über die Renten der Kriegerwitwen machten Herrn Falks Artikel über Geldgeschäfte mit dem Ausland Konkurrenz. Eine Generalswitwe erhielt demnach pro Jahr 3000 Mark, die Witwen anderer

Offiziere 2000, die eines Feldwebels 600 und jede andere 400. Schlechte Aussichten also für die Frauenbank! Trost boten da Gedichte wie jenes von Elisabeth von Mosterberg im Januar 1915:

»Den Sieg, der kommen muß, ihn bringt das neue Jahr,
Sieg und den Frieden, ewigen tiefen Frieden,
in unsres Vaterlandes hehren Gauen,
kostbarer Ernte Frucht aus heiligen Bluten
und neuer Kräfte stolze Einigkeit.«

Die Leserinnen wurden aufgerufen, sich der Frauen von 1813 und 1870 würdig zu erweisen – *Frauenkapital* schwenkte voll auf Kriegskurs ein und versprach, daß nach dem Krieg die Belohnung fürs Wohlverhalten – sprich: Frauenstimmrecht – von selber folgen würde. Doch auch dabei galt es, nicht gleich zu übertreiben: »Wollen wir die Männer nach der schweren Kriegsarbeit nicht begrüßen am heimischen Herd, ohne zu fragen: ›Laßt ihr uns auch ins Parlament?‹ Denn die wahre Berufung der Frau sind eben Mutterschaft und soziale Berufe.«

Aber auch bei der Mutterschaft gab's Probleme, denn immer häufiger trat Syphilis auf. Ehemänner, die sich für geheilt hielten, steckten ihre nichtsahnenden Frauen an. Worauf alle holden Bräute ermahnt wurden, den Bräutigam zuerst zum Arzt zu schicken und sich seine Gesundheit bescheinigen zu lassen.

Fabriken, denen die Männer fehlten, machten dicht, statt Frauen einzustellen – die Redaktion kritisierte; andererseits wurden jetzt auch verheiratete Lehrerinnen eingestellt – die Redaktion begrüßte, wenngleich Lehrerinnen auch weiterhin nicht ohne behördliche Erlaubnis nach Lust und Laune heiraten durften – die Redaktion forderte freie Gattenwahl auch für Lehrerinnen. Doch solche Reste ehemaliger Emanzipationsgedanken wurden im Laufe des Jahres 1915 immer rarer.

Wichtiger waren jetzt die Ratschläge zur Verwundetenpflege und zum Kochen in der Kriegswirtschaft. Immer neue Spendenaufrufe und Literaturhinweise ersetzten aktuelle

Nachrichten aus der Frauenbewegung anderer Länder. Im Juli 1915 wurde den geneigten Leserinnen folgendes Werk ans Herz gelegt: »Peter Robinson: Die Hindenburgstraße. Humoristische Skizzen aus dem Weltkrieg.« Nun meldeten sich auch junge Soldaten zu Wort und beschwerten sich, daß die deutschen Mütter ihre Söhne falsch erzogen hätten. Nähen, Fegen, Fensterputzen hätten sie ihnen beibringen sollen! Leider war auch das keine emanzipatorische Erkenntnis: Auf den Schlachtfeldern gab es eben keine Frauen, die ihnen diese Aufgaben abnehmen konnten, und deshalb sollten Mütter ihre Söhne in Zukunft gleich für den nächsten Krieg erziehen. Das war das Fazit der letzten Ausgabe von *Frauenkapital.*

Die allerletzte Nachricht verhieß denn auch nichts Gutes für die Zukunft: »Das Lübecker Polizeiamt verbietet den Verkauf von alkoholhaltigem Konfetti an Leute unter 16.« Darunter steht auf dem einzig erhaltenen kompletten Jahrgang der Zeitschrift handschriftlich: »Hiermit eingegangen.«

Kriegerfrauen und Soldatentöchter: Der Erste Weltkrieg

Zum Dienst fürs liebe Vaterland
rührt fleißig sich die Frauenhand
Es wird gekocht, genäht, gepflegt,
Weil Kriegszeit viele Wunden schlägt.

Das macht uns Mädel auch mobil,
und leisten wir auch nicht soviel,
Zur Liebesarbeit sind wir hier,
Soldatenstrümpfe stricken wir.

Und Strümpfe sind es nicht allein,
Wir stricken gute Wünsche rein.
Gott schenke Euren Waffen Sieg,
Daß bald beendet sei der Krieg!

Stricklied, 1916

Als im August 1914 die Männer in den Krieg zogen, standen viele Frauen jubelnd an den Straßen und auf den Bahnhöfen. Die wenigsten von ihnen konnten sich der allgemeinen Hochstimmung entziehen, die im Vertrauen auf einen schnellen Sieg und im Bewußtsein, einen gerechten Verteidigungskrieg zu führen, unter der Bevölkerung herrschte. Die bürgerlichen Frauenvereine schlossen sich sofort am 1. August 1914 unter Führung von Gertrud Bäumer zum »Nationalen Frauendienst« zusammen, um die »Heimatfront« zu mobilisieren. Zahllose Gruppen der verschiedenen Frauenvereine widmeten sich fortan während der Kriegszeit der sozialen Betreuung der Soldatenfrauen und Witwen und organisierten zusammen mit den Behörden die öffentliche Wohlfahrtspflege. »Es ging«, schrieb Gertrud Bäumer später, »um Strickstuben und Brotpreise, um Mietbeihilfen, um Kochkisten und Rezepte. Von Monat zu Monat stiegen alle Zahlen und Quanten, vermehrten sich die Arbeitsgebiete. Heute mußte eine Hilfsein-

In der Heimat, da gibt's (hoffentlich) ein Wiedersehen: Ausrückende Truppen 1914.

richtung für Angehörige der freien Berufe, morgen eine Beratungsstelle für Handwerkerfrauen bei den zuständigen Stellen angeregt oder mit ihnen zusammen geschaffen werden. Jeden Tag gingen Tausende von sorgenbelasteten, verängstigten und verbitterten Frauen durch unsere Kommissionen – bis zu 27000 in einer Woche.« [1]

Für die Anhängerinnen der bürgerlichen Frauenbewegung waren nach dem Kriegsausbruch alle früheren Bedenken gegenüber dem Staat, der ihnen bislang die Mitbestimmungsrechte in Politik und Gesellschaft so beharrlich verweigert hatte, vor dem einen Ziel zurückgetreten: dem großen Gemeinsamen zu dienen. Vor allem Frauen der Mittelschicht sahen jetzt vielleicht zum ersten Mal die Möglichkeit, sich durch die Kriegsarbeit als vollwertige Bürgerinnen auszuweisen und infolgedessen gebraucht und akzeptiert zu werden. Dem »Burgfrieden der Parteien«, den Wilhelm II. verkündet und dem sich auch die Sozialdemokraten angeschlossen hatten, trat ein »Burgfrieden der Geschlechter« an die Seite. Alle Demütigungen der Vorkriegszeit schienen vergessen, und nicht wenige Frauen hegten die Hoffnung, daß nach der Bewährung an der Heimatfront als Belohnung für sie automatisch das Wahlrecht folgen würde.

Pazifismus war für die Frauen des Nationalen Frauendienstes kein Thema. Die wenigen, die wie Lida Gustava Heymann, Anita Augspurg oder Helene Stöcker gegen den Krieg mobil machen wollten, galten den »nationalen« Frauen als Verräterinnen an einer hehren Sache. Als 1915 in Den Haag ein internationaler Friedenskongreß der Frauen einberufen wurde, verweigerte die Dachorganisation der deutschen Frauenverbände die Teilnahme ihrer Mitglieder als »unvereinbar mit der vaterländischen Gesinnung und der nationalen Verpflichtung der deutschen Frauenbewegung«.[2] Auch Sozialistinnen, die wie Clara Zetkin und Rosa Luxemburg gegen die deutsche Kriegspolitik kämpften, blieben in ihrer Partei zunächst in der Minderheit gegenüber jenen, die wie Lily Braun in die allgemeine Kriegsbegeisterung mit einstimmten.

Die Welle der patriotischen Begeisterung, die seit dem August 1914 über das Land schwappte, machte Frauen zu

»Kriegerfrauen« und Mädchen zu »Soldatentöchtern«. Die Öffentlichkeit wies dabei den Frauen – zunächst vielfach erfolgreich – die traditionelle Rolle der Dienenden, Pflegenden und Helfenden zu. Jede wollte das ihre zur Verteidigung des Vaterlandes beitragen, und sei es, indem manche das deutsche Gretchen herauskehrten und an eine glorreiche Vergangenheit anknüpften: »Auch die Mädchen änderten damals ihre Frisur. Flach strichen sie die Haare zurück und steckten die Zöpfe nach oben. Und selbst wenn sie Locken hatten, fetteten sie diese so lange ein, bis sie glatt auf dem Kopfe lagen. Eines sah aus wie das andere... Man nannte jene Haartracht: Deutsche Frisur. Manche von den Mädchen, darunter auch Hilde, deren Vater mit dem meinen nach Thorn gezogen war, hatten sich sogar die Zöpfe abschneiden lassen und sie auf irgendein Amt getragen, wo man nicht wußte, was man mit den Zöpfen anfangen sollte. Die Mädchen aber sagten, das sei in den Freiheitskriegen auch so gewesen. Da mußte man sie ihnen abnehmen. Die Mädchen verlangten eine Quittung und rahmten sie ein.« [3]

So schildert Ernst Glaeser in seinem Roman *Jahrgang 1902* die Aufbruchstimmung der ersten Kriegswochen. Wenn schon nur die Männer in den Kampf ziehen durften, so wollten doch auch Frauen nicht abseits stehen: »Überhaupt war die Opferfreudigkeit unter den Frauen damals sehr groß. Sie entledigten sich ihres Schmucks und gingen sehr einfach. Sie verloren an Reiz, aber sie stiegen in der Achtung. Meine Tante aus Weimar hatte sogar ihren Originalbrief von Goethe verkauft und den Ertrag dem Roten Kreuz geschenkt. Sie war plötzlich sehr gegen Frankreich. Sie behauptete, ihre Pariser Freunde hätten sie abscheulich beschwindelt. Es sei eine Schande, einem noch 14 Tage vorher eine herzliche Postkarte zu schreiben und einen kurz darauf hinterrücks zu überfallen. Sie hätte alle Brücken zu Frankreich abgebrochen – auch innerlich.« [4]

Die öffentliche Fürsorge für die Soldaten nahm vielfältige Gestalt an. Sie reichte vom Packen der »Liebesgaben« für die Front über das Spendensammeln bis hin zur Verbandsstoffherstellung und zur Betreuung auf den Bahnhöfen, wo Frauen des Roten Kreuzes und der Vaterländischen Frauenvereine die Soldaten mit Speis' und Trank versorgten.

Und nicht zu vergessen – das Stricken! Fast alle Zeugnisse über das Leben von Frauen während des Krieges, ob nun Biographien, Briefe oder Tagebücher, haben zu diesem Thema etwas beizutragen. Daß Deutschland schließlich den Krieg verlor – der Mangel an Socken und Pulswärmern kann die Ursache nicht gewesen sein. Gestrickt wurde überall, zu Hause, in Vereinen, in »Nähstuben«, in der Schule. Ja, vor allem dort, wie die spätere Schriftstellerin Jo Mihaly, die ihre Erlebnisse in einem Kriegstagebuch festhielt, berichtet. Sie und ihre Mitschülerinnen kamen nachmittags in den einzelnen Schulklassen zusammenkamen, »um Strümpfe, Schals, Kopfwärmer, Knieschützer, Pulswärmer, Handschuhe und Ohrenschützer für die Soldaten zu stricken. Aus gesammelten Geldbeiträgen wird pfundweise feldgraue Wolle gekauft. Einen Schal zu stricken ist nicht schwer, immer rechte Maschen und auf der Rückseite linke. Aber um den Füßling eines Strumpfs zu stricken, muß man ein Zauberkünstler sein. Wenn ich mit Ach und Krach die beiden Waden fertig habe, nimmt Großmutter die Strümpfe zum Bahnhof mit und strickt zwischen Suppekochen und Kaffee-Eingießen die Füßlinge dran.« [5]

Der Krieg erreicht die Heimat

Der kriegerische Enthusiasmus machte jedoch bald einer nüchternen Einschätzung Platz – die Realität des Kriegsalltags holte die Frauen ein –, und spätestens dann kam auch die Angst, die in den kommenden Jahren nicht weichen sollte. So schrieb die Hamburgerin Johanna Boldt am 31. August 1914 ihrem Mann, der kurz zuvor an die Ostfront gekommen war: »Lieb Schatzel, eine große Bitte hab ich an Dich: Dein großer Patriotismus und Dein unerschütterlicher Mut sind ja sehr, sehr lobenswert. Nur denke auch ein ganz klein wenig an Weib und Kind. Ich meine damit, daß Du mir doch entschieden mehr Ruhe geben würdest, wenn ich Dich an weniger gefährlicher Stelle weiß. Ich begreife Dich wohl, wenn Du schreibst, daß Du Dein Vaterland gerne mit der Waffe in der Hand verteidigen willst. Die feindliche Kugel fragt nicht danach. Denke doch in dieser Beziehung ein wenig an mich. Dieses Bangen und Sorgen um einen lieben Menschen mußt Du dir doch auch vorstellen können. Nur um mir mehr Ruhe zu geben, halte Dich zurück.«[6]

Ihr Hoffen blieb vergebens, denn acht Monate später, am 16. April 1915, starb Julius Boldt in einem russischen Gefangenenlager an Flecktypus. Johanna Boldt, deren zweites Kind gerade zur Welt gekommen war, wurde im Alter von 22 Jahren Witwe – eine von vermutlich mehr als einer halben Million deutscher Frauen, deren Männer nicht zurückkehrten.

Bis Ende 1914 waren etwa 40% der deutschen Wehrpflichtigen eingezogen worden. Dies bedeutete, daß circa 2,75 Millionen Ehemänner von der Familie getrennt irgendwo an der Front oder in der Etappe waren. Gab es etwas

Hoffentlich keine schlechten Nachrichten von der Front: Briefträgerinnen im Ersten Weltkrieg.

zu bereden, zu berichten oder eine gemeinsame Entscheidung zu fällen, so hieß es jetzt für Mann und Frau zur Feder zu greifen. Wer darin ungeübt war, dem wurde in sogenannten Feldpoststuben geholfen. Briefe mußten jetzt das Gespräch notdürftig ersetzen, wie Arnold Zweig es in seinem Roman *Junge Frau von 1914* so plastisch beschreibt: »Das Wichtigste des Lebens zwischen Menschen spielte damals in Briefen hin und her, in den etwa achtzehn Millionen Sendungen, die die Feldpost täglich bewältigte. Sie hatte über neunzigtausend Beamte ins Heer abgegeben, einen großen Schub Frauen dafür angestellt.

Briefträgerinnen in Uniform, die Mütze auf dem zurückgestrammten Haar, stiegen die vielen Treppen, klingelten an vielen Türen, ungeachtet monatlicher Schwächungen, unzureichender Ernährung durch Kartoffelbrot, Gerstenkaffee, schlechtes Schmalz, zu dünne Milch. Alle Zartheiten der Seele wurden in Schriftzügen ausgegossen, verhüllt, gesagt, ungeschickt gestottert, schwärmerisch aufgebauscht. Ehefrauen schrieben, Mütter, Bräute, Freundinnen, Bekannte, Kinder... Alle Wirklichkeit des Friedenslebens, des eigentlichen also, ging hin und her, gestaltet zwischen Papieren...«[7]

Schicksale schienen zunehmend von bedrucktem Papier abzuhängen – mochte es sich dabei um Gesuche, Urlaubsscheine, Bezugskarten, Todesanzeigen handeln oder um die Plakate mit den Namen der gefallenen und vermißten Männer, vor denen zum Beispiel auch Marlene Dietrich als kleines Mädchen mit ihrer Mutter stand: »Am späten Nachmittag sahen wir die Listen der als vermißt Gemeldeten durch. Meine Mutter ging immer langsamer, je näher wir dem Rathaus kamen. Ich wagte nicht, sie zu fragen, warum, und paßte meinen Schritt dem ihren an. Niemals ließ sie meine Hand los, wenn sie dann stehen blieb und nur ihr Kopf sich noch bewegte, von oben nach unten beim Durchgehen der Namen...

Viele Frauen und junge Mädchen waren da. Aber es herrschte kein Gedränge wie gewöhnlich vor den Geschäften, in den endlosen Schlangen an den Türen der Bäckereien. Wer

Angst vor der schrecklichen Gewißheit: Aushang der ersten Verlustlisten an der Kriegsakademie in der Neuen Wilhelmstraße, Berlin.

die Listen der Toten und Verletzten entzifferte, war höflich, zuvorkommend dem Nachbarn gegenüber... Noch zwei Listen, Hoffnung verlaß mich nicht, ›sein‹ Name wird nicht dabei sein, ich will es nicht... Nun die letzten... Ihr Finger folgt den schwarzen Buchstaben unter der von unzähligen Fingern verschmierten Scheibe.

Der Druck ihrer Hand läßt nach, sie senkt den Kopf, ihre Augen sind feucht, glänzen aber vor Erleichterung und Freude, die nur ich sehen kann.«[8]

Anfängliche Illusionen über die Erhabenheit des Krieges verwandelten sich nur allzu bald in tiefes Grauen. Das erfuhren auch jene jungen Frauen, die sich entschlossen hatten, jetzt dem weiblichen Ideal der Krankenschwester nachzueifern, und sich freiwillig in einem Lazarett meldeten. Im Juli 1914 verbrachte die damals zwanzigjährige Elisabeth Castonier gerade mit ihren Eltern in den Bergen die Sommerfrische.

Trotz einiger Besorgnis war die Familie zunächst einmal dort geblieben, und erst als deutlich wurde, daß der Krieg wider Erwarten doch nicht zu Weihnachten siegreich beendet sein würde, kehrten die Urlauber nach Berlin zurück. Hier half Elisabeth, die noch am Urlaubsort einen Schnellkursus in Krankenpflege absolviert hatte, in einem kleinen Hospital bei der Verwundetenpflege. Das wichtigste war dabei für sie eingestandenermaßen die richtige Schwesterntracht, »die der Tracht der approbierten Schwestern so ähnlich wie möglich sein sollte – und eine weiße Haube, mit vielen Haarnadeln auf der Wollunterlage befestigt. Wie alle anderen jungen Mädchen hatte ich mir die Verwundetenpflege romantisch vorgestellt: Limonade reichen, Kissen richten, kühle Hände auf Fieberstirnen legen, Vorlesen, mit Genesenden spazierengehen – und flirten. Beschützt, auf jedem Schritt außerhalb des Elternhauses chaperoniert, hatten wir von der Wirklichkeit entfernt gelebt. Der Übergang in diese Wirklichkeit war jäh:

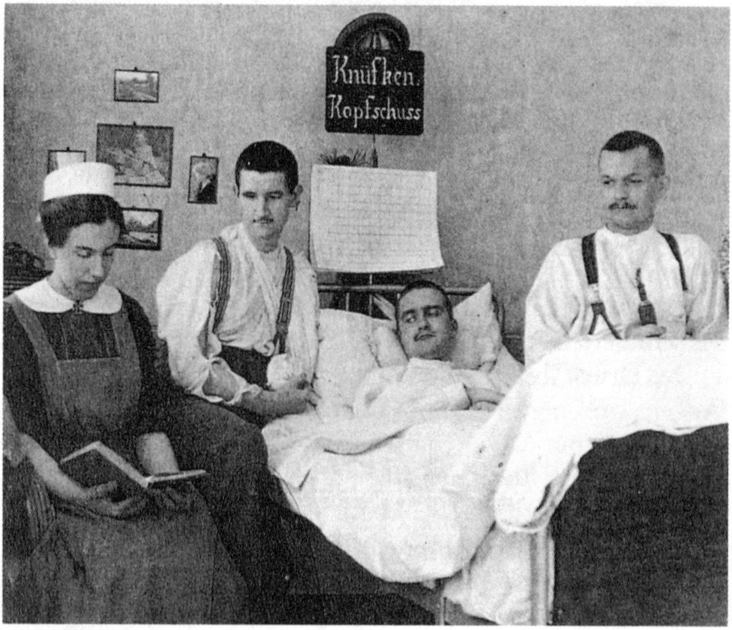

Die Idylle trügt. Krankenschwestern waren als erste mit der Realität des Krieges konfrontiert.

Sie bedeutete Schweiß- und Uringeruch, bedeutete das hilflose Wimmern von Männern, die als Helden ausgezogen waren und jetzt nach ihrer Mutter, ihrer Frau riefen.«[9]

Elisabeth ertrug die psychischen Belastungen inmitten der Sterbenden und Leidenden nicht und verließ ihre Stelle im Krankenhaus bald wieder. Zuvor ergab sich für sie noch eine beeindruckende Begegnung mit dem obersten Kriegsherren aller Deutschen, der sich zu einem Besuch bei seinen Soldaten angesagt hatte. Kaiser Wilhelm II. erschien »in feldgrauer Uniform, sehr kriegerisch anzusehen, mit unzähligen Orden besteckt, die er sich selber verliehen hatte. Um ihn klirrten und klingelten Sporen, Säbel, Orden. Hacken klappten, Schwestern knicksten devot. Wir, die Bettschüsselbrigade, durften nur im Hintergrund knicksen. In einer Ecke lag ein besonders tragischer Fall, ein Zwanzigjähriger ohne Arme und Beine, ein hilfloses Menschenbündel, ein Rumpf, der uns beim Füttern und Säubern anflehte: ›Gebt mir was zum Sterben ein.‹ Als der Kaiser an seinem Bett stehen blieb und ihm das Eiserne Kreuz auf die Brust legte, fragte er ihn, ob er einen besonderen Wunsch hätte. Der Rumpf zuckte, als wollte er salutieren, erwiderte sehr laut: ›Jawoll, Majestät, wenn ich gehorsamst bitten darf, eine Kugel in den Kopp.‹ Der Kaiser stutzte, wandte sich schweigend ab, marschierte aus dem Saal, gefolgt von seinen Begleitern, der devot lächelnden Oberin im Kräuselhäubchen, dem Satellitenschwanz der Schwestern. Der Rumpf sagte: ›Erst jagt er uns raus, dann läßt er uns liegen.‹ Die Saalschwester verwies ihn; sie würde ihn dem Stabsarzt melden, wenn er noch einmal solche unpatriotischen Bemerkungen machte.«[10]

Polonaisen für Butter und Kohl

Nicht immer trat die blutige Realität des Krieges sogleich mit solcher Deutlichkeit in Erscheinung. Der anfängliche Patriotismus an der Heimatfront litt vielmehr vor allem unter den täglichen Belastungen, die das Dasein immer schwerer machten. Bald nach Kriegsbeginn brach in Deutschland die

Versorgung mit Lebensmitteln und vielen Gegenständen des täglichen Gebrauchs weitgehend zusammen. Infolge der alliierten Blockade unterblieben die bisherigen Importe, so daß es innerhalb kurzer Zeit vieles nur noch auf Bezugsschein, vieles aber auch gar nicht mehr oder nur noch zu horrenden Preisen unter dem Ladentisch gab.

Manche hatten für diesen Fall bereits in den ersten Kriegstagen ein wenig vorgesorgt und sich auf dem Boden oder im Keller ein kleines »Viktualienlager« angelegt. So auch die Mutter der Leonore Wahl in Arnold Zweigs Roman *Junge Frau von 1914*, die im Keller ihres Hauses Lebensmittel versteckte, »die sie im Schreck der ersten Wochen angeschafft, gleich vielen wohlhabenden Hausfrauen Deutschlands, die sich, viel belacht und viel bescholten, eindeckten, als werde die Mark Brandenburg in den nächsten Tagen von Feinden ausgehungert. Obwohl die Panik schnell der heiteren Zuversicht wich, Deutschland habe genug, um diesen kurzen Krieg zu überdauern, schonte sie doch aus uralten Haushaltsinstinkten ihre Vorräte, zumal die Läden der Kolonialwarenhändler, der Mehlgeschäfte, der Fleischer Fülle und Auswahl boten wir nur je. Allmählich änderte sich das, rechtzeitig aber legte ihr Hauptversorger, ein großes Delikateßgeschäft in der Hauptstraße, ihr nahe, nicht kleinlicher zu sein als die Einkäufer ihrer Majestät und der Prinzessinnen. Er belieferte die Schlösser; ohne zu zögern und auf hohe Preise zu achten, flüsterte sie, ein Zettelchen in der Hand, ihm ihre Aufträge zu. Der Vorrat ward des Nachts geholt und hinabgetragen...«[11]

Die Mehrheit der Bevölkerung, die ohne Geld oder Ersparnisse keine Chance hatte, sich rechtzeitig mit Vorräten einzudecken, sah sich spätestens seit 1915 auf den staatlich reglementierten Markt verwiesen, auf dem das wenige, was es noch gab, lediglich auf Lebensmittelkarten zu erhalten war. Anfang 1915 wurden Brotkarten ausgegeben, die Rationierung anderer Lebensmittel folgte alsbald.

Für die Frauen, die die Hauptlast der Familienversorgung trugen, bedeutete die staatliche Lebensmittelwirtschaft vor allem eins: Schlange stehen. Die »Polonaisen« vor den Geschäften wurden besonders in den Großstädten zur unabdingbaren Notwendigkeit, um überhaupt etwas zu ergattern. Die Käuferinnen sammelten sich manchmal bereits Stunden vor Öffnung der Läden, wie es das *Berliner Tageblatt* im Mai 1916 in einem Artikel angesichts der Lage an den Berliner Markthallen beschrieb. Schon gegen Mitternacht stellten sich die ersten ein: »Sie kauern anfangs auf den Stufen der umliegenden Geschäfte und auf den eisernen Parkeinfriedigungen. Bald aber kommt eine und legt in der Nähe des Eingangs einen Strohsack hin, auf dem sie es sich bequem macht. Das ist das Signal zu einer allgemeinen Bewegung. Hinter der glücklichen Besitzerin des Strohsacks stellt eine zweite Frau einen Liegestuhl auf. Dicht neben ihr nimmt eine anspruchslosere auf einem einfachen Rohrstuhl Platz, den sie von ihrer weiß Gott wie weit entfernten Wohnung hergebracht hat... Apathisch stehen die anderen da, manche schlafen im Stehen, und das Mondlicht läßt die blassen Gesichter noch fahler erscheinen. Schutzleute erscheinen und gehen verdrossen auf und ab. Der Morgen graut. Neue Scharen ziehen heran. Frauen mit Kinderwagen... Jetzt werden die Kaffeekannen und Stullen hervorgeholt, manche der Frauen greifen nach dem mitgebrachten Strickstrumpf, um die bleiernen Stunden zu kürzen. Endlich beginnt der Verkauf. Und das Ergebnis: je ein armseliges halbes oder, wenn man besonderes Glück hat, ein ganzes Pfund Fleisch, Schmalz oder Butter für die eine Hälfte der Käufer, während die andere leer abziehen muß.« [12]

Der tägliche Einkauf – bald jedoch ohne Stullen, Kaffee und Liegestuhl – entwickelte sich mehr und mehr zu einem kräftezehrenden Unterfangen, dessen Ausgang mit zunehmender Kriegsdauer jedoch immer ungewisser wurde. Denn nie wußten die Hausfrauen genau, wann es wo in welcher Straße der Stadt vielleicht welche Waren gab. Jede realistische Planung über den Tag hinaus wurde so bereits im Keime erstickt. Was früher in wenigen Minuten zu erledigen gewesen war, nahm jetzt Stunden in Anspruch. Im Februar 1917 klagte eine Hamburgerin ihrem Mann über ihre Mühen: »Heute gab es Weißkohl im Grünwarenladen, 1/2 11 Uhr hingegangen und 1/2 1 Uhr wiedergekommen, denn gegenseitig mitbringen gibt's nicht, jeder muß selbst kommen. Als ich zu Haus war, Magermilch geholt, heute 1/2 Liter bekommen, 3/4 Stunde gestanden, und oft gibt's nur 1/4 Liter, ist das Stehen nicht wert, aber die Kinder freuen sich doch, wenn's eine kleine Suppe gibt... Nun ist der Vormittag futsch, und du bist noch nicht recht durchgewärmt.« [13]

Angesichts der herrschenden Not kamen auch alte Tabus ins Wanken. War vor dem Krieg der Verzehr von Pferdefleisch für die meisten Menschen die Ausnahme, so änderte sich diese Einstellung jetzt drastisch, wie die dänische Schauspielerin Asta Nielsen 1916 in Berlin beobachten konnte: »Eines Tages sah ich ein klapperdürres Pferd auf der Straße tot umstürzen. Im Nu, als hätte man darauf gelauert, stürmten die Frauen, mit langen Küchenmessern bewaffnet, aus den umliegenden Häusern auf den Kadaver. Man schrie und schlug sich um die besten Stücke, das dampfende Blut spritzte ihnen über Gesicht und Kleider. Andere ausgehungerte Ge-

Kriegsbedingter Handel: Tausche Kartoffelschalen gegen Brennholz.

stalten kamen vorüber und fingen in Näpfen und Tassen das warme Blut auf, von dem das Pflaster rot gefärbt war. Erst als das Pferd, wie ein Skelett in der Wüste abgenagt, dalag, zerstreute sich die Menge rasch, die eroberten Fleischklumpen ängstlich an die platten Brüste gepreßt.« [14]

Nicht nur Nahrungsmittel verschwanden nach und nach aus den Geschäften, auch Brennstoff, Schuhe, Kleidung und Seife gab es schließlich, wenn überhaupt, nur noch auf Zuteilung. Der Alltag wurde damit immer schwieriger: Die Wäsche konnte nicht mehr ordentlich gewaschen werden, weil die Seife fehlte; Kleidungsstücke konnte nicht geflickt werden, da es kein Garn mehr gab.

Überleben – ohne falsche Hemmungen

Wohl denen, die unter diesen Umständen Geld oder etwas zum Tauschen hatten, was auf dem Schwarzmarkt einen Interessenten fand. Die offiziellen Lebensmittelrationen wurden mit der Zeit so gering, daß diejenigen, die sich daran hielten und keinerlei Schleichwege bei der Nahrungsmittelbeschaffung nutzen wollten, zu verhungern drohten. Es wurde zur Gewohnheit, daß Frauen und Kinder ausschwärmten und beispielsweise direkt bei den Bauern im städtischen Umland ihr Glück versuchten, um Eßwaren zu ergattern. »Der Andrang von Arbeiterfrauen, die mit Körben versehen in die benachbarten Landkreise fahren«, verlautete 1917 aus verschiedenen deutschen Städten, wäre so groß, »daß der Eingang des Bahnhofs vollständig gesperrt sei«.[15]

Auch Familien, die sich eigentlich von solchen Quellen fernhalten wollten, kamen letztlich um diese Art der Beschaffung nicht herum, wie Katia Mann, die in München vier heranwachsende Kinder zu versorgen hatte, erfahren mußte: »Ich bin da wirklich den ganzen Tag mit dem Fahrrad in München herumgefahren, um da oder dort etwas aufzutreiben: wir wollten absolut mit dem Schwarzhandel nichts zu tun haben. Aber schließlich ging es doch nicht mehr. Außerdem bekamen wir auch immer Angebote, die natürlich verlockten. Ein junger Mensch von höchstens siebzehn Jahren kam auch einmal zu uns und sagte: ›Also, wenn sie mal was brauchen, d könnt i scho allerhand beibringen.‹ Und ich sagte: ›Na ja, da werden wir vielleicht doch dies oder das an Lebensmitteln benötigen.‹ Dann hat er mal ein bißchen Butter geliefert, mal Eier und so. Ich erwartete in der Zeit meine jüngste Tochter, und gleich das Jahr darauf erwartete ich meinen jüngsten Sohn. Da sah er mich ganz streng an und sagte: ›Scho wieder, Frau Doktor? Den kann ich nimmer ernährn!«[16]

Von Seiten der Behörden, unterstützt vom Nationalen Frauendienst, waren bald nach Kriegsbeginn große Kampagnen angelaufen, die sich an die deutschen Hausfrauen wandten und sie zu Sparsamkeit, Improvisation und Findigkeit im Umgang mit Nahrungsmitteln und Konsumgütern aufforderte. Auch die Köchinnen entgingen ihrer Einberufung zur Schulung nicht. Mit militärischem Tonfall lud der Berliner Nationale Frauendienst im Dezember 1914 zu einer Versammlung an einen illustren Ort, wo Frauen bislang eigentlich unerwünscht gewesen waren: »An die Köchinnen Groß-Berlins. Der Kriegsdienst in der Küche verlangt, daß Sie sich am Mittwoch, den 16. Dezember, abends 8½ Uhr pünktlich im Plenarsal des Abgeordnetenhauses... einfinden, um dort zu hören, wie auch Sie helfen können, den Krieg zu gewinnen.«[17] Etwa 1500 Frauen nahmen auf den ihnen ansonsten verwehrten Stühlen des hohen Hauses Platz und lauschten einem einschlägigen Vortrag Helene Langes.

In vielen Orten wurden von den Frauenverbänden sogenannte Kriegskochkurse eingerichtet, in denen die Frauen lernen sollten, sparsam zu wirtschaften und beispielsweise die traditionellen Fertigkeiten der Obst- und Gemüseverwertung zu nutzen, um so auch die letzten Rohstoffreserven sicherzustellen. Abenteuerliche Ersatzstoffe aller Art für die knappen Lebensmittel kamen in Umlauf, und spezielle Kriegskochbücher mit Rezepten, deren Bescheidenheit der Lage angepaßt war, erschienen in Massen – denn, wie die Schriftstellerin und neugebackene Kochbuchautorin Ida Boy-Ed wußte, »die Küchenfrage ist jetzt auch eine Bewaffnungsfrage.«[18]

Poetisch wurden in diesen Broschüren die einfachen Freuden des Essens beschworen und das hohe Lied der Genügsamkeit gesungen, um so den Verzicht auf das, was es nicht mehr gab, ein wenig schmackhafter zu machen: »Weißkohl, du dauerhafter Ackerbürger, solides Wesen du, voll Urwüchsigkeit, wie könnten wir jetzt ohne dich den Speisezettel machen.«[19] Doch auch dazu sollte es kommen, denn es folgten Monate, da sogar auf den schlichten Kohl verzichtet werden mußte. Als auch die Kartoffeln fehlten, trat eine Frucht in den Mittelpunkt des Interesses, die es zu einer traurigen Berühmtheit bringen sollte: »1916 war die Kartoffelernte besonders schlecht, eine Katastrophe drohte. Meine Mutter schrieb mir im Herbst 1916«, erinnert sich Hedwig Wachenheim, »daß es in Mannheim jetzt etwas gäbe, was die Preußen immer gegessen, wir in Baden aber nur an die Schweine verfüttert hätten: die Kohlrübe.«[20] Sie sollte zum Symbol für Not und Hunger an der Heimatfront werden und bewährte sich im sogenannten Kohlrübenwinter 1916/17 als unverzichtbares Grundnahrungsmittel.

Dem unfreiwilligen Übertritt großer Teile der Bevölkerung ins Vegetariertum entsprach das massenhafte Auftreten von Hobbygärtnern und -gärtnerinnen. Wo die Verhältnisse es irgend erlaubten, wurden auf jedem Rasenstück, in jedem ehemaligen Ziergarten, in Parkanlagen und auf dem heimischen Balkon Gemüse und Kartoffeln angebaut – oder es wurde doch jedenfalls versucht.

Manche Gärtnerin, die nicht mit einem »grünen Daumen« gesegnet war, tat sich jedoch schwer mit den neuen Anforderungen. So beispielsweise die Schriftstellerin Vicky Baum, die in ihren Memoiren von besonders delikaten Problemen zu berichten weiß: »Da war die Sache mit der Tomate. Einer alten Pflanzenzauberin, ›Frau Justizrat‹ Lenzberg, war es gelungen, in ihrem Blumenkasten am Fenster ein paar Tomaten zu ziehen. Sie hatte uns eine verehrt, und ich hatte die kostbare Frucht, um den Besitz weise zu mehren, in dem zu unserer Wohnung gehörigen Stückchen Garten gepflanzt. Tomaten! Man stelle sich das vor! Wo es jetzt nicht einmal mehr Kohlrüben gab! Das Geheimnis des Erfolges der ›Frau Justizrat‹ war Dünger. Dünger gab es natürlich nicht mehr zu kaufen. Hin und wieder wurde jedoch eine alte Mähre auf dem Weg zum Schlachthaus durch unsere Straße geführt. Da lauerte dann schon alles mit Handfeger und Kehrschaufel hinter den Gardinen, und wenn es der Zufall wollte, daß ein Paar Pferdeäpfel fielen, setzte eine wilde Jagd nach dem Glück ein. Ich war wieder schwanger und gewann das Rennen daher nur selten... So kam es, daß mein Tomatenpflänzchen dem Untergang geweiht war. Eines Tages sagte die ›Frau Justizrat‹ zu mir: ›Hören Sie, Kind. Sie sollten neben der Pflanze ein Loch graben und Ihren Mann und vielleicht noch ein paar seiner Freunde bitten, dort – Sie verstehen schon, nicht? Decken sie dann Erde darüber. Was sagen Sie? Das tut er nicht? Er liebt Sie doch, nicht? Na also.‹ Und wirklich ging mein kultivierter junger Gentleman dann im Schutz der Nacht in den Garten hinunter und tat, wie ihm geheißen. Doch sind seine Bemühungen leider fruchtlos geblieben.« [21]

Einsatz an der Heimatfront

Diejenigen, die es während der Kriegszeit am härtesten traf, waren die Arbeiterfrauen und Arbeiterinnen. Sie, die bereits in Friedenszeiten zwischen Haushalt und Arbeitsstelle hin und her hetzten und ständig am Rande des Zusammenbruchs lebten, waren dem allgemeinen Mangel und Elend am meisten ausgesetzt. Wohl erhielten die verheirateten Frauen als Ausgleich für den fehlenden Lohn ihrer Männer eine Kriegsunterstützung. Doch belief sich diese nur auf etwa 30% des früheren Verdienstes und reichte, obwohl viele Städte und Gemeinden Zuschüsse gewährten, keinesfalls zum Leben aus. Viele Frauen waren deshalb gezwungen, trotz Kindern eine ganztägige Arbeit zu suchen – nur war dies in den ersten beiden Kriegsjahren mit großen Schwierigkeiten verbunden.

Entgegen der landläufigen Ansicht, daß während des Krieges die Zahl der erwerbstätigen Frauen sogleich sprunghaft angestiegen wäre und es von Straßenbahnschaffnerinnen, Postbotinnen und Schornsteinfegerinnen nur so gewimmelt hätte, verloren in den ersten Kriegsmonaten zunächst sehr viele Frauen ihre bisherige Arbeit. Die kriegsbedingten Einschränkungen durch Rohstoffmangel und Exportrückgang trafen vor allem jene Branchen wie die Textil-, Konfektions- und Nahrungsmittelindustrie, in denen vor dem Krieg überdurchschnittlich viele Frauen beschäftigt gewesen waren. Auch zahlreiche Heimarbeiterinnen erhielten zunächst keine Aufträge mehr. Viele Familien der Mittelschicht entschieden sich zudem angesichts der unsicheren Zukunft, ihre Dienstboten zu entlassen, um so die Lohnausgaben zu sparen.

Erst nachdem die Rüstungsindustrie ihre Produktion in vollem Umfange aufgenommen hatte und immer mehr Männer eingezogen wurden, fanden viele Frauen eine neue Anstellung. Ihre Arbeitskraft wurde plötzlich zu einer unerhört wichtigen Angelegenheit, der man breite Anerkennung zollte: »Jede Frau, die heute Männerarbeit verrichtet«, er-

Ein kleiner Flirt am Arbeitsplatz: Straßenbahnschaffnerin während der Mittagspause.

klärte im November 1916 der Staatssekretär des Inneren vor dem deutschen Reichstag, »die heute einen Mann für das Feld freimacht..., jede solche Frau ist heute so viel wert wie der Mann, der draußen im Schützengraben vor dem Feind steht.«[22] Ganz wörtlich war dies jedoch nicht zu nehmen – die Frauenlöhne blieben trotz steigender Tendenz immer noch ganz erheblich unter denen der Männer.

Angesichts der katastrophalen Versorgungslage standen die Arbeiterinnen vor nahezu unlösbaren Problemen. Denn unter den herrschenden Verhältnissen jetzt Arbeit, Haushalt und Familie unter einen Hut zu bringen ging über die Kräfte einer jeden. So berichtet eine Berliner Schaffnerin, die das Glück hat, ihr Kind tagsüber bei ihrer Schwester unterbringen zu können: »Das Kind ißt dort, und ich zahle dafür. Meine Wohnung ist tagsüber zugeschlossen. Wenn ich nach Hause komme, bin ich müde und bringe mir gewöhnlich etwas mit, was ich auf dem Wege zu meiner Wohnung erhalten kann. Das ist meist nur Brot, auch etwas Wurst. Butter kriege ich in vierzehn Tagen höchstens einmal. Ich bin aber auch schon vier Wochen ohne Butter gewesen. Fleisch konnte ich nicht bekommen. Meine Schwester, die auch sehr einfach lebt, überließ mir vor längerer Zeit, drei Wochen sind es her, ein Stück gekochtes Rindfleisch, nicht mehr als ein viertel Pfund. Das war das letzte Fleisch, das ich gegessen habe. In letzter Zeit wurde es mir auch schwer, Wurst zu kaufen, da sie zu teuer ist. Gekocht habe ich seit Wochen nichts, nur etwas Suppe warm gemacht, und darum habe ich den ganzen Tag Hunger. Kartoffeln bekomme ich in der Nähe der Wohnung nicht, und ich bin zu müde, weiter zu gehen. Wenn ich sonntags dienstfrei habe, esse ich bei meiner Schwester.«[23]

Je länger der Krieg dauerte, desto mehr Frauen schufteten unter härtesten Bedingungen auf Männerarbeitsplätzen in der Rüstungsindustrie. So versechsfachte sich die Zahl der Frauen in der Metall-, Maschinen-, Eisen-, Hütten- und Chemieindustrie gegenüber dem Vorkriegsniveau bis 1917 auf mehr als 700000. Bei Krupp, wo vor 1914 lediglich zwischen 2000 und 3000 Arbeiterinnen beschäftigt waren, wuchs die weibliche Belegschaft bis 1918 auf 28000.[24]

Hoch auf dem gelben Wagen: Frauen bei der Ausbildung als Omnibusfahrerinnen.

Trotz solcher eindrucksvollen Statistiken – die prozentuale Gesamtquote der erwerbstätigen Frauen in Deutschland erhöhte sich während des Krieges vermutlich nicht dramatisch. Nur wenige Frauen nahmen jetzt erstmals eine Lohnarbeit auf. Dagegen kam es zu einer Umschichtung zwischen den unterschiedlichen Bereichen der weiblichen Beschäftigung: Immer mehr Frauen gingen in die Industrie, immer weniger blieben dagegen in der Landwirtschaft oder in einer Stellung als Dienstmädchen. Diese Entwicklung entsprach jedoch einer Tendenz, die bereits seit der Jahrhundertwende in Deutschland zu beobachten war. Während des Krieges verlief diese Umstrukturierung allenfalls mit höheren Tempo – und: Sie stand im Mittelpunkt des öffentlichen Interesses.

Die alte Trennung, die zwischen Arbeitsplätzen für Männer und Frauen unterschied, schien unversehens der Vergangenheit anzugehören. Frauen pflasterten die Straßen, sie standen an den Drehbänken, pflügten die Äcker und fuhren

Armeelastwagen – plötzlich schien alles möglich. Nur, es war ein Wandel auf Zeit, was vermutlich auch vielen Frauen bewußt war. Nach Kriegsende würden die Männer in ihre Berufe zurückkehren – worüber manche Frau angesichts der Verhältnisse am Arbeitsplatz sicher auch nicht traurig war.

Die 18jährige Gertrud Meyer fing im Winter 1916 in einer Munitionsfabrik in Quickborn in der Nähe von Hamburg an. Ihren Alltag erinnerte sie später als ein Leben zwischen Kälte, Rüben und Schwarzpulver: »Ich hatte Tagschicht; sie dauerte von morgens sieben bis abends sieben. Da hieß es früh aufstehen, denn für den Weg zur Fabrik brauchte ich über eine Stunde. Noch zögerte ich, mir graute vor der Kälte, wurde ich doch selbst nachts nicht warm, obwohl ich in meiner Unterwäsche schlief und sämtliche Kleidungsstücke zum Zudecken benutzte. Mein Zimmer – mehr eine Abstellkammer mit schrägen Wänden und Dachfenster – konnte ich nur am Wochenende heizen, denn die nicht ortsansässigen Arbeiterinnen bekamen nur selten eine Kohlenzuteilung... Während ich das Gesicht mit lehmiger Ersatzseife wusch und die Zöpfe aufsteckte, kochte ich auf einem winzigen Spirituskocher eine Tasse verbrannt riechenden Rübenkaffee, mein einziges Frühstück. Die karge Brotration der Woche war längst verzehrt. Die erste Mahlzeit würde mittags der Kantinenfraß sein, wahrscheinlich Dörrgemüse. Mochte der Teufel wissen, woher all die Rüben kamen: gedörrte Rüben als Mittagessen, mit Rübenmehl gestrecktes Brot, Rüben als Marmelade, Rüben als Wurstersatz, Rüben von morgens bis abends, nur niemals frisch, als echte, richtige Gemüsemahlzeit (an Speck oder Schweinebauch dazu wagten wir gar nicht zu denken. Ich zog den (für die sibirische Kälte dieses Winters zu dünnen) Wintermantel an, hängte darüber eine halbe Pferdedecke, die ich gegen eine Seidenbluse eingetauscht hatte, band das Wolltuch um den Kopf, steckte die Hände in dicke, von meiner Mutter genähte Fausthandschuhe.«[25]

Die eigentliche Arbeit in der Munitionsfabrik war schwer und extrem gefährlich – ständig drohten Explosionen. Zusammen mit zwei Kolleginnen füllte Gertrud Meyer Leuchtspurmunition mit Schwarzpulver: »Anni ging in die Kammer

Oft ein Himmelfahrtskommando: Arbeiterinnen in einer Munitionsfabrik.

hinter dem Pumpraum zum Matrizenreinigen, Hertha in die Füllkammer, die sich Wand an Wand mit der Presse befand. Hertha öffnete die Durchreichklappe. Mit geübtem Schwung hoben Frieda und ich je eine Matrize (auch Schlitten genannt) durch die Klappe, die Hertha sogleich wieder schloß. Senkrecht von oben, ohne zu schurren, damit das Schwarzpulver nicht herausrutschte, setzten wir sie auf die Eisenplatte unter den Preßbalken. In jedem Schlitten steckten zwei Hülsen, darin zuunterst ein braunes Papierblättchen, dann kam der Zündsatz (der so leicht herausrutschte) aus körnigem, hochexplosivem Schwarzpulver und darüber das silbrige Aluminiumpulver, verschieden gemischt, je nach Farbe der Leuchtraketen... Bald lief die Arbeit im gewohnten Rhythmus: Schlitten ergreifen, mit Schwung auf die Platte setzen, um die Schutzmauer rennen, zu zweit den Pumpschwengel bewegen, den Blick auf das Manometer gerichtet. Der Zeiger stieg – hundertfünfzig – hundertachtzig – zweihundert, nun wurde es schwieriger; bei den letzten Schlägen mußten wir uns mit unserem ganzen Gewicht auf den Pumpschwengel legen. Das war der gefährliche Augenblick, wenn das Manometer auf zweihundertfünfzig anstieg. Hatte sich beim Pressen in der Matrize ein Stöpsel (Stempel) verschoben, oder wenn sich lose Schwarzpulverkügelchen zwischen Hülse und Matrizenwand verklemmten, dann ›knallte‹ es. Das konnte das Leben kosten.« [26]

Frauen traten nicht nur in den kriegswichtigen Industrien an die Stelle der Männer, sondern übernahmen seit 1917 auch zunehmend Funktionen in der Etappe unmittelbar hinter der Front. Sie ersetzten Feldwebel und Regimentsschreiber in den zahlreichen militärischen Versorgungseinrichtungen, arbeiteten in den militärischen Stäben und errichteten Munitionsunterstände. Der Einsatz der Frauen fand jedoch schnell seine Grenzen, wenn es dabei nicht mehr um untergeordnete Tätigkeiten ging. So erhielt eine Reihe von Ärztinnen, die sich freiwillig gemeldet und zunächst auch in Feldlazaretten tätig gewesen waren, im Mai 1915 plötzlich aus »militärisch-disziplinären Gründen« ihre Kündigung.

Bis an die Front war Käthe Frankenthal, die während des

Krieges zunächst einen Landarzt vertreten hatte, nicht einmal gelangt: »Es wurde mir mitgeteilt, daß ich als Krankenschwester hinausgehen könne und daß das sehr erwünscht sei. Als Militärärztin könne ich aber nicht eingestellt werden, da ich als solche Offiziersrang hätte. Ein deutscher Mann dürfe keiner Frau unterstellt sein, das würde die Disziplin gefährden.«[27] Die verbündeten Österreicher sahen in dieser Hinsicht offenbar keine Probleme und schickten Dr. Frankenthal umgehend an die Front, wo sie in verschiedenen Lazaretten gemeinsam mit ihren männlichen Kollegen Dienst tat.

Gegen Hunger und Krieg

Der nationalistische Taumel im August 1914 hatte zunächst auch manchen Arbeiter und manche Arbeiterin erfaßt. Doch kühlte die Begeisterung angesichts der Kriegsverhältnisse schnell ab, und die eintretende Massenarbeitslosigkeit tat ein übriges. In den Arbeitervierteln der Großstädte machte sich Verzweiflung breit. »Wegen Einberufung der Genossen mußte ich Parteibeiträge kassieren – Wohnungselend, Kummer verlassener Frauen, Arbeitslosigkeit, Mutlosigkeit, vereinzelt gefaßte Menschen«[28] – so notierte ein junger Hamburger Sozialdemokrat bereits am 16. August 1914 seine Eindrücke.

Die daheimgebliebenen Arbeiterfrauen und Arbeiterinnen, die allen Schwierigkeiten zum Trotz für die Ernährung der Familie sorgen und das Überleben organisieren mußten, trugen die schwerste Last während der Kriegsjahre – kein Wunder, daß manche von ihnen ihre Verzweiflung und ihren Protest auch bald deutlich zum Ausdruck brachten. Kurz und bündig kamen »mehrere Hamburger Kriegerfrauen« in einem Brief an den Senat im August 1916 zur Sache: »Wir machen dem hohen Senat der Stadt Hamburg den Vorschlag: Wir wollen unsere Männer und Söhne aus dem Krieg wiederhaben und wollen nicht länger noch hungern – es muß Frieden gemacht werden. Der hohe Senat muß uns darin beistehen, sonst machen wir was anderes.«[29]

Mit so etwas »anderem« hatten Frauen bereits seit 1915 in vielen deutschen Städten begonnen. Am 18. März 1915 demonstrierten vor dem Reichstag fünfhundert Frauen gegen die Kriegspolitik und die zunehmende wirtschaftliche Not. Auch bei einer Kundgebung am selben Orte am 28. Mai 1915, an der bereits 1500 Menschen teilnahmen, stellten Frauen die große Mehrheit der Demonstranten. Immer häufiger kam es angesichts der Lebensmittelknappheit, der Wucherpreise und der offensichtlichen Ungerechtigkeiten bei der Verteilung zu spontanen Demonstrationen, zu Aufläufen vor den Geschäften, zu Plünderungen und zu selbstorganisierten Verkäufen.

Auch in Berlin zogen vier- bis fünfhundert Frauen im März 1917 vor das Charlottenburger Rathaus: »Sie verlangten dort Lebensmittel und veranlaßten den Magistrat durch lautes Schreien die Aufbewahrungsstelle für Gemüse... zu öffnen und von dieser Stelle aus, von der gewöhnlich die Kleinhändler versorgt werden, unmittelbar zu verkaufen. Als zur Mittagszeit die Verkaufsstellen geschlossen werden sollten, rückten Frauen von neuem in langer Reihe hintereinander nach dem Rathaus mit dem Rufe: ›Hunger, Hunger, wir wollen Kohlrüben!‹ Der Magistrat entsprach auch diesmal dem Wunsche der Bevölkerung, öffnete den vorbezeichneten Raum wieder und verkaufte weiter bis abends acht Uhr. Es wurde an kleinere Familien je 4 Pfund, an größere je 8 Pfund Weißkohl verabfolgt. Vor dem Verkaufsraum, vor welchem sich Polizeiaufsicht befand, ist der Verkauf ohne jede Störung vor sich gegangen. Im Rathaus selbst soll auf einem Flur eine Frau einen Magistratsboten in den Leib getreten haben.«[30]

Mit solchen teilweise von Handgreiflichkeiten begleiteten Aktionen, die sich in vielen deutschen Städten wieder und wieder ereigneten, und mit den großen Streiks, beispielsweise 1917 in der Munitionsindustrie, an denen Arbeiterinnen maßgeblich beteiligt waren, schufen Frauen die Voraussetzungen für die Revolution von 1918, die zusammen mit der militärischen Niederlage das Schicksal des wilhelminischen Kaiserreichs besiegelte. Die Frauen brachten mit ihrem kompromißlosen Aufbegehren gegen den Krieg und seine Folgen nicht nur einen Magistratsboten zu Fall, sondern halfen kräftig dabei, eine ganze Epoche zu beenden.

Als allerdings die Räte die Macht in den Städten übernahmen, waren Frauen nur noch selten beteiligt. Auf dem Allgemeinen Kongreß der Arbeiter- und Soldatenräte im Dezember 1918 in Berlin fanden sich unter den 496 Delegierten lediglich zwei Frauen. In den wiedererstarkten Parteien, Gewerkschaften und Gremien übernahmen wieder Männer die Macht.

Verseuchte und geschminkte Französinnen

Während der Kriegszeit bestimmten völlig neuartige Bedingungen das Verhältnis der Geschlechter zueinander. Davon abgesehen, daß die Zahl der Heiraten dramatisch absank, gewann die Sexualität außerhalb der Ehe eine bislang unerreichte Bedeutung und wurde geradezu zu einer Staatsaffäre, ging es dabei doch um so hehre Begriffe wie Wehrkraft, Volksgesundheit und um die engsten Beziehungen zur feindlichen Bevölkerung. Während den Ehemännern fern des heimatlichen Herdes an der Front erhebliche Freizügigkeiten zugebilligt wurden, um die Stimmung zu heben, war es an der Heimatfront gerade umgekehrt: Unter den Soldatenfrauen hatte Zucht und Ordnung zu herrschen, ihr Ruf sollte makellos bleiben, auf daß keinerlei Gerüchte aus der Heimat die Krieger im Schützengraben beunruhigten.

In der ersten Euphorie nach Kriegsausbruch sah sich manche Dame als Neu-Germanin, die auf ihre Weise den Kampf aufnahm. So reimte »Elisabeth N.« am 12. August 1914 in den *Hamburger Nachrichten*:

> An Deutschlands Frauen!
> Ihr Mädchen und Frauen im deutschen Land,
> Steht auf, macht mobil gegen fränkischen Tand!
> Werft von Euch die welschen Sitten,
> Darunter so lang wir schon litten!

Legt ab all den eitlen Modetand
Und kleidet Euch wieder mit schlichtem Gewand!
Nicht der Putz und das eitle Geschmeide,
Verleiht den Liebreiz dem Weibe.

Drum fort mit des Tangos leichtfertigem Schritt,
Kehrt wieder zum deutschen Tanze zurück;
Fort mit Zigaretten, geschlitztem Rock,
Mit Reiherfeder und Spazierstock.

Nun, wo uns're Männer im Kampfe stehn,
Da wollen wir Frauen doch wahrlich nicht gehn
Mit fremden Moden, geputzt wie ein Pfau,
Das tut doch gewiß keine deutsche Frau!

In dieser so ernsten, so schweren Zeit,
Da ziemt sich doch nur ein einfaches Kleid!
Drum kehret zur deutschen Sitte zurück.
Lebt wieder für's Haus und für's häusliche Glück! [31]

Doch die Verhältnisse wurden solcherlei Ansprüchen an die Tugendhaftigkeit nicht im mindesten gerecht, und manchmal war es auch nötig, daß der Reinheit der deutschen Frau und Mutter die Tugend einer anderen zum Opfer gebracht wurde.

Zum Beispiel in Würzburg: Vor 1914 war dort keine einzige hauptberufliche Prostituierte registriert. Nach Kriegsbeginn aber verlangte der Oberbefehlshaber der dort stationierten Division von den Stadtvätern, seine Truppen für die Dauer des Krieges mit genügend Prostituierten zu versorgen. In vielen Orten in der Etappe wurden Bordelle errichtet – getrennt für Offiziere und Mannschaften – die zum Teil unter der direkten Obhut der Militärbehörden standen. So auch in Brüssel, das Alice Salomon während des Krieges besuchte: »Dort waren die Kampfhandlungen fast beendet; es war noch immer die Hauptstadt eines blühenden Landes, das lediglich vorübergehend besetzt war. Es befand sich dort ein umfangreicher militärischer Stab, ein wichtiges Verwaltungszentrum für die Industrie und eine ›Kulturabteilung‹ für Propagandazwecke. Es gab auch unter deutscher Kontrolle stehende Bordelle und es wurde Druck auf die einheimischen

Frauen ausgeübt, sie in Betrieb zu halten. Die besten Hotels, in denen die Offiziere wohnten, waren jenen Einrichtungen nicht unähnlich.«[32]

Um Deutschlands Feldgraue vor Schaden zu bewahren, wurden sie ab 1914 mit »hechtgrauen Feldkondomen«[33] ausgerüstet, da bei den Behörden die Furcht umging, daß die laxen Verhältnisse die Zahl der Geschlechtskranken in die Höhe treiben könnte. Hinzu kam, daß wohl mancher Soldat einer Krankheit aus dem »Haus der Schande« dem schnellen Tod auf dem »Feld der Ehre« durchaus den Vorzug gegeben hätte. Die Ausgabe von Kondomen war in diesem Zusammenhang jedoch keineswegs unumstritten, sahen die daheimgebliebenen Ehefrauen in dieser Handreichung doch geradezu eine Aufforderung zum Ehebruch.

Auch Bevölkerungspolitiker und Kirchenvertreter standen der Popularisierung dieses Schutzes, der ja gleichzeitig eine effektive Geburtenkontrolle ermöglichte, mit gemischten Gefühlen gegenüber. Man griff deshalb vielfach lieber auf die medizinische Prävention zurück, die sich der Staat unter den gegebenen Umständen durchaus etwas kosten ließ.

Anders als in Friedenszeiten, als nur die Prostituierten einer scharfen Reglementierung unterworfen wurden, traf es jetzt auch die Freier, wie ein Hamburger Landsturmmann 1917 in einen Brief seiner Frau berichtete: »Es sind wieder einige geschlechtskrank geworden und deshalb bestraft. Nun war Instruktion vom Arzt über Verhalten. Als einzig sicheres Mittel kann er nur Enthaltsamkeit empfehlen, da der größte Teil der Weiber hier krank sei. Wer trotzdem Geschlechtsverkehr will, hat nach der Schreibstube oder Revierstube zu gehen und erhält da kostenlos einen Karton mit Salbe und ein Fläschchen zum Einspritzen. Dies muß er vorher gebrauchen. Sobald er zurückkommt, muß er sich zu jeder Tages- oder Nachtstunde sofort auf der Revierstube zu einer Nachbehandlung melden. Wer das nicht tut, wird bestraft. Er sagte noch, daß die Mittel dem Staate in jedem einzelnen Fall 2,50 M kosten, um zu zeigen, welchen Wert der Staat dieser Sache beilege.«[34]

Über den Umfang der amourösen Abenteuer war man sich

auch in der Truppe nicht einig. Daß die Kameraden in den Schützengräben es gar nicht witzig fanden, wie die Jungs sich auf ihrem sicheren Posten in der Etappe, also in sicherer Entfernung von der Front, amüsierten, belegt ein Spottlied: »Wer läuft, den deutschen Frauen zur Schmach, verseuchten, geschminkten Französinnen nach? Wer schläft nur selten alleine? Das sind die Etappenschweine!«[35]

Josef Lauff, Lieblingsdichter des Kaisers, schildert in einem während des Krieges geschriebenen Roman, wie sich der deutsche Mann und Soldat den Nachstellungen solch eines geschminkten Frauenzimmers erwehrt: »Qui voilá?« [Wer da?], fragte er herrisch. Sein Burgundergesicht glühte. »C'est moi. Madame Nini, monsieur.« [Ich bin's. Madame Nini, Monsieur.] »Na, nu!« kam es schon zärtlicher unter seinem Schnauzbart heraus. »Que voulez-vous, que je fasse?« [Was wollen Sie denn?] «Ciel! Ick hören ein terribles Schießen. Mon Dieu! – Die Prussiens... Öffnen Sie, öffnen sie! – Ick haben so Bange! – Ayez pitié! – Sauvez moi! [Haben Sie Mitleid! – Retten Sie mich!] – sonst – ick glaube, ick bin verloren, monsieur!« – »Hm«, machte Guido, und das stolze Gefühl, ein begehrenswerter Mann geworden zu sein, ging über ihn fort wie ein sieghafter Brausewind über einen knospenden Frühlingswald. Bis in Bast und Borke hinein fühlte er die Allgewalt des erwachenden Geistes. Aber wie dem auch sein mochte – noch lebte ein ehrlicher Mahner und Warner unter seinem Sönnerner Nachthemd. Sich von einer fremdländischen Henne verführen zu lassen, von einer wallonischen Potiphar, und zwar jetzt, im Angesicht seiner hehren Mission... Niemals! Er klinkte die Tür auf und sah durch die Spalte. Da stand sie im neckischen Morgengewand, sich zierend und drehend. »Parbleu! – c' est la guerre« [Meine Güte! – So ist das nun mal im Krieg], sagte er kurz angebunden. »Und was moi anbetrifft, je ne veux pas, et je ne peux pas, madame!« [Und was mich anbetrifft, ich will nicht, und ich kann nicht, Madame!][36]

Ein anderer Mann in diesem Roman kann und will. Seine Geliebte, eine edle und natürlich ungeschminkte Belgierin, findet, ihr Land sei selber schuld daran, daß es nun besetzt ist. Warum hat es auch so verbissen auf seiner Neutralität beharrt, statt die deutsche Armee durchmarschieren zu lassen, oder noch besser, mit ihr gemeinsam gegen Frankreich zu kämpfen? Für diese hochherzige Haltung wird ihr der verdiente Lohn zuteil – in Gestalt des tapferen Sergeanten Feuerstein, mit dem sie in seine westfälische Heimat geht.

Was aber dachten die deutschen Frauen über die ihnen angetane Schmach? Sie schufteten an der Heimatfront, bangten um Männer, Söhne, Väter – und konnten dem Gedanken an »verseuchte, geschminkte Französinnen« wohl kaum etwas abgewinnen. »Wer öfters Gelegenheit hat, Feldpostbriefe zu lesen«, beschwerte sich 1915 eine Frau beim stellvertretenden Generalkommando in München, »gewinnt den Eindruck, daß sich unsere Soldaten in Frankreich mehr als notwendig mit der Bevölkerung – besonders der weiblichen – angefreundet haben und daß es in den großen Städten des deutschen Einnahmegebiets recht lustig zugehe. Kann hier nicht Wandel geschaffen werden?« Die Einsenderin verglich dann die aufgeregte Reaktion der einheimischen Presse, die empört über das Anbandeln deutscher Frauen mit Kriegsgefangenen berichtet hätte. »Jede vernünftige Frau verurteilt das geschmacklose Benehmen jener einzelnen, man würde aber auch von unseren Kriegern etwas mehr Nationalstolz erwarten, denn erstens sind der Umfang und die Folgen etwaiger Bündnisse im Feindesland viel schwerwiegender und dann besteht die billige Forderung, daß, was für den einen Teil der deutschen Staatsangehörigkeit gesagt ist, auch für den anderen Gesetz sein wollte.«[37]

Dennoch – viele deutsche Frauen hätten sicher nichts gegen ein paar Franzosen einzuwenden gehabt. Schon 1870 bewunderte die um die Jahrhundertwende bekannte und umstrittene Schriftstellerin und Malerin Hermione von Preuschen bekanntlich die charmanten französischen Kriegsgefangenen in ihren roten Hosen. Ähnlich wird es vielleicht auch den Frauen aus Frankenthal gegangen sein, über die die *Tempelhofer Zeitung* in Berlin 1916 folgendes berichtete: »Fabrikarbeiterinnen in Frankenthal hatten vor einiger Zeit Arbeitsgenossinnen gehörig verprügelt, weil sich diese mit gefangenen Franzosen eingelassen hatten. Eine der Franzosenfreundinnen hatte infolgedessen 14 Tage lang das Bett hüten müssen. Die wackeren deutschen Mädchen erhielten für ihre Tat wegen Körperverletzung je 5 Mark Geldstrafe. Bei der Strafabmessung hatte das Gericht gebührend in Rechnung gezogen, daß die Mädchen aus gesundem vaterländischem Empfinden heraus gehandelt hätten.« [38]

Die Möglichkeit besonders inniger Beziehungen zwischen deutschen Frauen und Kriegsgefangenen bestand vor allem auf dem Lande, wo einzelne Gefangene auf den Höfen zur Landarbeit eingesetzt wurden, um die eingezogenen Bauern und Knechte zu ersetzen. Das lange Zusammenleben unter einem Dach und die gemeinsame Arbeit ließen die Distanz schrumpfen. »Die Kriegsgefangenen«, befürchtete eine bayerische Ortsbehörde 1917, »entwickeln sich allmählich durch ihre Unentbehrlichkeit zu einer ernsthaften Gefahr. Vielfach beherrschen sie nicht bloß die Familie, bei der sie in Dienst stehen, sondern gewissermaßen auch die Gemeinde..., und über die Aufnahme, die sie vielfach bei Frauen und Mädchen finden, läßt sich überhaupt kaum mehr schreiben.« [39]

Frauen gelten als gemeinschaftlicher Nationalbesitz – nicht umsonst lautet seit ewigen Zeiten eine der häufigsten Klagen ausländerfeindlicher Männer: »Die nehmen uns unsere Frauen weg!« Geschieht so etwas im Krieg, wird das ganze zum »Verrat«. Und so können wir nach Kriegen immer wieder erleben, daß Frauen als Landesverräterinnen bestraft werden, nur weil sie sich das erlauben, was Männer sich ganz selbstverständlich gestatten. Sergeant Feuersteins Belgierin aus dem Roman des Josef Lauff dagegen trifft keine Schuld – sie wechselt zu »uns« über, zur richtigen Seite.

Die Ausländerin, die zur rechten Seite übergeht, finden wir in den Kriegsromanen immer wieder – und diese Frauen sind keine Landesverräterinnen, sondern Heldinnen. Loyalitätskonflikte haben diese Damen nie, nur um die Lieben in der Heimat dürfen sie sich manchmal ein bißchen grämen. Die Wirklichkeit wird komplizierter gewesen sein, das belegt uns Clara Viebig in einem Roman am Beispiel einer Deutschen, die mit einem Italiener verheiratet ist, nicht weiß, welcher Seite sie den Sieg wünschen soll, und darüber vor Kummer erkrankt: »Unruhig warf die Fiebrige den Kopf hin und her. Hatte er wohl eine Ahnung von dem, was ihre Seele durchwühlte, ihre Wünsche hin und her zerrte, ihre Hoffnungen auf und ab schnellte? Der Mann weiß nicht, was die Frau leidet – nie – und was sie litt, das machte keine andere durch. Wenn sie Italienerin wäre oder er Deutscher, dann würde sie ja nur um sein Leben zittern, jetzt zitterte sie in einer noch höheren Qual. Sollte sie den Verteidigern den Sieg wünschen oder den Angreifern? Drüben stand ihr Mann, den sie einst so sehr geliebt – ach den sie ja noch immer sehr lieb hatte –, hier war ihr Vaterland, mit dem sie verwachsen war, Wurzelfaser in Wurzelfaser, so eng ineinander verschlungen, daß es ›eingehen‹ heißt, macht man einen Schnitt. Daß sie das früher nicht geahnt hatte, wie sehr sie am Vaterland hing.«[40] Daß ein italienischer Gatte, vor dem Krieg absolut gesellschaftsfähig, nach Kriegsausbruch als Angehöriger einer feindlichen Macht Probleme schaffen würde, war für die glückliche Braut nicht abzusehen gewesen.

Mit ähnlichen Problemen waren die deutsch-japanischen Ehen konfrontiert, denen Fedor von Zobeltitz in den Kriegsjahren eine Reihe von Romanen widmete: Nachdem das bisher für einen zuverlässigen Bundesgenossen gehaltene japanische Reich sich auf die Seite von Deutschlands Gegnern geschlagen hatte, sahen sich auch diese Ehefrauen und -männer vor unerwartete Loyalitätskonflikte gestellt. In den Romanen lösen japanische Ehefrauen deutscher Männer das Problem, indem sie sich vom Land ihrer Väter lossagen, die deutschen Frauen japanischer Männer lassen sich scheiden und kehren nach Deutschland zurück. In Wirklichkeit ist es sicher nicht immer so glatt gegangen, Zahlen darüber liegen aber nicht vor.

Eine Deutsche, die mit einem Franzosen verheiratet war – einem Angehörigen einer als »Erbfeind« titulierten Nation – hatte sich jedoch schon vor dem Krieg verdächtig gemacht, ihr wurde automatisch mangelnde Vaterlandsliebe unterstellt. Der Boden war damit vorbereitet: Franzosen waren die unbeliebtesten Ausländer überhaupt, und die Presse griff deshalb besonders gern die Vergehen von Frauen auf, die sich mit Franzosen eingelassen hatten – wie das Beispiel aus Frankenthal zeigt. Das heißt jedoch nicht, daß Frauen, die in der Wahl ihrer Liebhaber vorsichtiger waren, keine Probleme zu erwarten gehabt hatten. Wenn ihre Liebschaften auch für die Presse nicht so interessant waren – das gesunde Volksempfinden war immer wachsam. Es ging nämlich nicht nur um die Ausländer – ein deutscher Liebhaber war in den Augen der Öffentlichkeit für eine Frau, deren Mann im Feld stand, ebenfalls unzumutbar.

Mit Propagandaschriften, in denen warnend das schlechte Beispiel angeprangert wurde, suchten die Behörden das öffentliche Klima zu beeinflussen und jeder Abweichung vorzubauen: »Es gibt Kriegerfrauen, die Liebe und Treue, Zucht und Sitte vergessen«, schrieb Pfarrer Hermann Priebe, »und sich fremden Männern an den Hals werfen, während die Männer draußen darben und bluten; Kriegerfrauen, die zum Tanze und ins Vergnügen laufen, die mit dem Geld, das die Männer schicken, sich wie Dirnen putzen oder im Essen schlemmen, während sich die Kinder mit zerrissenen Strümpfen und Kleidern verwildert auf der Straße herumtreiben.«[41]

Clara Viebig beschreibt in ihrem Roman *Töchter der Hekuba* eine solche Kriegerfrau. Ein Soldat bekommt unerwartet Urlaub und findet bei seiner Frau einen Hausfreund vor. Er reagiert heftig, was natürlich das Interesse der Nachbarinnen erregt: »›Und da hat er denn die Tür eingetreten‹, erzählte eine. ›Und als er dann ringeplatzt war wie 'ne Bombe in seine Küche, sah er die Bescherung. Grad im rechten Momang. Da hat er den Kerl denn kaltgemacht. Kann man ihm det verdenken?‹ ›Und ihr, ihr, hat er ihr auch was getan?‹ fragte Gertrud zitternd. ›Ich weeß nicht. Sie hat wie doll geschrieen. Er war wohl gerade dabei, da kamen Leute zu. Schade drum, die hätt' er nur ooch kaltmachen sollen.‹« Nicht alle Nachbarinnen sind bereit, die Frau wegen ihrer Liebschaft zu verurteilen: »›Lassen se mal gut sein‹, sagte eine alte Frau, die bis dahin geschwiegen hatte, und ein seltsames Lächeln, halb spöttisch, halb traurig, zerrte an den Falten ihres verhärmten Gesichts. ›Die Männer machen es nich anders. Glauben Sie, daß die bei de Französinnen oder wo se sonst sind, immer treu bleiben? Se denken nich dran. Aber wir, wir –‹ ihre heisere Stimme schlug um, wurde heftig – ›wir sollen uns nie was erlauben. Glaubt ihr denn, für so 'ne junge Frau – vielleicht hat sie ihren Mann gar nich mal gerne, oder es kann auch sein, se denkt zuviel an ihn –, glaubt ihr, für 'ne Frau is det leicht, nu so zu bleiben? Alleine, ohne was fors Herz?‹« [42]

Aber Clara Viebig stand mit diesem Verständnis für einsame Frauen so ziemlich allein da. Die Herzensbedürfnisse der Männer im Felde dagegen fanden schon eher Verteidiger. Ein anonymer Autor bezeichnete Journalisten, die sich kritisch über das amouröse Treiben vieler Offiziere geäußert hatten – die Herren sitzen im Bordell, während ihre Leute in den Schützengräben verrecken – denn auch als »antimilitaristische und antimonarchistische Moralathleten« [43] – für die Frauen dagegen fanden sich keine Apologeten. Die Rolle der deutschen Frau im vaterländischen Krieg war eben festgelegt. Sie sollte bereitwillig opfern und mit Würde verzichten:

»Auf dem Bahndamm, hoch über dem unten fahrenden Zug, stand eine Frau. Als sie die Soldaten in den Fenstern sah, hob sie beide Arme steil gen Himmel, faltete die Hände und beugte sich tief, bis zur Erde nieder. Nie hatte Rolfers eine Bewegung von so viel Größe und Inbrunst geschaut. Ihm war zumute, als grüße in der Gestalt dieser Bauersfrau Germania selbst ihre geopferten Söhne.« [44] Gabriele Reuter, der wir dieses anrührende Bild verdanken, hatte sicher die Zeichen der Zeit erkannt, als sie 1916 ihren Roman *Ins neue Land* veröffentlichte. Manche Frau sah sich vermutlich trotz allem in der Rolle der opferfreudigen Germania. Doch es gab auch andere Damen…

Absage an Florence Nightingale – Von kämpferischen Frauen und Spioninnen

Frauen im Krieg – da ziehen vor unseren Augen vor allem die Opfer vorbei, die Witwen und Mütter, die ihre Männer und Söhne verloren haben, oder aber die Helfenden und Tröstenden, die Krankenschwestern. Doch es gab immer auch an allen Fronten Frauen, die nicht in diese Vorstellungen paßten. So gab es, wie Krankenschwestern, bei jeder Armee auch Spioninnen, und die regten die Phantasie ihrer Zeitgenossen und auch der Nachwelt wesentlich mehr an als alle anderen am Krieg beteiligten Frauen.

Die bis heute noch bekannteste Spionin ist zweifellos Mata Hari, die 1917 in Frankreich erschossen wurde. Dabei ist nicht einmal erwiesen, daß sie tatsächlich spioniert hat, und wenn ja, für wen. So wurde sie im Laufe der Zeit als deutsche, als französische und als Doppelagentin bezeichnet. Bei ihrem Prozeß fehlten überzeugende Beweise, aber in der aufgewühlten Stimmung der Kriegsjahre spielte das keine besondere Rolle. Spätere »Beweise«, auf die sich die Biographen stützten und dabei zu ihren widersprüchlichen Aussagen kamen, stammen vor allem von Männern, die sich, teilweise Jahrzehnte nach Mata Haris Tod, zu Wort meldeten. Sie hätten einst ein Techtelmechtel mir ihr gehabt, vermeldeten die Herren stolz, und dabei habe sie ihnen in einem schwachen Moment dies und jenes anvertraut, was in die Theorie des jeweiligen Biographen paßt. Beweisbar ist einzig und allein, daß sie Verhältnisse mit Offizieren aus aller Herren Länder hatte. Aber was beweist das schon?

Noch heute erregt sie die Phantasie von Dichtern, Filmemachern, Historikern, und da das Objekt dieser Begierde tot ist und nichts Schriftliches hinterlassen hat, kann die Phantasie frei schweifen. Schon früh hat der englische Literaturnobelpreisträger John Galsworthy – als Mata Hari erschossen wurde, war seine *Forsyte-Saga* bereits in aller Welt ein Bestseller – sie in einer Erzählung als unschuldiges Opfer einer machtbesessenen Männergesellschaft dargestellt. Anderen wiederum gilt sie als gewissenloses Luder wie aus dem schönsten Schundroman.

Geboren wurde die mysteriöse Schöne 1876 unter dem eher hausbackenen Namen Gertruida Margaretha Zelle im westfriesischen Ljouvert. 1895 heiratete sie Robert McLeod, trotz seines Namens ein Niederländer, der im Kolonialdienst tätig war, und ging mit ihm nach Indonesien. Nach kurzer unglücklicher Ehe trennte sie sich von ihrem Mann. Von Anfang an hatte sie sich bei der guten Gesellschaft in der Kolonie unmöglich gemacht, weil sie mit Eingeborenen verkehrte und sich in Saris kleidete wie die Indonesierinnen. Und dann gab es auch noch einen handfesten Skandal: Ihre beiden Kinder wurden vergiftet, ihr vierjähriger Sohn starb, ihre zweijährige Tochter überlebte mit knapper Not. »Sie hat sie selbst vergiftet«, tuschelte man in Kolonialkreisen, eine Behauptung, die ihr Mann später wieder aufgriff und die während des Prozesses gegen Mata Hari verwendet wurde. Tatsächlich weiß bis heute niemand, wem dieses Verbrechen anzulasten war.

Mata Hari hatte, wie es bei höheren Töchtern eben meistens so war, nichts Gescheites gelernt. Nachdem sie ihren Mann verlassen hatte, wollte sie es zuerst mit Kunstreiterei versuchen, offenbar eine naheliegende Lösung für Damen in ihrer Lage. Reiten konnte sie immerhin. Dann stellte sie fest, daß sie mit Tanzen noch mehr Geld verdienen konnte als mit Reiten. Also behauptete sie, in Javas legendenumsponnenen Tempeln ihre Kunst erlernt zu haben, und nannte sich Mata Hari (indonesisch: Auge des Tages = Sonne). Sie selber soll gesagt haben: »Ich habe nie gut getanzt. Daß die Menschen kamen, um mich zu sehen, verdanke ich nur der Tatsache, daß ich es als erste wagte, mich unbekleidet der Öffentlichkeit zu präsentieren.«[45] Das erzählte ein Mann, der sie gut gekannt zu haben behauptete – vorsichtshalber erst lange nach ihrem Tod. Und an solchen Männern herrscht kein Mangel.

Tatsache ist, daß sich Mata Hari ab etwa 1910 zunehmend in Geldnöten sah. Der von ihr erfundene Tanzstil, den sie kühn als »indonesischen Tempeltanz« ausgab, war zu Beginn des Jahrhunderts ein großer Erfolg gewesen. Exotisch und sinnlich fanden ihn die Kritiker. Zehn Jahre später waren durch Ausdruckstänzerinnen wie Isadora Duncan, Hilde Holger oder Gertrud Bodenwieser andere Tanzstile in Mode gekommen, und Mata Haris Tempeltanz galt plötzlich als kitschig und schwül und zog die Massen nicht mehr an. Mata Hari ging daraufhin dazu über, von ihren Liebhabern für erwiesene Gefälligkeiten Honorar zu fordern. Daß aber eine

Frau, die auf finanzielle Zuwendungen ihrer Bekannten angewiesen ist, sich in Kriegszeiten vor allem an Offiziere hält, ist verständlich und durchaus kein Beweis für Spionagetätigkeit.

Übrigens erregte Mata Hari zunächst durch puren Zufall den Argwohn der alliierten Geheimdienste. Man verwechselte sie mit der wirklichen Spionin Klara Benedix, die im deutschen Auftrag im neutralen Spanien die alliierten Militärs und Diplomaten aushorchte. Zwar sahen die beiden Damen sich überhaupt nicht ähnlich, aber auch Klara Benedix arbeitete als Tänzerin, was für die Geheimdienste offenbar als Verdachtsmoment ausreichte.

Zum Verhängnis scheint es Mata Hari geworden zu sein, daß sie nicht allzu vorsichtig in der Wahl ihrer Liebhaber gewesen war. Ein Techtelmechtel mit dem deutschen Militärattaché der Botschaft von Madrid zum Beispiel verärgerte den französischen Geheimdienst und wurde später vor dem Kriegsgericht gegen sie verwendet. Daß sie dann 1917 in einem militärischen Sperrbezirk nahe Verdun erwischt wurde, läßt sich ebenfalls mit ihrer vermeintlichen Dummheit in der Wahl ihrer Liebhaber erklären. Das Objekt von Mata Haris Begierde sollen nämlich keine militärischen Geheimnisse gewesen sein, sondern ein junger russischer Leutnant, der nach einer schweren Verwundung dort im Lazarett lag. Das bemerkte auch Mata Hari vor Gericht, aber ihre Ankläger glaubten ihr nicht, sondern ließen sie am 15. Oktober 1917 erschießen – ein Schicksal, das sie durchaus mit anderen teilte. Im selben Jahr wurde in Frankreich ein rundes Dutzend Spioninnen hingerichtet – wobei in kaum einem Fall die »Beweise« überzeugender waren als bei ihr.

Daß sie dem Leiter des Hinrichtungskommandos ihre parfümierten Handschuhe aus Leder schenkte und eine Augenbinde ablehnte, hat dem Mythos Mata Hari natürlich nicht geschadet. Einige Jahre nach ihrem Tod behauptete dann ein anonym gebliebener preußischer Offizier und Adelsmann, sie habe doch spioniert, aber nicht aus schnöder Gewinnsucht, sondern aus selbstloser Liebe – zu Deutschland und vor allem zum deutschen Kronprinzen, den sie als die »einzige wirkliche Liebe meines Lebens« bezeichnet haben soll.[46] Das Ge-

Gewissenlose Doppelagentin oder unschuldiges Justizopfer? Mata Hari wurde zur Legende.

rücht über eine Liaison mit dem Kronprinzen, das von Mata Hari nie dementiert wurde, war bereits während ihres ersten Engagements in Berlin, 1906, aufgekommen.

Mata Hari – »die skrupellose Täterin und Intrigantin, die exotische Spionin, die raffinierte Frau, die noch im Gefängnis tanzt«[47] –, eine solche Frau muß Angst einjagen, und vielleicht liegt es daran, daß Autoren, die Mata Haris Unschuld behaupten, es gern mit dem Hinweis tun, sie sei einfach zu dumm gewesen, um als Spionin eingestellt zu werden – schön, raffiniert und klug scheint einfach zuviel für eine schnöde Frau!

Tatsächlich entstand während des Ersten Weltkrieges in Frankreich ein Mythos von der »deutschen Spionin«, die es den Richtern sehr schwer machte, irgendeinen Fall auch nur halbswegs objektiv anzugehen. Legendär wurde ein gewisses »Fräulein Doktor«, das in der Spionageliteratur ihrer Zeit nie ohne den Zusatz »diabolisch« erwähnt wird, angeblich persönliche Spionin Kaiser Wilhelms, die von Antwerpen aus ganz Frankreich mit ihrem Netz aus skrupellosen Agenten und vor allem Agentinnen überzog. Giftmorde an französischen Politikern, verlorene Schlachten, Mißernten – für alles wurden die dämonischen Machenschaften des »Fräulein Doktor« verantwortlich gemacht. Anders als Mata Hari ist »Fräulein Doktor« in Deutschland eine unbekannte Größe. In Frankreich jedoch liefert sie seit über siebzig Jahren Stoff für Kino und Literatur, während auch seriöse Historiker immer wieder versuchen, die wahre Identität der sagenhaften Dame zu vermitteln, bisher ohne jeglichen Erfolg.

Fast so legendär wie Mata Hari wurde eine wirkliche Doppelagentin, die Lothringerin Martha Richard, die sich jedoch nicht erwischen ließ und erst 1982 im Alter von 92 Jahren in Paris starb. Auch Martha Richards Spionagetätigkeit für Deutschland und Frankreich hat Literaten und Filmemacher inspiriert. Sie selber schildert ihre Arbeit vor allem als Seelenqual: »Mein Leben als Spionin! Mit Stolz schreibe ich diese Worte! Während des Krieges Spionin zu sein, das bedeutet nicht, sich in ein romantisches Abenteuer zu stürzen, die Femme Fatal zu spielen, Köpfe zu verdrehen und Geheimnisse herauszufinden, die man gegen Berge von Gold weitergibt. Spionin zu sein bedeutet vor allem zu dienen. Ein schrecklicher Beruf! Das Mißtrauen umgibt einen von allen Seiten. Dein Auftrag besteht darin, dem Feind weiszumachen, daß du Verrat übst. Aber der Feind zögert. Ist diejenige, die verrät, nicht vielleicht eine Spionin, eine Doppelagentin? Und die dich geschickt haben, zweifeln... Der Doppelagent steht zwischen zwei Feuern, und diese Feuer können manchmal zu Salven werden. Ich habe diese Qual kennengelernt...« [48] Eine unangenehme Situation fürwahr. – doch Martha Richard hatte sich schließlich ihre Situation selber ausgesucht. Und das unterschied sie grundsätzlich von den Millionen anderer Frauen, die unter dem Kriege ebenso litten.

Anmerkungen

Justitia, die Einäugige: Gesetzeslage im Deutschen Reich

1. Gerhard, Ute: Unerhört. Die Geschichte der deutschen Frauenbewegung, Reinbek 1990, S. 127. (Titel der Literaturliste werden verkürzt angegeben.)
2. Tergit, Effingers, S. 22
3. Errel, Das Nizzanifragment, S. 33
4. Lauff, Die Tragikomödie im Hause der Gebrüder Spier, S. 203
5. zit. nach Schoppmann, Der Skorpion, S. 26
6. Jozewicz, Das Buch der guten Lebensart, S. 341
7. Fontander, Carin Göring, S. 162
8. Mac Tavish, Gertrud Bodenwieser, S. 18

Die Liebe, der Leichtsinn, der Suff

1. Viebig, Töchter der Hekuba, S. 109
2. Zit. nach Oettermann, Alles-Schau: Wachsfigurenkabinette und Panoptiken, in: Kosok/Jamin, Viel Vergnügen, S. 47
3. Durieux, Eine Tür steht offen, S. 5
4. Göhre, Fabrikarbeiter, S. 204 f.
5. zit. nach Lipp, Innenseite, S. 245
6. Beide Zitate: Viebig, Das tägliche Brot, S. 265, 261
7. Sievers, Friedenszeiten, S. 45
8. Salomon, Charakter, S. 24
9. Castonier, Stürmisch bis heiter, S. 40
10. zit. nach Frevert, Ehre, S. 40
11. Ebhardt, Der gute Ton, S. 524
12. Frevert, Ehrenmänner, S. 12
13. Frevert, Ehre, S. 45
14. Hrsg. von der Frauenbank, Berlin. Erschien 1914/15 unnumeriert.
15. Beide Zitate: Zobeltitz, Die Junker, S. 139
16. Beide Zitate: Skram, Forraadt, S. 23, 30
17. Skram, Hellemyrsfolket, S. 256
18. Beide Zitate: Hering/Maierhof, Die unpäßliche Frau, S. 29, 30
19. ibid., S. 30
20. ibid., S. 70
21. ibid., S. 35
22. Thomas, Katrin, S. 8
23. Hering/Maierhof, S. 40
24. ibid., S. 40
25. ibid., S. 57
26. ibid., S. 55
27. Haugaard, Kaerlighed, S. 58 ff
28. Boy-Ed, Die Schuldnerin, S. 91
29. Boy-Ed, Hardy von Arnbergs Leidensgang, S. 79

30. Beide Zitate: Bloch, Das Sexualleben unserer Zeit in seiner Beziehung zur modernen Kultur, S. 89, 92
31. Asmus, Frauenbefreiung und Erotik, in: Die Gesellschaft 11/1895, S. 947; zit. nach Bagel-Bohlan/Salewski, S. 48
32. Lauff, Die heiligen Drei Könige, S. 329
33. Adlersfeld, Eufemia von, Katechismus des guten Tons und der feinen Sitte, Leipzig 1899, zit. nach Krumrey, Entwicklungsstrukturen, S. 354
34. Bolanden, Die Socialdemokratie und ihre Väter, S. 44
35. H. v. Kahlenberg, Sollen Damen rauchen?; zit. nach Hess, Rauchen, S. 43
36. Zobeltitz, Die Hetzjagd, S. 58
37. Boy-Ed, Eine Frau wie du, S. 245
38. zit. nach Hess, Rauchen, S. 40f
39. Thwaite, Waiting for the Party, S. 226
40. Undset, Jenny, S. 177
41. ibid., S. 99
42. Engelmann, Die goldenen Jahre, S. 87ff
43. Undset, Jenny, S. 201
44. Undset, Vaaren, S. 137
45. Skram, Forraadt, S. 76
46. Fischer-Dückelmann, Die Frau als Hausärztin, S. 620
47. Zweig, Die Welt von gestern, S. 110
48. Viebig, Die Passion, S. 305
49. Die Frau als Hausärztin, S. 620
50. Weirauch, Der Skorpion, Bd. 1, S. 74
51. Roda Roda, Fünfhundert Schwänke, S. 169
52. Skram, Hellemyrsfolket, S. 380
53. Køltzow, Skram, S. 36
54. Undset, Vaaren, S. 13
55. Viebig, Passion, S. 105
56. Weißbrodt, Pflicht, S. 189
57. Viebig, Passion, S. 314
58. ibid., S. 391
59. ibid., S. 388
60. ibid., S. 336
61. ibid., S. 337
62. anonym, Kampf ums Dasein, S. 43f.
63. Minna Cauer, Vogelfrei, in: Die Frauenbewegung, 1902 Nr. 14, zit. nach Gerhard, Unerhört, S. 258
64. Baader, Weg, S. 76
65. Kaplan, Frauenbewegung, S. 194
66. Viebig, Das tägliche Brot, S. 294
67. ibid., S. 13

Der Kaiser kriegt keine Soldaten

1. zit. nach Parisot, Dein Kondom, S. 69
2. zit. nach Bergmann, Die verhütete Sexualität, S. 176
3. zit. nach Bergmann, Die verhütete Sexualität, S. 176

4. Linse, Arbeiterschaft, S. 225
5. M. Blanks/A. Swift, The Joke's on us, S. 264
6. Adolf Levenstein, Die Arbeiterfrage, München 1912, S. 216; zit. nach Gerhard A. Ritter/Klaus Tenfelde, Arbeiter, S. 634
7. Neumann, Geburtenkontrolle, S. 197
8. Marcuse, Präventivverkehr, S. 171
9. Die folgenden Zitate: Fischer-Dückelmann, Die Frau als Hausärztin, S. 249 ff.
10. Ebenso wie das folgende Zitat: ibid., S. 455 ff.
11. Alle drei Zitate nach: Gerhard, Unerhört, S. 275
12. Wartenberg, Erinnerungen, S. 8
13. zit. nach Döll-Krämer, Sozialdemokratische Frauens- und Vertrauenspersonen, S. 143
14. zit. nach ibid., S. 146 f.
15. Beide Zitate nach Döll-Krämer, Sozialdemokratische Frauens- und Vertrauenspersonen in Altona vor 1914, S. 147
16. Wartenberg, Erinnerungen, S. 8
17. Beide Zitate: Marcuse, Präventivverkehr, S. 185, 191
18. zit. nach Bergmann, Die verhütete Sexualität, S. 183
19. Zweig, Die Welt von gestern, S. 113
20. Boy-Ed, Die Schuldnerin, S. 92

»Besonders die Frauen haben einen schweren Stand«

1. Boy-Ed, Hardy von Arnbergs Leidensgang, S. 5 ff.
2. Braun, Frauenfrage, S. 363
3. Pierenkemper, Arbeitsmarkt, S. 200
4. J. Meyer und J. Silbermann, Die Frau im Handel und Gewerbe, Berlin 1895, S. 264, zit. nach Frevert, Vom Klavier zur Schreibmaschine, S. 88
5. Nipperdey, Deutsche Geschichte Bd. 1, S. 81
6. Ida Boy-Ed, Hardy von Arnbergs Leidensgang, S. 48
7. Liv Køltzow, Den unge Amalie Skram, S. 72
8. Leixner, Briefe, S. 132 f.
9. zit. nach Frevert, Frauen-Geschichte, S. 118
10. Kaus, Die Schwestern Klee, S. 46
11. Viebig, Das tägliche Brot, S. 21 f.
12. Nienhaus, Berufsstand weiblich, S. 18
13. Undset, Vaaren, S. 101 f.
14. Viebig, Die Passion, S. 400 ff.
15. zit. nach Nienhaus, Berufsstand weiblich, S. 83
16. Agnes Herman, Die Frau im Handel, in: Hillgers illustriertes Frauen Jahrbuch 1904, S. 483
17. Undset, Jenny, S. 172 ff.
18. Skram, Hellemyrsfolket, S. 338
19. zit. nach Nienhaus, Berufsstand weiblich, S. 30
20. zit. nach Gerhard, Unerhört, S. 238 f.
21. Adams, Women Clerks, S. 60
22. Nienhaus, Berufsstand weiblich, S. 173

23. ibid., S. 32
24. Boy-Ed, Hardy von Arnberg, S. 249
25. ibid., S. 138
26. Kempf, Arbeits- und Lebensverhältnisse, S. 115
27. ibid., S. 40
28. zit. nach Jens Flemming, Die Landarbeit in der Zeit der Industrialisierung: Der »preußische« Weg, in: Eggebrecht, Arne u. a., Geschichte der Arbeit, S. 285
29. Sievers, Friedenszeiten, S. 51
30. Polenz, Der Büttnerbauer, S. 257f.
31. Rehbein, Das Leben eines Landarbeiters, S. 270f.
32. Viebig, Das Weiberdorf, S. 49f.
33. zit. nach Ritter/Tenfelde, Arbeiter, S. 207
34. Viebig, Das tägliche Brot, S. 3
35. Viebig, Das tägliche Brot, S. 293
36. zit. nach Stillich, S. 285
37. Hans Ostwald, Kultur- und Sittengeschichte Berlins; zit. nach Heidi Müller, Dienstbare Geister, S. 146
38. Stillich, Dienstboten, S. 121
39. zit. nach Weber-Kellerman, Nachwort zu Viersbeck, ...in fester Stellung, S. 137f.
40. Beide Zitate: Anna Mosegaard, Ich kam vom Regen in die Traufe (1895–1898), zit. nach Kürbitsch/Klucsarits (Hg.), Arbeiterinnen kämpfen um ihr Recht, S. 98
41. Niggemann, Emanzipation, S. 28
42. Beide Zitate: Kampf ums Dasein, S. 39, 36
43. Marie Baum, Die Bekämpfung der Säuglingssterblichkeit (1905); zit. nach Gensewich, Tabakarbeiterin, S. 313
44. Salomon, Charakter, S. 60
45. Baader, Weg, S. 30
46. zit. nach Niggemann, Emanzipation, S. 18
47. Baader, Weg, S. 44
48. zit. nach Niggemann, Emanzipation, S. 221
49. zit. nach Evans, Sozialdemokratie, S. 88
50. zit. nach Rosenbaum, Formen der Familie, S. 408f.
51. Viebig, Das tägliche Brot, S. 279
52. Minna Wettstein-Adelt, 3 1/2 Monate Fabrikarbeiterin, Berlin 1893, zit. nach Niggemann, Frauenemanzipation, S. 249
53. zit. nach Frevert, Frauen-Geschichte, S. 89
54. zit. nach Wegehaupt-Schneider, Frauenindustriearbeit, S. 157

Höhere Töchter auf eigenen Wegen

1. Boy-Ed, Schuldnerin, S. 297
2. Reuter, Vom Kinde zum Menschen, S. 416
3. Kallmann, Der gute Ton, S. 280
4. Lagercrantz, Agnes von Krusenstjerna, zit. nach Pusch/Duda, Wahnsinnsfrauen, S. 261

5. Rundbriefe, S. 141
6. Pusch, Schwestern, S. 347
7. ibid., S. 261
8. ibid., S. 372
9. Brentzel, Nesthäkchen, S. 136
10. Salomon, Charakter ist Schicksal, S. 27
11. Beide Zitate: Wachenheim, Großbürgertum, S. 20, 23
12. zit. nach Everywoman, 4/1993, S. 22
13. zit. nach Gerhard, Unerhört, S. 156
14. Salomon, Charakter ist Schicksal, S. 67
15. Wrangell, Margarethe von Wrangell, S. 138
16. Lüders, Fürchte Dich nicht, S. 49
17. Frankenthal, Jüdin, S. 30
18. Eliza Ichenhaeuser, Was die Frau von Berlin wissen muß (1912), zit. nach Bussemer, S. 72
19. Salomon, Charakter ist Schicksal, S. 30
20. Frevert, Frauen-Geschichte, S. 102
21. zit. nach Jank, Die ersten Bibliothekarinnen, in: Lüdtke, Leidenschaft und Bildung, S. 153
22. Straus, Wir lebten in Deutschland, S. 139
23. Beide Zitate: Frankenthal, Jüdin, S. 54, 55
24. Rheinisch-Bergischer Kalender, S. 123
25. Festschrift Clara Fey Schule, S. 12
26. ibid., S. 24
27. Heimatkalender für den Kreis Heinsberg, 1987, S. 100ff.
28. Bolanden, Die Ultramontanen, S. 117
29. Frevert, Frauen-Geschichte, S. 119
30. Rundbriefe, S. 87
31. Kaplan, Frauenbewegung, S. 144
32. Ware, Beyond the Pale, S. 126
33. Rundbriefe, S. 69
34. Adams, Women Clerks, S. 155
35. Rundbriefe, S. 26
36. ibid., S. 85f.
37. Beide Zitate: Winsloe, Mädchen in Uniform, S. 155, 165
38. Brentzel, Nesthäkchen, S. 51
39. Rundbriefe, S. 73
40. ibid., S. 39
41. ibid., S. 42f.
42. ibid., S. 115

Das Korsett muß weg

1. zit. nach Pfister, Frau und Sport, S. 83f.
2. zit. nach Otto, Töchtererziehung, S. 228
3. zit. nach Pfister, Frau und Sport, S. 16
4. zit. nach Tschap-Bock, Frauensport und Gesellschaft, S. 90
5. Pfister, Frau und Sport, S. 18

6. Zobeltitz, Drei Mädchen am Spinnrand, S. 181 ff.
7. Maire, Women's golf, S. 13
8. ibid., S. 41
9. ibid., S. 43
10. ibid., S. 69
11. Wachenheim, Großbürgertum, S. 20 f.
12. Fuchs, Illustrierte Sittengeschichte, S. 445 f.
13. Speyer, Das Glück der Andernachs, S. 330
14. Rosa Mayreder, Die Dame, zit. nach Brinker-Gabler, Zur Psychologie der Frau, S. 156
15. zit. nach Hochmuth, Kommt Zeit, kommt Rad, S. 56
16. zit. nach Franke, Illustrierte Fahrrad-Geschichte, S. 78 f.
17. Castonier, Stürmisch bis heiter, S. 18
18. zit. nach Maierhof/Schröder, Sie radeln wie ein Mann, S. 62
19. Zweig, Die Welt von gestern, S. 94
20. zit. nach Hochmuth, Kommt Zeit, kommt Rad, S. 58
21. zit. nach Hochmuth, Kommt Zeit..., S. 59
22. zit. nach Rabenstein, Radsport und Gesellschaft, S. 141
23. Bunsen, Die Welt in der ich lebte, S. 140
24. Blixen, Mottos, S. 203
25. Ebhardt, Der gute Ton, S. 357
26. ibid., S. 357 f.
27. Kempf, Arbeits- und Lebensverhältnisse, S. 88 f.

Frauen treten in die Öffentlichkeit

1. Salomon, Charakter ist Schicksal, S. 79
2. Gertrud Bäumer, Eindrücke vom Internationalen Frauenkongress, in: Die Frau, Heft 10, Juli 1904
3. zit. nach Gerhard, Unerhört, S. 211
4. zit. nach Gerhard, Unerhört, S. 212
5. »Die christliche Welt«, 23. 6. 1904
6. zit. nach Bussemer, »Was die Frau von Berlin wissen muß«, S. 74
7. ibid., S. 75
8. Hillgers illustriertes Frauen-Jahrbuch 1904, Sp. 350
9. ibid., Sp. 352
10. ibid., Sp. 354
11. zit. nach Bussemer, S. 77

Kriegerfrauen und Soldatentöchter

1. zit. nach Gerhard, Unerhört, S. 297
2. zit. nach Gerhard, Unerhört, S. 311
3. Glaeser, Jahrgang 1902, S. 161
4. ibid., S. 161
5. Mihaly, Wiedersehn, S. 51 f.
6. Hagener, »Es lief sich so sicher...«, S. 44
7. Zweig, Junge Frau von 1914, S. 197

8. Dietrich, Ich bin, S. 29
9. Castonier, Stürmisch bis heiter, S. 101
10. ibid., S. 102 f.
11. Zweig, Junge Frau von 1914, S. 233 f.
12. zit. nach Daniel, Arbeiterfrauen, S. 217
13. zit. nach Ullrich, Kriegsalltag, S. 95
14. Nielsen, Muse, S. 276
15. zit. nach Daniel, Arbeiterfrauen, S. 224
16. Mann, Meine ungeschriebenen Memoiren, S. 38
17. zit. nach Roerkohl, Hungerblockade, S. 204
18. Boy-Ed, Des Vaterlandes Kochtopf, S. 3
19. ibid., S. 15
20. Wachenheim, Großbürgertum, S. 76
21. Baum, Es war alles ganz anders, S. 308 f.
22. zit. nach Guttmann, Weibliche Heimarmee, S. 15
23. zit. nach Susanne Rouette, »Gleichberechtigung« ohne »Recht auf Arbeit«. Demobilmachung der Frauenarbeit nach dem Ersten Weltkrieg, S. 164, in: Eifert/Rouette, Unter allen Umständen
24. Frevert, Frauen-Geschichte, S. 151
25. Meyer, Die Frau mit den grünen Haaren, S. 30 f.
26. ibid., S. 31 f.
27. ibid., S. 57
28. zit. nach Ullrich, Kriegsalltag, S. 21
29. zit. nach Ullrich, Kriegsalltag, S. 56
30. zit. nach Cartarius, Deutschland, S. 276
31. zit. nach Ullrich, Kriegsalltag, S. 17
32. Salomon, Charakter, S. 164
33. Parisot, Kondom, S. 15
34. zit. nach Ullrich, Kriegsalltag, S. 102
35. anonym: Kronprinz, S. 177
36. Lauff, Sergeant Feuerstein, S. 288 ff.
37. zit. nach Daniel, Arbeiterfrauen, S. 146
38. Hering, Kriegsgewinnlerinnen, S. 38
39. zit. nach Daniel, Arbeiterfrauen, S. 145
40. Viebig, Töchter der Hekuba, S. 89
41. Pfarrer Hermann Priebe, Kriegerfrauen! Helft euren Männern den Sieg gewinnen! Berlin 1916, zit. nach Daniel, Arbeiterfrauen, S. 144
42. Viebig, Hekuba, S. 190 ff.
43. anonym: Kronprinz, S. 181
44. Reuter, Ins neue Land, S. 40
45. Becker, Bad women, S. 51
46. anonym, Kronzprinz, S. 101
47. ibid., S. 53
48. zit. nach Kupfermann, Mata Hari, S. 73 f.

Literatur

Adams, Carole E.: *Women Clerks in Wilhelmine Germany*, Cambridge 1988
André, M. J.: *Clara Fey*, Colmar 1967
Anonym: *Kampf ums Dasein.* Das Leben eines Mädchens als Fabrikarbeiterin und Kellnerin, Düsseldorf 1987 (zuerst 1908)
Anonym: *Der Kronprinz und die Frauen in seinem Leben*, Leipzig 1923
Auchmuty, Rosemary: *A world of girls*, London 1992
Baader, Ottilie: *Ein steiniger Weg.* Lebenserinnerungen einer Sozialistin, Berlin 1979
Bagel-Bohlan, Anja / Michael Salewski (Hg.): *Sexualmoral und Zeitgeist im 19. und 20. Jahrhundert*, Opladen 1990
Banks, M. / Swift, A.: *The Joke's on us*, London 1987
Bargholz, Christina (Hg.): *Arbeit – Mensch – Gesundheit*, Hamburg 1990
Bartos-Höppner, Barbara: *Lieselott von Bonin*, Wien 1985
Baum, Vicki: *The Weeping Wood*, London 1945.
Baum, Vicki: *Es war alles ganz anders*, Köln 1987
Becker, Baerbel (Hg.): *Bad Women*, Berlin 1989
Benedictsson, Victoria: *Penger*, Oslo 1980 (zuerst 1893)
Benth, Paul: *Holger Drachmann*, Kopenhagen 1987
Bergmann, Anna: *Die verhütete Sexualität.* Die Anfänge der modernen Geburtenkontrolle, Hamburg 1992
Berliner Geschichtswerkstatt (Hg.): *August 1914: Ein Volk zieht in den Krieg*, Berlin 1989
Blixen, Tania: *Mottos meines Lebens*, Stuttgart 1991
Blumenthal, Annemarie: *Diskussionen um das medizinische Frauenstudium in Berlin*, Diss. med. Berlin 1965
Bolanden, Conrad von: *Die Socialdemokratie und ihre Väter*, Mainz 1894
Bolanden, Conrad von: *Die Ultramontanen*, Trier o. J.
Boy-Ed, Ida: *Die Flucht*, Berlin 1898
Boy-Ed, Ida: *Die Schuldnerin*, Berlin 1899
Boy-Ed, Ida: *Hardy von Arnbergs Leidensgang*, Berlin 1910
Boy-Ed, Ida: *Eine Frau wie du*, Berlin 1913
Boy-Ed, Ida: *Des Vaterlandes Kochtopf.* Allerlei Rezepte für Küche und Herz in kriegerischen Tagen, Berlin (1915)
Brentzel, Marianne: *Nesthäkchen kommt ins KZ*, Zürich 1992
Brinker-Gabler, G.: *Deutsche Dichterinnen vom 16. Jahrhundert bis zur Gegenwart*, Frankfurt / Main 1978
Brinker-Gabler, G. (Hg.): *Zur Psychologie der Frau*, Frankfurt / Main 1978
Brinker-Gabler, G. (Hg.): *Frauen gegen den Krieg*, Frankfurt / Main 1980
Bungert, Alfons: *Pauline von Mallinckrodt*, Würzburg 1980
Bunsen, Marie von: *Die Welt in der ich lebte.* Erinnerungen 1860–1912, Leipzig (1929)
Bussemer, Herrad-Ulrike: *»Was die Frau von Berlin wissen muß«*, Berlinführer für Frauen aus dem Jahre 1912, in: Fin de siècle – Hundert Jahre Jahrhundertwende, Berlin 1988

Cartarius, Ulrich (Hg.): *Deutschland im Ersten Weltkrieg*, München 1982
Castonier, Elisabeth: *Stürmisch bis heiter*, München 1964
Daniel, Ute: *Arbeiterfrauen in der Kriegsgesellschaft*, Göttingen 1989
Dietrich, Marlene: *Ich bin, Gott sei Dank, Berlinerin*, Frankfurt/Main 1992
Döll-Krämer, Inge/Gerd Krämer/Ingrid Vesper: *Sozialdemokratische Frauens- und Vertrauenspersonen in Altona vor 1914*. Ein Beitrag zur Frauenbewegung in Schleswig-Holstein, in: Demokratische Geschichte VII (1992), S. 121–150
Durieux, Tilla: *Eine Tür steht offen*, Berlin 1964
Ebhardt, Franz (Hg.): *Der gute Ton in allen Lebenslagen*, Leipzig 1913 (= 17. neubearb. Aufl.)
Eggebrecht, Arne u. a.: *Geschichte der Arbeit*, Köln 1980
Eifert, Christiane: *Frauenarbeit im Krieg*. Die Berliner »Heimatfront« 1914 bis 1918, in: Internationale wissenschaftliche Korrespondenz zur Geschichte der deutschen Arbeiterbewegung 21 (1985), S. 281–295
Eifert, Christiane/Rouette, Susanne (Hg.): *Unter allen Umständen: Frauengeschichte(n) in Berlin*, Berlin 1986
Engelmann, Bernt: *Die goldenen Jahre*, Gütersloh 1968
Errell, Richard: *Das Nizzanifragment*, Mannheim 1987
Evans, Richard J.: *Sozialdemokratie und Frauenemanzipation im deutschen Kaiserreich*, Berlin 1979
Everywoman, (London), April 1993
Farin, Klaus: *Karl May*, München 1992
Festschrift Clara Fey Schule. Bad Godesberg 1986
Fischer-Dückelmann, A.: *Die Frau als Hausärztin*, Berlin 1905 (2. erw.Aufl.)
Fontander, Björn: *Carin Görings skriver hjem*, Stockholm 1992
Fontander, Björn: *Undset, Hamsun og Krigen*, Oslo 1992
Førde, Brit Fougner: *Kvinneliv*, Oslo 1990
Franke, Jutta: *Illustrierte Fahrrad-Geschichte*, Berlin 1987
Frankenthal, Käte: *Jüdin, Intellektuelle, Sozialistin*. Lebenserinnerungen einer Ärztin in Deutschland und im Exil, Frankfurt/Main 1985
Fraser, Antonia: *The six wives of Henry VIII*, London 1992
Frauenkapital, hrsg. von der Frauenbank, Berlin, Jg. 1914/15
Freundschaft über sieben Jahrzehnte. Rundbriefe deutscher Lehrerinnen 1899–1968, Frankfurt/Main 1991
Frevert, Ute: *Vom Klavier zur Schreibmaschine – Weiblicher Arbeitsmarkt und Rollenzuweisung am Beispiel der weiblichen Angestellten in der Weimarer Republik*, in: Annette Kuhn/Gerhard Schneider (Hg.), Frauen in der Geschichte, Düsseldorf 1984
Frevert, Ute: *Frauen-Geschichte*. Zwischen Bürgerlicher Verbesserung und Neuer Weiblichkeit, Frankfurt/Main 1986
Fevert, Ute: *»Wo du hingehst...«* Aufbrüche im Verhältnis der Geschlechter, in: Nitschke, August u. a. (Hg.), Jahrhundertwende, Bd. 2, Reinbek 1990
Frevert, Ute: *Ehrenmänner*, München 1991
Frevert, Ute: *Ehre – männlich/weiblich*, in: Tel Aviver Jahrbuch für deutsche Geschichte 1992, S. 21–68
Fuchs, Eduard: *Illustrierte Sittengeschichte vom Mittelalter bis zur Gegenwart*, Bd. 3: Das bürgerliche Zeitalter, Berlin 1912

Galsworthy, John: *Salta pro nobis* (erstmals 1924)
Gensewich, Irmtraud: *Die Tabakarbeiterin in Baden 1870–1914*, Mannheim 1986
Gerhard, Ute: *Unerhört. Die Geschichte der deutschen Frauenbewegung*, Reinbek 1990
Gersdorf, Ursula von: *Frauen im Kriegsdienst 1914–1945*, Stuttgart 1969
Glaeser, Ernst: *Jahrgang 1902*, Berlin o. J. (zuerst 1928)
Göhre, Paul: *Drei Monate Fabrikarbeiter und Handwerksbursche*, Leipzig 1891
Greven-Aschoff, Barbara: *Die bürgerliche Frauenbewegung in Deutschland 1894–1933*, Göttingen 1981
Gundermann, Iselin: *Auguste Victoria – ein Lebensbild der letzten deutschen Kaiserin*, in: Zeitschrift der Gesellschaft für Schleswig-Holsteinische Geschichte, Bd. 117, S. 163–180
Guttmann, Barbara: *Weibliche Heimarmee.* Frauen in Deutschland 1914–1918, Weinheim 1989
Habeth, Stephanie: *Die Freiberuflerin und Beamtin*, in: Hans Pohl (Hg.), Die Frau in der deutschen Wirtschaft, Stuttgart 1985
Hämmerle, Christa: *»Wir strickten und nähten Wäsche für Soldaten...«* Von der Militarisierung des Handarbeitens im Ersten Weltkrieg, in: L'Homme, 3. Jg. (1992), S. 88–128
Hagener, Edith: *»Es lief sich so sicher an Deinem Arm«*, Briefe einer Soldatenfrau 1914, Weinheim 1986
Hansen, Nils/Tillmann, Doris: *Dorferneuerung um 1900*, Heide 1990
Harbou, Thea von: *Der Krieg und die Frauen*, Stuttgart 1913
Haugaard, Ilse M.: *Hvor Kaerlighed ej gror*, Kopenhagen 1990
Haupt, Heinz-Gerhard: *Männliche und weibliche Berufskarrieren im deutschen Bürgertum in der zweiten Hälfte des 19. Jahrhunderts: Zum Verhältnis von Klasse und Geschlecht*, in: Geschichte und Gesellschaft 18 (1992)
Heimatkalender für den Kreis Heinsberg 1987
Helfritz, H.: *Wilhelm II. als Kaiser*, o. O. 1954
Hering, Sabine: *Die Kriegsgewinnlerinnen*, Pfaffenweiler 1990
Hering, S./Maierhof, G.: *Die unpäßliche Frau*, Pfaffenweiler 1991
Herre, Franz: *Bismark. Der preußische Deutsche*, Köln 1991
Herzog, Rudolf: *Das Lebenslied*, Düsseldorf o. J.
Hess, Henner: *Rauchen*, Frankfurt/Main 1987
Hillger, Hermann (Hg.): Hillgers Illustriertes Frauen-Jahrbuch, 1904/1905
Hochmuth, Andreas: *Kommt Zeit, kommt Rad: eine Kulturgeschichte des Radfahrens*, Wien 1991
Hoffmann, Freya: *Instrument und Körper*, Frankfurt/Main 1990
Ilmer, Walther: *Karl May – Mensch und Schriftsteller*, Husum 1992
Janssen-Jurreit, Marielouise (Hg.): *Frauen und Sexualmoral*, Ffm 1986
Joho, Michael (Hg.): *(K)ein Ort für anständige Leute – St. Georg*, Hamburg 1990
Jozewicz, Ferdinand: *Das Buch der guten Lebensart* (4., vermehrte Aufl.), Oberhausen und Leipzig 1884
Kallmann, Emma: *Der gute Ton. Handbuch der feinen Lebensart und guten Sitte*, Berlin o. J.

Kaplan, Marion A.: *Die jüdische Frauenbewegung in Deutschland*, Hamburg 1981
Kaus, Gina: *Die Verliebten*, Berlin 1928
Kaus, Gina: *Die Schwestern Klee*, Berlin 1990 (zuerst 1933)
Kaus, Gina: *Von Wien nach Hollywood*, Berlin 1990
Kempf, Rosa: *Arbeits- und Lebensverhältnisse der Frauen in der Landwirtschaft Bayerns*, Jena 1918
Kerchner, Brigitte: *Beruf und Geschlecht*, Göttingen 1992
Kielland, Alexander: *Jacob*, Berlin 1986 (zuerst 1890)
Køltzow, Liv: *Den unge Amalie Skram*, Oslo 1992
Korff, Gottfried: *»Frauenhände und Pferdezähne dürfen nicht stillstehen«*. Die Arbeit der Kleinbäuerin in der Eifel des 19. Jahrhunderts, in: Lutz Niethammer u. a. (Hg.), »Die Menschen machen ihre Geschichte nicht aus freien Stücken, aber sie machen sie selbst«, Berlin 1985
Koschwitz-Newby, Heidi: *Hedwig Heyl. Die beste Hausfrau Berlins*, in: Eifert/Rouette, Unter allen Umständen, S. 60–79
Kosok, Lisa/Mathilde Jamin (Hg.): *Viel Vergnügen. Öffentliche Lustbarkeiten im Ruhrgebiet der Jahrhundertwende*, Essen 1992
Kronprinz Wilhelm: *Erinnerungen*, Berlin 1922
Krüll, Marianne: *Die Familie Mann. Im Netz der Zauberer*, Zürich 1992
Krumrey, Horst-Volker: *Entwicklungsstrukturen von Verhaltensstandarten*. Eine soziologische Prozeßanalyse auf der Grundlage deutscher Anstands- und Manierenbücher von 1870 bis 1970, Frankfurt/Main 1984
Kuczynski, Jürgen: *Geschichte des Alltag des deutschen Volkes*, Bd. 4 (1871–1918), Köln 1982
Kürbisch, Friedrich G./Richard Klucsarits (Hg.): *Arbeiterinnen kämpfen um ihr Recht*, Wuppertal 1981
Kupfermann, Fred: *Mata Hari – Träume und Lügen*, Berlin 1992
Lauff, Joseph: *Sankt Anne*, Berlin 1908
Lauff, Joseph: *Die Tanzmamsell*, Berlin 1908
Lauff, Joseph: *Sergeant Feuerstein*, Berlin 1918
Lauff, Joseph: *Die Tragikomödie im Hause der Gebrüder Spier*, Berlin 1924
Lauff, Joseph: *Die heiligen Drei Könige*, Berlin 1925
Lautmann, Rüdiger/Angela Taeger: *Männerliebe im Alten Deutschland*, Berlin 1992
Leixner, Otto von: *Soziale Briefe aus Berlin. 1888 bis 1891*, Berlin 1891
Lindemann, Eva: *Yankees, Hindus, Bolschewisten. Erinnerungen einer Diplomatin*, Bonn (voraussichtlich 1995)
Linse, Ulrich: *Arbeiterschaft und Geburtenentwicklung*, in: Archiv für Sozialgeschichte (12), 1972, S. 205–271
Lipp, Carola: *Die Innenseite der Arbeiterkultur – Sexualität im Arbeitermilieu des 19. und frühen 20. Jahrhunderts*; in: Richard von Dülmen (Hg.), Arbeit, Frömmigkeit und Eigensinn, Frankfurt/Main 1990
Ludwig, Emil: *Wilhelm II.*, Berlin 1925
Lüders, Marie-Elisabeth: *Fürchte Dich nicht*, Köln und Opladen 1963
Lüdtke, Helga (Hg.): *Leidenschaft und Bildung. Zur Geschichte der Frauenarbeit in Bibliotheken*, Berlin 1992
Lützen, Karin: *Was das Herz begehrt*, Hamburg 1990

Mac Tavish, Shona Dunlop, Gertrud Bodenwieser, Bremen 1992
Maierhof, Gudrun/Schröder, Katinka: *Sie radeln wie ein Mann, Madame. Als die Frauen das Rad eroberten*, Dortmund 1992
Maire, Lewine: *One hundred years of women's golf*, Edinburgh 1992
Maitland, Sarah: *Vesta Tilley*, London 1986
Mann, Katia: *Meine ungeschriebenen Memoiren*, München 1974
Marcuse, Max: *Der Eheliche Präventivverkehr, seine Verbreitung, Verursachung und Methodik*, Berlin 1917
Meyer, Gertrud: *Die Frau mit den grünen Haaren*, Hamburg 1978
Mihaly, Jo: *... da gibt's ein Wiedersehn! Kriegstagebuch eines Mädchens 1914–1918*, Heidelberg 1982
Møller, Arvid: *Dronning Maud*, Oslo 1992
Müller, Heidi: *Dienstbare Geister*, Berlin 1981
Nave-Herz, Rosemarie: *Die Geschichte der Frauenbewegung in Deutschland*, Hannover 1989
Neumann, Robert P.: *Geburtenkontrolle der Arbeiterklasse im Wilhelminischen Deutschland*, in: D. Langewiesche/Schönhoven, K. (Hg.), Arbeiter in Deutschland, Paderborn 1981
Nielsen, Asta: *Die schweigende Muse*, Berlin 1977
Nienhaus, Ursula: *Berufsstand weiblich*, Berlin 1982
Niggemann, Heinz: *Emanzipation zwischen Sozialismus und Feminismus*, Wuppertal 1981
Niggemann, Heinz (Hg.): *Frauenemanzipation und Sozialdemokratie*, Frankfurt/Main 1981
Nipperdey, Thomas: *Deutsche Geschichte*, Bd. 1, München 1990
Nora: (Oslo), Vol. 3, 1993
Norseng, Mary Kay: *Dagny Juel*, Oslo 1992
Ó Lúing, Séan: *Kuno Meyer*, Dublin 1992
Opzij: (Amsterdam), Mai 1993
Otto, Ingrid: *Bürgerliche Töchtererziehung im Spiegel illustrierter Zeitschriften von 1865 bis 1915*, Hildesheim 1990
Paléologue, Maurice: *Vertrauliche Gespräche mit der Kaiserin Eugénie*, Dresden 1928
Parisot, Jeannette: *Dein Kondom, das unbekannte Wesen*, Hamburg 1987
Pfister, Gertrud: *Abenteuer, Wettkampf und Tanz. Zur Bewegungskultur von Frauen (1890–1933)*, in: Eifert/Rouette, Unter allen Umständen, S. 138–158
Pfister, Gertrud (Hg.): *Frau und Sport*, Frankfurt/Main 1980
Pierenkemper, Toni: *Arbeitsmarkt und Angstellte im Deutschen Kaiserreich 1880–1913*, Wiesbaden 1987
Polenz, Wilhelm v.: *Der Büttnerbauer*, Berlin 1918 (zuerst 1895)
Pusch, Louise F. (Hg.): *Schwestern berühmter Brüder*, Frankfurt/Main 1985
Pusch, Luise F./Sibylle Duda (Hg.): *Wahnsinnsfrauen*, Frankfurt/Main 1992
Rabenstein, Rüdiger: *Radsport und Gesellschaft: Ihre sozialgeschichtlichen Zusammenhänge in der Zeit von 1867 bis 1914*, Hildesheim 1991
Rehbein, Franz: *Das Leben eines Landarbeiters*, Darmstadt 1973 (zuerst 1911)
Reuter, Gabriele: *Ins neue Land*, Berlin 1916
Reuter, Gabriele: *Vom Kinde zum Menschen*, Berlin 1921

Rheinisch-Bergischer Kalender, o. O. 1977
Ritter, Gerhard A./Tenfelde, Klaus: *Arbeiter im Deutschen Kaiserreich 1871 bis 1914*, Bonn 1992
Roda Roda: *500 Schwänke*, München
Roerkohl, Anne: *Hungerblockade und Heimatfront*, Stuttgart 1991
Rosenbaum, Heidi: *Formen der Familie*, Frankfurt/Main 1982
Rouette, Susanne: *»Gleichberechtigung« ohne »Recht auf Arbeit«*, in: Eifert/Rouette, Unter allen Umständen, S. 159–167
Salomon, Alice: *Charakter ist Schicksal*, Weinheim 1983
Schlagintweit, Felix: *Napoleon III. Eugénie und Lulu*, München 1949
Schmackpfeffer, Petra: *Frauenbewegung und Prostitution*, Oldenburg 1989
Schoppmann, Claudia: *»Der Skorpion«, Frauenliebe in der Weimarer Republik*, Hamburg 1992
Schulte, Regina: *Sperrbezirke. Tugendhaftigkeit und Prostitution in der bürgerlichen Welt*, Frankfurt/Main 1979
Sievers, Kai D. (Hg.): *Friedenszeiten und Kriegsjahre im Spiegel zweier Lebenserinnerungen – Sophie und Fritz Wiechering berichten*, Münster 1984
Skram, Amalie: *Constance Ring*, Oslo 1973 (zuerst 1890)
Skram, Amalie: *Forraadt*, Oslo 1982 (zuerst 1892)
Skram, Amalie: *Hellemyrsfolket*, Oslo 1990 (zuerst 1894–96)
Skram, Erik: *Gertrude Colbjørnsen*, Kopenhagen 1987 (zuerst 1882)
Speyer, Wilhelm: *Das Glück der Andernachs*, Frankfurt/Main 1983 (zuerst 1945)
Stephan, Inge: *Das Schicksal der begabten Frau*, Stuttgart 1990
Stevenson, James A.: *Scoor-oot*, London 1989
Steward, Sue/Sheryl Garratt: *Signed, sealed and delivered*, London 1984
Stillich, Oscar: *Die Lage der weiblichen Dienstboten in Berlin*, Berlin 1902
Straus, Rahel: *Wir lebten in Deutschland*. Erinnerungen einer deutschen Jüdin 1880 bis 1933, hrsg. von Max Kreutzberger (1961)
Taylor, Helen: *Scarlett's Women*, London 1989
Tergit, Gabriele: *Effingers*, Frankfurt/Main 1982
Tergit, Gabriele: *Etwas Seltenes überhaupt*, Berlin 1983
Thomas, Adrienne: *Die Katrin wird Soldat*, Frankfurt/Main 1987 (zuerst 1930)
Thomas, Adrienne: *Katrin! Die Welt brennt*, Amsterdam 1938
Thomas, Gill: *Life on all fronts. Women in the First World War*. Cambridge 1989
Thwaite, Anne: *Waiting for the Party*, London o. J.
Tschap-Bock, Angelika: *Frauensport und Gesellschaft*, Ahrensburg 1983
Ullrich, Volker: *Kriegsalltag. Hamburg im ersten Weltkrieg*, Hamburg 1982
Undset, Sigrid: *Jenny*, Stabekk 1976 (zuerst 1911)
Undset, Sigrid: *Vaaren*, Oslo 1975 (zuerst 1914)
Viebig, Clara: *Dilettanten des Lebens*, Berlin 1898
Viebig, Clara: *Das Kreuz im Venn*, Düsseldorf 1986 (zuerst 1908)
Viebig, Clara: *Heimat*, Stuttgart 1914
Viebig, Clara: *Töchter der Hekuba*, Berlin 1917
Viebig, Clara: *Das tägliche Brot*, Berlin 1929 (zuerst 1900)
Viebig, Clara: *Die Passion*, Stuttgart 1925

Viebig, Clara: *Das Weiberdorf*, Düsseldorf 1982 (zuerst 1900)
Viersbeck, Doris: »... *in fester Stellung*«. Leben eines Hamburger Dienstmädchens um 1900, Düsseldorf 1986 (zuerst 1910)
Wachenheim, Hedwig: *Vom Großbürgertum zur Sozialdemokratie*. Memoiren einer Reformistin, Berlin 1973
Ware, Vron: *Beyond the Pale*, London 1992
Wartenberg, Fritz: *Erinnerungen eines Mottenburgers*, Hamburg 1983
Weber-Kellermann, I.: *Landleben im 19. Jahrhundert*, München 1987
Wegehaupt-Schneider, I.: *Frauenindustriearbeit in Deutschland: Eine Konkurrenz für die männlichen Industriearbeiter auf dem Arbeitsmarkt?* (Dissertation) Göttingen 1985
Weiner, Margery: *Die »Parvenü«-Prinzessinnen*, München 1967
Weirauch, Anna Elisabeth: *Der Skorpion*, Bd. 1, Maroldsweisach 1992
Weißbrodt, Karl: *Die eheliche Pflicht. Ein biblischer und ärztlicher Führer zu heilsamen Verständniß und nothwendiger Weisheit im ehelichen Leben*, Berlin 1899 (6., veränd. Aufl.)
Weissweiler, Eva: *Clara Schumann*, Hamburg 1990
Wheelwright, Julie: *Amazons and military maids*, London 1989
Wierling, Dorothee: *Mädchen für alles*. Arbeitsalltag und Lebensgeschichte städtischer Dienstmädchen um die Jahrhundertwende, Bonn 1987
Wilderotter, Hans/Pohl, Klaus D. (Hg.): *Der letzte Kaiser – Wilhelm II. im Exil*, Gütersloh/München 1991
Winsloe, Christa: *Mädchen in Uniform*, Amsterdam o. J.
Wrangell, Margarethe v.: *Margarete von Wrangell*. Das Leben einer Frau 1876–1932. Aus Tagebüchern, Briefen und Erinnerungen dargestellt von Fürst Wladimir Andronikow, München 1935
Zobeltitz, Fedor von: *Die Junker*, Berlin 1918
Zobeltitz, Fedor von: *Die Hetzjagd*, Berlin 1919
Zobeltitz, Fedor von: *Ich hab so gern gelebt*, Berlin 1934
Zweig, Arnold: *Junge Frau von 1914*, Frankfurt/Main 1973 (zuerst 1931)
Zweig, Stefan: *Die Welt von gestern*, Frankfurt/Main 1992

Register

Bildquellennachweis

Archiv Anna Bergmann, Berlin 89
Archiv für Kunst und Geschichte, Berlin 31, 59, 107, 113, 131, 245
Archiv Harenberg Verlag, Dortmund 216
Archiv Karl-May-Verlag, Bamberg 11
Historisches Archiv des Universitäts-Krankenhauses Eppendorf, Institut für Geschichte der Medizin der Universität Hamburg 151
Kabel Bildarchiv 43, 79, 81, 201
Karen Blixen Museet, Kopenhagen 188
Märkisches Museum, Berlin 67
Privatbesitz 15, 85, 143, 163
Ullstein Bilderdienst, Berlin 21, 23, 49, 51, 56, 61, 71, 93, 97, 117, 119, 121, 125, 132, 147, 155, 157, 169, 175, 176, 179, 185, 191, 193, 199, 209, 213, 215, 220, 225, 227, 229

Frauen im 19. Jahrhundert

Frauenleben – den Auftakt dieser neuen Reihe bildet dieses unterhaltsame Buch, das sich mit dem 19. Jhdt. befaßt. Die politische Entwicklung des 19. Jahrhunderts läßt auch die Frauen nicht kalt. Sie kämpfen an der Seite der Männer auf den Barrikaden, sie schreiben und drucken ihre eigenen Zeitungen. Sie studieren Malerei oder schreiben Romane; es genügt ihnen nicht, Klavier zu spielen und französische Konversation zu betreiben.

Ingrid Schraub
Zwischen Salon und Mädchenkammer
Biedermeier bis Kaiserzeit, 300 Seiten, geb., ill., DM 36,–/ öS 281,–/ sFr 37,–

Die goldenen Zwanziger

Auf unterhaltsame Weise werden das Lebensgefühl und die Lebensumstände der Frauen in den Zwanziger Jahren vermittelt – gestützt auf zahlreiche Quellen wird ein vielfältiges Bild dieser zwischen Tradition und Moderne schwankenden Epoche geliefert.

Hanna Vollmer-Heitmann
Wir sind von Kopf bis Fuß auf Liebe eingestellt
Die Zwanziger Jahre
280 Seiten, ca. 60 Abb.
geb., ill., DM 36,–/ öS 281,–/ sFr 37,–

ERNST **KABEL** VERLAG